Hermann Heller

Peter Goller

Hermann Heller

Historismus und Geschichtswissenschaft im Staatsrecht (1919-1933)

PETER LANG
Frankfurt am Main · Berlin · Bern · Bruxelles · New York · Oxford · Wien

Die Deutsche Bibliothek - CIP-Einheitsaufnahme

Goller, Peter:

Hermann Heller : Historismus und Geschichtswissenschaft im Staatsrecht (1919–1933) / Peter Goller. - Frankfurt am Main ; Berlin ; Bern ; Bruxelles ; New York ; Oxford ; Wien : Lang, 2002
ISBN 3-631-38849-7

Gedruckt mit Unterstützung des Bundesministeriums
für Bildung, Wissenschaft und Kultur in Wien
und der Universität Innsbruck.

ISBN 3-631-38849-7

www.peterlang.de

Dem Gedenken an Eduard Rabofsky (1911-1994),
den Angehörigen der Wiener antifaschistischen
Gruppe „Soldatenrat“ (1941),
den Juristen der Arbeiterklasse!*

* Gerhard Oberkofler: Eduard Rabofsky (1911-1994). Jurist der Arbeiterklasse. Eine politische Biographie, Innsbruck-Wien 1997.

Inhaltsverzeichnis

Einleitung

Hermann Heller (1891-1933) entfaltete – obwohl von Geburt Bürger des habsburgischen Österreich, Advokatensohn aus dem österreichisch-schlesischen Teschen – seine literarische Tätigkeit vollständig nach 1918 in Deutschland (Kiel, Leipzig, Berlin, Frankfurt) und im letzten Lebensjahr 1933 im spanischen Exil.[1]

Hermann Hellers Denken war primär von der intellektuellen Tradition des Deutschen Idealismus, dem seine Habilitations-Schrift „Hegel und der nationale Machtstaatsgedanke“ (1919/20) verpflichtet war,[2] von der Auseinandersetzung mit den bürgerlichen Linien der wilhelminischen „Mandarine“ (u.a. Ranke, Treitschke, Droysen oder Meinecke) und naheliegend von der staatsrechtsmethodologischen Tradition des wilhelminischen Deutschland (Paul Laband, Otto Gierke, Georg Jellinek, Hugo Preuß) geprägt.

Hellers Staatstheorie führt aber auch in die intellektuellen Linien Österreichs zurück, an dessen Universitäten er das Rechtsstudium (Wien, Innsbruck, Graz) bis 1915 absolviert hatte und für dessen habsburgisch imperialistische Tradition er begeistert als Einjährig Freiwilliger in den Krieg gezogen war, ehe er ab 1918/19 mit der Kieler Habilitation bei Gustav Radbruch im Deutschland der Weimarer Republik zu lehren und forschen begann.

So verwundert es wenig, daß sich in Hellers Denken neben der Wirkung deutscher bürgerlicher Gelehrsamkeit auch die österreichische Tradition findet, der sozialdemokratische Wiener Geschichtsprofessor Ludo Moritz Hartmann, der Wiener Philosoph Heinrich Gomperz (mit seiner „Kriegsphilosophie“), der Gründer der Tschechoslowakischen Republik Thomas G. Masaryk, der vormalige

1 Vgl. Wilfried Fiedler: Das Bild Hermann Hellers in der deutschen Staatsrechtswissenschaft. (=Leipziger Juristische Vorträge 2, hrg. v. Hermann-Heller-Kreis), Leipzig 1994. – Christoph Müller: Hermann Heller (1891-1933). Vom liberalen zum sozialistischen Rechtsstaat, in: Streitbare Juristen, hrg. von Kritische Justiz, Baden-Baden 1988, 268-281 oder Klaus Meyer: Hermann Heller. Eine biographische Skizze, in: Der soziale Rechtsstaat. Gedächtnisschrift für Hermann Heller 1891-1933, hrg. von Christoph Müller und Ilse Staff, Baden-Baden 1984, 65-87.

2 Vgl. zur Einschätzung der deutsch-idealistischen Tradition bei Heller Wolfgang Schluchter: Entscheidung für den sozialen Rechtsstaat. Hermann Heller und die staatstheoretische Diskussion in der Weimarer Republik, 2. Auflage, Baden-Baden 1983, 105-116. – Zur Bedeutung Hegels für Heller vgl. Martin Drath – Christoph Müller: Einleitung zu: Hermann Heller: Gesammelte Schriften I, Leiden 1971, IX-XXIII.

„Der Metaphysikersatz der letztvergangenen Epoche waren Naturalismus und Historismus, (...)." (*Hermann Heller: Freie Volksbildungsarbeit (1924), in: ders.: Gesammelte Schriften I, Leiden 1971, 632.*)

"Wie jeder konsequente Relativismus muß auch der bürgerliche Historizismus der zweiten Hälfte des 19. Jahrhunderts im Agnostizismus enden." (*Hermann Heller: Staatslehre (1934), in: ders.: Gesammelte Schriften III, Leiden 1971*, 200)

1. Hellers Historismus und die juristischen Methodenkonflikte seit dem 19. Jahrhundert

Der knapp dreißigjährige Jurist Heller der 1918/19 entstehenden Habilitationsschrift „Hegel und der nationale Machtstaatsgedanke" war mit der bürgerlich historischen Literatur vertraut. Als kulturelle Strömung trat der Historismus im Zuge der Hellerschen Kritik des labandistischen Positivismus ins Blickfeld – als Bewegung, die – so bei Otto Gierke (1883)[1], bei Felix Stoerk (1885)[2] oder bei Hugo Preuß (1889)[3] – den Staatsrechtspositivismus aufweicht, aber auch als eine Gefahr, die seit Mitte des 19. Jahrhunderts für das Schreckgespenst des Relativismus stand, und die in widersprüchlichen Fortentwicklungen des geschichtlichen Denkens sowohl für mystischen Irrationalismus stehen als auch als Zwilling eines technischem Gesetzespositivismus fungieren konnte.[4]

Im Streit über den Wert der geschichtlichen Methode forderte eine Strömung des Rechtshistorismus im Sinne von Rudolf Jherings „Programm" vom Jahr

1 Vgl. Otto Gierke: Labands Staatsrecht und die deutsche Rechtswissenschaft (1883), unver. Nachdruck, Darmstadt 1961.

2 Vgl. Felix Stoerk: Zur Methodik des öffentlichen Rechts (1885), in: ders.: Über die juristische Methode, hrg. v. Günther Winkler. (=Forschungen aus Staat und Recht 116), Wien-New York, 1996.

3 Vgl. Hugo Preuß: Gemeinde, Staat, Reich als Gebietskörperschaften. Versuch einer deutschen Staatskonstruktion auf Grundlage der Genossenschaftstheorie, Berlin 1889. Vgl. dazu Carl Schmitt: Hugo Preuß. Sein Staatsbegriff und seine Stellung in der deutschen Staatslehre, Tübingen 1930.

4 Vgl. Walter Wilhelm: Zur juristischen Methodenlehre im 19. Jahrhundert. Die Herkunft der Methode Paul Labands aus der Privatrechtswissenschaft, Frankfurt 1958.

1857[5] die Rückkehr zu einer „produktiven“ und inneren Geschichte des Rechts, um einer rein antiquarischen, zufällige, willkürliche, für die juristische Erkenntnis wertlose Beispiele liefernden Rechtsgeschichts-Schreibung zu entkommen, andere Richtungen leugneten die Existenz einer inneren „logischen“ Entwicklungsgeschichte.[6]

Der Streit verlief nicht nur zwischen den Gegnern und Befürwortern des historischen Paradigmas, sondern auch innerhalb des Rechtshistorismus: Gegen die rechtsgeschichtliche Schule um Savigny und Puchta wurden widersprüchliche Vorwürfe erhoben, einerseits der Vorwurf, sie degradiere Rechtsgeschichte zur bloßen Dienerin einer rein "konstruierenden" Rechtsdogmatik, andererseits die Kritik, sie fundiere auf mangelhaft philologisch-quellenkritischem Niveau, sie habe sich erst gegen 1880 mit dem sich abzeichnenden Abschluß der Kodifikationsarbeiten aus den Zwängen der Rechtsdogmatik emanzipiert.[7]

1.1. Historismus im staatsrechtlichen Methodenstreit der 1880er Jahre (Stintzing, Bergbohm, R.Loening, Gierke, Stoerk, Preuß)

1879 stellte der Bonner Professor Johann August Roderich von Stintzing (1825-1883) in Zusammenhang mit der juristischen Historismusdebatte aus Anlaß der Säkularfeier von Savignys Geburtstag die These von einer notwendig historisch fundierten Rechtswissenschaft auf. Nur die Verbindung dogmatisch-analytischer mit historischer Methode kann die Rechtswissenschaft vor Verfall bewahren: „Verkennen wir nicht, daß weder die analytische, noch die historische Betrachtung für sich allein zur Vollendung wissenschaftlicher Erkenntniß genügt.“ In der Geschichte der Jurisprudenz diagnostizierte Stintzing zwei Arten von „Niedergang“, das Versinken in Begriffsscholastik oder – konträr – in historisch kasuistischer Datensammlerei.

Nur zu oft – so im „Vernunftrechts“-Jahrhundert vor 1800 – sei das Historische zum „Zierrath des eigentlichen Wissens“ verkommen, während dem Historischen im 19. Jahrhundert die Gefahr Hegelscher Geschichtsspekulation gedroht habe. So lobte Stintzing Savigny als den Reiniger des historischen Prinzips

---

5 Vgl. Rudolf Jhering: Unsere Aufgabe, in: Jahrbücher für die Dogmatik des heutigen römischen und deutschen Privatrechts I (1857), 7-52.

6 Vgl. Joachim Rückert: Vom Umgang mit der Geschichte, juristisch und historisch, in: Geschichtsdiskurs 3. Die Epoche der Historisierung, hrg. von Wolfgang Küttler, Jörn Rüsen u. Ernst Schulin, Frankfurt 1997, 298-320.

7 Zum vielbeklagten Funktionsverlust der geschichtlichen Rechtswissenschaft als Folge der BGB-Kodifikation andererseits vgl. Paul Koschaker: Europa und das Römische Recht, München-Berlin, 4. Auflage 1966, 288.

vom bloß Antiquarischen, als jenen Protagonisten, der die historische Betrachtung auch wahrhaft praktisch hat werden lassen: „Denn eben das historische Verständnis hatte Savigny mit größerer Sicherheit als vor ihm manchen Anderen zur Scheidung des Abgestorbenen vom Lebendigen geführt. Von zahlreichen Rechtslehren, die bis dahin in unserer Theorie ein Scheinleben geführt hatten, wies er nach, daß sie, in ihren Wurzeln verdorrt, aus dem heutigen Rechtssysteme auszuschließen seien."

Savigny galt Stintzing als jener Schulgründer, der das kontemplativ Lebensfremde zugunsten der praktischen Funktion des Rechtshistorismus eliminiert hat: „Es ist [seit Savigny] ein unter den Juristen nicht mehr bestrittener Satz, daß das praktische Ziel historischer Rechtswissenschaft nicht sei, das Abgestorbene zu beleben und die Gegenwart unter die Bildungen der Vergangenheit zu beugen." Schlußendlich beförderte in Stintzings Deutung der Rechtshistorismus – hier trotz aller bekannten Einwände Savignys – die unausweichliche Kodifikation eines allgemeinen bürgerlichen Rechts: Würde Savigny noch leben – so Stintzing 1879 – so würde er den Weg zu einer rechtseinheitlichen Kodifikation begrüßen und – List der Geschichte – auch als sein Verdienst reklamieren. Galt vielen Juristen des 19. und 20. Jahrhunderts der Historismus als Beförderer eines aus gelehrtenmandariner Sicht als „flach" geschumpfenen „Gesetzespositivismus", so hielt Stintzing 1879 umgekehrt die historische Betrachtung für einen Schutzwall vor einer solchen Entwicklung.[8]

Nach einem Jahrzehnt weiterer Kontroversen zum Historismusproblem in der Rechtswissenschaft schien 1892 dem in Dorpat, Marburg und an der Universität Bonn lehrenden Staats- und Völkerrechtler Karl Bergbohm (1849-1927) die historische Rechtsmethode vor allem mit Blick auf den Kampf gegen das Naturrecht entscheidend, wobei Bergbohm Savignys Rechtshistorismus in eine von philosophisch-idealistischen und naturrechtlichen Elementen gereinigte Form zu bringen gedachte: "Durch die Historische Schule, aber über die Historische Schule hinaus! Diese Variation eines bekannten Wortes v. Jherings möchte ich die Rechtsphilosophie sich zur Devise wählen sehen."

Der historischen Schule billigte Bergbohm, der ein überzogenes Szenarium von einer drohenden „abermaligen Invasion" der „Naturrechtlerei" zeichnete, zu, sich am positiven Recht orientiert zu haben, sie habe aber die rechtsdogmatische Abstraktion und Durchdringung der positiven Rechtsmassen nicht bewältigt und deshalb latent zu den Kategorien des bloß scheinbar untergegangenen Vernunftrechts gegriffen. Bergbohm wollte den „Scheinsieg" des positiven Rechts-

8 R.v. Stintzing: Wendungen und Wandlungen der Deutschen Rechtswissenschaft. Rede zur Säcularfeier des Geburtstages Friedrich Carl von Savigny's am 21. Februar 1879 gehalten in der Aula der Universität Bonn, Bonn 1879, 10, 16, 30, 33.

historismus durch einen wahren ersetzen, weshalb das mangelhafte rechtstheoretische Instrumentarium der Historisch-Systematischen Richtung von vernunftrechtlichen "Begriffsinvaliden wie 'Gewohnheitsrecht', 'subjektives Recht' gereinigt werden sollte. Rudolf Stammlers (formal-) aprioristische Rechtsphilosophie aus neukantischem Geist galt Bergbohm als Herausforderung durch ein neu profiliertes Naturrecht. Unter Bezug auf Stammlers 1888 veröffentlichten Essay "über die Methode der geschichtlichen Rechtstheorie" fragt Bergbohm: "Sind denn gar keine Partisanen des reinen Historismus mehr vorhanden, die sich durch Stammlers Schrift provoziert fühlten? Mich hat sie weidlich schwitzen machen." Aber auch wenn sich Stammler auf ein gleichsam formales Rechtsapriori beschränkte, läßt er für Bergbohm allein damit die naturrechtliche Frage nach apriorischen Rechtsprinzipien wieder zu.

Bergbohm, der sich in seinem Kampf gegen das zum omnipräsenten Schreckgespenst hochstilisierte (Krypto-) Naturrecht etwa auf Johann Friedrich Kierulffs "Theorie des Gemeinen Civilrechts" vom Jahr 1839 berief, während er Friedrich Julius Stahl vorwarf, als der gleichsam offiziöse Philosoph der Savigny-Schule gerade umgekehrt dem Naturrecht und der „spekulativen Mystik“ in theokratischem Gewande zugearbeitet zu haben, plante die Reformulierung des Rechtshistorismus auf rein positiver Basis.

Bergbohm, der unablässig von der totalen "Unmöglichkeit eines nichtpositiven Rechts" sprach und in diesem Zusammenhang gegen das "logisch unmögliche" Lückendogma, auch gegen die Rechtsanalogien als Einfallstor des Naturrechts polemisierte, erhob einen dreifachen Vorwurf gegen die Savigny-Schule: Sie verwendet erstens einen zu "weichen", nicht rein positiven Rechtsbegriff, sie verwischt zweitens Rechtsinhalt und Rechtsverbindlichkeit und leidet drittens an einem äquivoken Gebrauch des Begriffs "Quelle": "Der Volksgeist wird als Quelle des Volksrechtsbewußtseins, dieses als Entstehungsgrund des Rechts, aber auch als das Recht selbst bezeichnet.“

Konsequente Exponierung einer radikalen Positivität des Rechts im Geiste des Historismus – das ist Bergbohms Programm auf den Punkt gebracht. Darin sah Bergbohm "das Tau, mit dem der Rechtsphilosoph sich an den Mast binden muß, damit der sinnbethörende Sirenengesang der ideellen Rechte vergeblich zu ihm erklinge".[9]

9 Karl Bergbohm: Jurisprudenz und Rechtsphilosophie, Leipzig 1892, 25, 66f., 142f., 367, 503-505, 548, 551. – Vgl. Annette Brockmöller: Die Entstehung der Rechtstheorie im 19. Jahrhundert in Deutschland. (=Studien zur Rechtsphilosophie und Rechtstheorie 14), Baden-Baden 1997, 256-271. Ähnlich in seinen Erinnerungen 1930 Max Rümelin, der unter Bedauern einer „antihistorischen Modeströmung“ die fehlende theoretische Schärfe der Rechtshistoriker in der Auseinandersetzung mit dem Naturrecht beklagte: „In der Ablehnung des Naturrechts war die herkömmliche

Wie Stintzing (1879) und Bergbohm (1892) für das Zivilrecht hat der Strafrechtler Richard Loening (1848-1913) im Jahr 1883 eine Historismus-Diskussion für die Kriminalistik initiiert. Loening wandte sich gegen jede spekulativ rechtsfortbildende "produktive Wissenschaft". Loening stellte die These auf, daß "jede spekulative Behandlung des Rechts, jeder Versuch, den Inhalt oder die Prinzipien des Rechts durch bloßes Denken aus der subjektiven Vernunft heraus (a priori) zu ergründen oder zu konstruieren", denkunmöglich ist.

Loening forderte die "Beiseitelassung aller sogenannten Philosophie" und den Aufbau einer Rechtsgeschichte, die nicht der "Altertümelei" und der "Vorliebe für Vergangenes" dient, nicht in "niedrigen Empirismus und Kleinigkeitskrämerei" ausläuft. Die Randständigkeit der historischen Methode in der Strafrechtswissenschaft erklärte sich Loening mit dem Einfluß von Argumenten aus der Hegelschen Philosophie.

Entgegen vielen antihistoristischen (Vor-) Urteilen glaubte Loening, daß nur Rechtsgeschichte praktisch orientierte Erkenntnis des Rechts garantiert. Loening widersprach also den Klagen von der kontemplativ wertrelativistischen Lebensferne des Historismus und endete pathetisch mit: "Keine Wissenschaft des positiven Rechts ohne geschichtliche Grundlage!"[10]

Für die Nachwirkung auf Heller konkret relevant war die historisch-politische Methodenkritik an Paul Laband, wie sie von Gierke, Stoerk oder Preuß in den 1880er Jahren geübt wurde.

Die Rechtsgeschichte galt im Umfeld des Staatsrechts-Positivismus allenfalls als Magd der Rechtsdogmatik, als propädeutische Disziplin. Rechtsgeschichte als innere Entwicklungslogik des Rechts schien angesichts des Aufstiegs der sogenannten Gerber-Laband-Schule anachronistisch. Worauf Laband stolz war, das formulierten Kritiker wie Gierke und Stoerk als Vorwurf: Labands Rechtsbegriffe sind geschichtslose Wesen, das Recht kann ohne Rekurs auf das ge-

---

Lehre der historischen Schule einig. (...) Eine erkenntniskritische Auseinandersetzung fand nicht statt.“ Folglich hätte „der Naturrechtsteufel die meisten Anhänger der historischen Schule beim Kragen“ gepackt, „ohne daß sie es ahnten. Nicht bloß die Begriffs- und Systembildung beruhte weithin teils auf der Scholastik, teils auf dem rationalistischen Naturrecht.“ Rümelin benannte etwa die ewige Wiederkehr von naturrechtlichen Kategorien wie der „Begriffe des Vernünftigen, Billigen, der Natur der Sache Entsprechenden“. – Max Rümelin: Erlebte Wandlungen in Wissenschaft und Lehre, Tübingen 1930, 16-18.

10 Richard Loening: Über die geschichtliche und ungeschichtliche Behandlung des deutschen Strafrechts, in: Zeitschrift für die gesamte Strafrechtswissenschaft 3 (1883), 219-375, hier: 223-226, 239, 262. – Vgl. zu den Kontroversen um die (historische) Methodologie in der österreichischen Strafrechtswissenschaft Reinhard Moos: Der Verbrechensbegriff in Österreich im 18. und 19. Jahrhundert, Bonn 1968.

schichtliche Sein, ohne einen Rest historischen Irrationalismus nicht auskommen.

Die Gerber-Laband-Schule pflegte in der Tat einen antihistorischen Nimbus des Begriffslogischen. Der Staatsrechtspositivismus verkörperte gleichsam den dialektischen Übergang der rechtshistorischen Schule vom Reich des Geschichtlichen ins Reich des Begriffslogischen. Die Gerber-Labandsche Transformation der Kategorien des Privatrechts in das Öffentliche Recht (etwa der zivilistischen Stellvertretung, des bürgerlichen Gesellschaftsrechts, der juristischen Person), die Umformulierung der Rechtsdogmatik in einen strikten „Willenscode" (zur Erklärung der „öffentlichen" Rechtsgeschäfte, des Vertrags, der Nichtigkeit, des Irrtums etc.), das Labandsche Dogma von der Lückenlosigkeit des Rechts mißfiel dem germanistischen Rechtshistoriker Otto Gierke derart, daß er nicht nur in einer eigenen, oben zitierten Laband-Abwehr, sondern in zahlreichen programmatischen Reden zur Verteidigung des historisch-politischen Gedankens schritt.

Gierke diagnostizierte den „Staatsrechtslogismus" als Übel, dem die Geschichtlichkeit des Rechts entgegen zu halten ist. Gierke billigte Laband durchaus das Verdienst zu, das Staatsrecht in die juristische Sphäre gehoben zu haben, aber sein Denken beruhe auf Verkennung der Reichweite der Logik: „Laband traut der (formalen – Anm.) Logik eine produktive Kraft zu, die ihr nothwendig abgeht. Das logische Gesetz selbst führt zu der Erkenntniß, daß auf rein logischem Wege in Ewigkeit nur immer wieder logische Kategorien gefunden werden können. Laband dagegen hat keineswegs mit dem alten Irrthum gebrochen, der die Logik für fähig hält, aus sich heraus den Begriff einer Realität zu entwikkeln."

Zwar konnte nach Einschätzung Gierkes ein philosophisch-historischer „Dilettantismus" in der Art eines Ludwig Gumplowicz das Labandsche Denken nicht erschüttern, die geschichtliche und sozial-gesellschaftliche Dimension des Rechts sei aber nicht ignorierbar: „Denn immer wieder verleitet die einseitige Überschätzung der formalen Logik zur Behandlung der Rechtsbegriffe im Sinne logischer Kategorien. Immer wieder geräth es in Vergessenheit, daß die Rechtsbegriffe vielmehr lebendige geschichtliche Geistesgebilde sind, welche der denkende Jurist zwar aus den ihnen immanenten Ideen heraus verstehen, entfalten und formen, nicht aber nach einem von außen herangebrachten logischen Schema deuten, zerreißen und umschaffen soll."

Die Begriffe der Grammatik und so auch die des Rechts, der Rechtswissenschaft, waren für Gierke z.U. von Laband keine „nothwendigen Denkkategorien": Begriffe wie „Eigentum" „dingliches Recht" oder „Obligation" würden von Laband zu Unrecht auf eine Stufe mit Begriffen wie „Raum", „Zeit", „Zahl" gestellt.

Dabei waren Gierkes Einwände gegen Laband nicht neu. Vorab hatte Gierke – unabhängig von der späteren Laband-Kritik – bereits in den ersten Bänden seines „deutschen Genossenschaftsrechts“ von 1868 und 1873 eine einheitlich historisch-induktive und dogmatisch-deduktive Betrachtung verlangt, um nicht auf der einen Seite in durch „empirisches Raisonnement“ gewonnenen historischen Stoffanhäufungen zu versinken und auf der anderen in ein „von der Phantasie vorgegaukeltes Trugbild“ zu verfallen, wie Gierke 1873 formuliert hatte: „Wo die Resultate der Deduction auf induktivem Wege bewiesen, wo umgekehrt die durch den induktiven Schluß gewonnenen Resultate durch das spekulative Denken bestätigt werden, da ist die größte für uns mögliche Gewißheit erreicht.“[11]

Labands „Logismus“ wird von Gierke implizit verantwortlich gemacht, daß es zu den – juristisch beurteilt – desaströsen Gegenreaktionen eines Ludwig Gumplowicz oder Max Seydel gekommen war, womit Gierke den „Labandismus“ als unfreiwilliges Zwillingsphänomen des Rechtsmaterialismus hinstellte: „So findet denn der moderne positivistische Rechtsformalismus sehr begreiflicher Weise sein Komplement in einem vordringenden positivistischen Rechtsmaterialismus.“[12]

Gierkes Laband-Kritik von 1883 korrespondiert mit seinem 1884 vorgetragenen großen Interesse an Wilhelm Diltheys „Kritik der historischen Vernunft“, nach Gierke Pflichtlektüre für Rechtshistoriker und Rechtsdogmatiker.[13]

1882 hatte Gierke in seiner Breslauer Rektoratsrede das Geschichtliche als Grundprinzip der Rechtswissenschaft hingestellt: „Dennoch steht unsere positive Rechtswissenschaft auf einem principiellen Fundament, das von solchem Ansturm nicht erschüttert ist und nicht erschüttert werden kann. Es ist die von der

11 Otto Gierke: Das deutsche Genossenschaftsrecht II [1873], photomechanischer Nachdruck, Graz 1954, 2. – Vgl. ähnlich Otto Gierke im „Deutschen Privatrecht“ (Leipzig 1895, 41) gegen die Romanistik: „Die Rechtsbegriffe sind nicht rein logische, sondern geschichtliche Gebilde.“ – Vgl. generell Albert Janssen: Otto von Gierkes Methode der geschichtlichen Rechtswissenschaft. Studien zu den Wegen und Formen seines juristischen Denkens. (=Göttinger Studien zur Rechtsgeschichte 8), Göttingen 1972. – Dieses entwicklungsgeschichtliche Programm wurde Gierke nicht immer abgenommen. Carl Schmitt etwa wirft in seiner Gedenkrede für Hugo Preuß (1930) den späteren Gierke-Bänden zum Genossenschaftsrecht ein Verenden im Geschichtsantiquarismus vor: Das politische Wollen des ersten Bandes des Genossenschaftsrechts von 1868 in Richtung auf „Einheit und Freiheit, Nation, Bildung, Bewußtsein und Fortschritt“ münde schlußendlich „in ungeheuren historischen Materialhaufen, die keine Beziehung zur politischen Gegenwart haben“. (Schmitt: Hugo Preuß (wie Anm. 3), 15, 29.

12 Otto Gierke: Labands Staatsrecht (wie Anm. 1), 14, 15, 16, 96.

13 Otto Gierke: Eine Grundlegung der Geisteswissenschaften, in: Preußische Jahrbücher 53 (1884), 105-144, hier 118, 120, 131.

historischen Schule gelehrte geschichtliche Auffassung des Rechts. Als die deutsche Wissenschaft des neunzehnten Jahrhundert, geführt von Männern wie Savigny, Eichhorn und Grimm, das geschichtliche Wesen des Rechts aufdeckte, da bot sie der Welt nicht ein neues spekulatives System, sondern sie offenbarte ihr eine Wahrheit." Die geschichtliche Rechtsbetrachtung dient – so Gierke auch in der Breslauer Rektorsrede – als Barriere gegen ein rationalistisches Naturrecht, gegen einen „kahlen Positivismus" und gegen den „Materialismus" im Recht.[14]

Zwei Jahrzehnte später – 1903 – fällt Gierkes Urteil über die „geschichtliche Schule" als Gegenbewegung zum „naturrechtlichen Radikalismus" ambivalenter aus, auch wenn die rechtsgeschichtliche Methode von Gierke weiterhin als Fels in der Brandung gegen haltlos philosophisch divergierende Strömungen gehandelt wird: „Der Wahrheitsgehalt der geschichtlichen Rechtsansicht ist unabhängig von der philosophischen Spekulation über den letzten Grund des Rechts."

Gierke nimmt 1903 in einigen Punkten die 1911 von Hermann Ulrich Kantorowicz aufgenommene Savigny-Kritik vorweg: Das Ungeschichtliche im Savignyschen Denken ist nach Gierkes Wahrnehmung paradoxerweise in der Kritik am Naturrecht offenkundig geworden, dessen geschichtliche Einordnung Savigny mißlungen sei: „Noch weniger vermochte der erbitterte Gegner des Naturrechts die geschichtliche Bedeutung der naturrechtlichen Ideen zu würdigen. Er erwog nicht, daß das naturrechtliche Gedankensystem doch eben selbst das Ergebnis einer weltgeschichtlichen Bewegung und seine machtvolle Einwirkung auf das Leben genau so gut, wie etwa die Rezeption des römischen Rechts, ein nicht ungeschehen zu machendes Stück Rechtsgeschichte war."

Gerade in der Ablehnung der Kodifikationsbewegung zeigte sich für Gierke 1903 Savignys Verleugnung des „geschichtlichen Geistes", der in einigen Teilen der Schule zu lebensfremder Rechts-Antiquitätensammlerei verkommen sei.[15]

Während Georg Jellinek 1900 in seiner „Allgemeinen Staatslehre" mit einer als „Zweiseitentheorie" bekannt gewordenen Vermittlung zwischen juristischer und historisch politischer Staatsbetrachtung zu einer Synthese gelangen wollte[16] und sich damit gut ein Jahrzehnt später aus Wien die Ablehnung des radikalen Normativismus Hans Kelsens einfangen sollte, hatte eineinhalb Jahrzehnte vor

---

14 Otto Gierke: Naturrecht und Deutsches Recht. Rede zum Antritt des Rektorats der Universität Breslau am 15. Oktober 1882 gehalten, Frankfurt 1883, 7, 11f.

15 Otto Gierke: Die historische Rechtsschule und die Germanisten, Berlin 1903, 7, 15f. – Vgl. zu Gierkes später Historismus-Distanz Georg Gurwitsch: Otto von Gierke als Rechtsphilosoph, in: Logos 11 (1922/23), 86-132, hier 86f., 104, 107.

16 Zur „Zweiseitentheorie", d.h. zum Zusammenspiel von „logischer" Rechtsdogmatik mit dem „Einfluß der geschichtlichen Mächte auf den Fortbestand oder Wandel der Staatsverfassung" Georg Jellinek: Allgemeine Staatslehre, 4. Auflage, Berlin 1922, 16f., 50f., u.a.

dem Erscheinen der „Allgemeinen Staatslehre" Jellineks damaliger Wiener Kollege Felix Stoerk 1885 offen in Gierkes Laband-Kritik eingestimmt. Carl Schmitt spottete übrigens später 1930 über „die große Gelehrsamkeit Georg Jellineks", die „sich in Jurisprudenz auf der einen, Soziologie oder Geschichte auf der andern Seite" getrennt hat, „und diese Trennung schließlich – angeblich mit viel Methodologie und wenig Methode – zu einem mehr taktisch als wissenschaftlich interessanten Werkzeug eines leerlaufenden Formalismus" werden hat lassen.

Felix Stoerk (1851-1908), 1882 aus Wien nach Greifswald abgewandert, polemisierte gegen die Naturrechts-„Phantasien", gegen den Methodenapriorismus des positivistischen Laband-Lagers. Er verwies im Sinne Gierkes „unter Festhaltung der juristischen Tendenz" auf die „historisch-politische Betrachtung" im Staatsrecht.

Stoerk schrieb ein Loblied auf die historisch-genetische Methode, die nicht nur "bloßer Bestandtheil der Ornamentik, kein äußerliches Hilfsmittel" ist: „Damit soll natürlich keinen Augenblick geleugnet werden, daß auch im Rahmen des öffentlichen Rechts und jeder seiner Einrichtungen die erwähnten rein logischen Kategorien: activ, passiv, Erwerb, Verlust, Zeitablauf, Einheit, Vielheit usw. volle Anwendung finden." Stoerk polemisierte aber gegen eine "juristische Evolutionstheorie", wo die höheren Rechtsinstitute aus ursprünglicheren keimen: „Aber jedenfalls fällt dieser logisch constructiven Thätigkeit ein weitaus geringerer Arbeitsantheil zu in der Ökonomie der publicistischen Methode, bei welcher wir im Gegensatze zur civilistischen das primäre Moment in der historisch-philosophischen Analyse der Rechtserscheinung erblicken, während die Generalisirung der abstracten Regel daneben nur in zweiter Linie in Betracht kommt."

Stoerk charakterisierte Labands Programm als formale Topik, die er als dem Naturrecht verwandt ablehnte. Stoerks Angriff auf den „Rechtslogismus", sein Plädoyer gegen die Transferierung zivilistisch pandektistischer Konstrukte in das Staatsrecht oder Stoerks Insistieren auf dem Historisch-Individuellen wurde in der Kritik oft als Begriffsskepsis am Rande des Irrationalismus – offen für politisch willkürliche Adaption und Mystifizierung – abgelehnt.[17]

Eine Kritik an Stoerk, die nicht unbedingt hält, wenn in Betracht gezogen wird, daß Stoerk zwar gegen eine formale Normentheorie entlang sogenannter „Willenscodierungen" auftrat, andererseits aber massiv gegen den auf Macht und Kampf abgestellten Gumplowiczschen Rechtsirrationalismus mobilisierte, indem er dessen „Evolutionismus" für blind erklärte: "Ebenso unrichtig ist

17 Vgl. Walter Pauly: Der Methodenwandel im deutschen Spätkonstitutionalismus. Ein Beitrag zu Entwicklung und Gestalt der Wissenschaft vom Öffentlichen Recht im 19. Jahrhundert, Tübingen 1993, 182, 237-239, 243f.

Gumplowicz' Stellung zum methodologischen Problem. Unlöslich an den Gedanken gefesselt, daß das öffentliche Recht nichts Anderes enthalte als die Manifestationen des durch Gewalt gesicherten Machtinteresses des oder der Bevorrechteten, schiebt Gumplowicz das ganze Gebiet des öffentlichen Rechts resolut aus dem Rahmen rechtswissenschaftlicher Betrachtung."[18]

Hugo Preuß (1860-1925), später als Vater der Verfassung der Weimarer Republik apostrophiert, argumentierte 1889 in seiner Habilitationsschrift „Gemeinde, Staat, Reich" ausgehend von der Kritik einer am „Souveränitätsdogma" fixierten Staatsrechtsdogmatik – „Im Gespinnst des Souveränitätsbegriffs hat sich die Staatsrechtslehre verfangen wie die Fliege im Gewebe der Spinne." – für eine induktiv „entwicklungsgeschichtliche Methode" unter Hintanhaltung aller „aprioristischen Dogmen". Carl Schmitt – im Rückblick als politischer Gegner von Preuß wahrgenommen – würdigte 1930 Preuß als prononncierten Laband-Gegner mit antizipatorischem politischen Instinkt, als frühen einsamen Gegner des monarchischen Souveränitätsprinzips um 1890, der im Hinblick auf die demokratische Auslegung der „Organismus"-Theorie auch von seinem Lehrer Otto Gierke „verraten" dagestanden ist: „Hugo Preuß, der in einer gleichzeitig liberalen und demokratischen Opposition stand, weil beides, Liberalismus und Demokratie, durch einen gemeinsamen Gegner verbunden war, konnte die Widersprüche und Unklarheiten der herrschenden Souveränitätslehre nicht hinnehmen. Er wandte sich mit sicherem Gefühl gegen den Souveränitätsbegriff."[19]

Preuß analysierte die von Fachhistorikern vorgelegten Schriften zur „Politik", so Georg Waitz' „Grundzüge der Politik" (1862) mit ihrer unhaltbar scheinenden „Theorie von der geteilten Souveränität" oder Heinrich Treitschkes Schrift über „Bundesstaat und Einheitsstaat" (1864), die für die „juristische Konstruktion" völlig unnütz sei und bloß „manche richtige Beobachtung" enthält, die sich irrig „für Staatsrecht ausgiebt".

---

18 Felix Stoerk: Zur Methodik des öffentlichen Rechts (wie Anm. 2), 9, 27f. 38f.

19 Carl Schmitt: Hugo Preuß (wie Anm. 3), 9, 12, 16f.: Hier verwies Schmitt, der die Vielfalt und Widersprüchlichkeit des Begriffes „organisch" aufgelistet hatte, darauf, daß die Gierkesche organische Staatslehre in ihrer Wirkung „von Rechts bis Links" gestreut war, daß sich unter den „Gierkeanern" mehr Monarchisten, Bismarckisten als Liberale und Demokraten fanden, weshalb Preuß wegen der politischen Option Gierkes, also des Schulmeisters selbst, auf verlorenem Posten gestanden hat: „Wie sollte es Hugo Preuß möglich gewesen sein, mit dieser fortwährend auf ihn zurückschlagenden Waffe (der organischen Staatslehre – Anm.) den Leviathan der damaligen Macht zu treffen? Es nützte nichts, die potenzielle Demokratie von Gierkes Genossenschaftstheorie zur Geltung zu bringen. Der Meister selbst faßte es anders auf und suchte mit dem Prinzip der Genossenschaft das gegenteilige Prinzip der Herrschaft organisch zu verbinden."

1889 wurden Waitz und Treitschke und damit die borussische Historismustradition von Preuß als juristisch hilflos hingestellt. In Gegensatz hierzu stellte Preuß seinen Lehrer Otto Gierke: Gierke – so heißt es bei Preuß – „ist weder Philosoph noch Historiker, und doch von beidem so viel, als nöthig ist, um wissenschaftlicher Jurist zu sein. Beispiele wie Gneist und Gierke gegenüber Waitz und Treitschke zeigen, daß nur der Jurist, der sich auf historische Studien stützt, und nicht der Historiker, der in Jurisprudenz dilettiert, segensreiches für unsere Wissenschaft leisten kann."

Preuß entfaltete sein Plädoyer für die geschichtliche Methode im Zusammenhang mit dem Angriff auf das als im Widerspruch zum demokratischen und rechtsstaatlichen Prinzip gedeutete Souveränitätsdogma. Dieses Dogma dürfe nicht mehr aprioristisch behandelt werden. Nur die geschichtlich-genetische Rekonstruktion als negativ regulierendes Erkenntnisprinzip wurde von Preuß im Zusammenhang mit der von ihm proklamierten Methode, die „dem organischen Aufbau folgend, von unten herauf konstruirt, und nicht bei der obersten, complicirtesten Erscheinungsform die Construktion mittels aprioristischer Definitionen aus der Natur des Staates u. dgl. beginnt", als relevant erkannt. Gierke habe sich „in einer publicistischen Untersuchung" aus dem Jahr 1874 richtigerweise nicht gescheut, „die Namen Darwin und Häckel" soweit zu erwähnen, als diese für den "Begriff organischer Entwicklung" im Recht bedeutsam sind.

Die Kritik der begrifflichen Grundlagen des Staatsrechts verweist nach Preuß auf die geschichtliche Epochengebundenheit öffentlich-rechtlicher Begriffe: „Ebenso wenig, wie man den absoluten Staat auf dem Princip der Feudalität, der Lehnstreue theoretisch aufbauen kann, kann man von dem Souveränitätsbegriffe aus zur Theorie eines modernen Staatswesens gelangen." – und weiter: „Kurz, man muß sich entschließen, den Souveränitätsbegriff endlich aus der Dogmatik unseres Staatsrechts zu streichen, und ihn nur noch als historischen Begriff, gleichwie das Lehnsprincip, zu betrachten."

Das Elend der Staatsrechtsdogmatik war für Preuß im Wege entwicklungsgeschichtlicher Reflexion aufzulösen: „Die Methode entwicklungsgeschichtlicher Betrachtung, welche vom niederen zum höheren, vom einfachen zum complicirten, vom engeren zum weiteren fortschreitet, ist ein gemeinsamer Grundzug der modernen Wissenschaft in allen ihren Zweigen." Die Staatsrechtswissenschaft bewegte sich bei Preuß in einer Dialektik von historischer und juristischer Methode: „Während daher der Historiker die juristische Betrachtungsart völlig außer Acht lassen kann, hat der Rechtstheoretiker trotz seiner besonderen Methode doch auch die historische Entwicklung in Betracht zu ziehen."[20]

---

20 Hugo Preuß: Gemeinde, Staat, Reich als Gebietskörperschaften. Versuch einer deutschen Staatskonstruktion auf Grundlage der Genossenschaftstheorie, Berlin 1889

1.2. Vorblende: Historismus, Geschichtsphilosophie im Denken der Juristen der „Konservativen Revolution" (Schmitt, Huber, Forsthoff, Schönfeld – 1927-1950)

Im staatsrechtlichen Methodenstreit der Weimarer Republik (um 1925) trat die Historismus-Debatte als Nebenmotiv in Erscheinung.[21]

Rechtsautoritäre, faschistische Juristen im Umfeld der „Konservativen Revolution" und der Nazi-Machtergreifung von 1933 wie Carl Schmitt, Ernst Forsthoff, Ernst Rudolf Huber oder Walther Schönfeld entwickelten in weiterer Folge seit den frühen 1930er Jahren parallel zu ihren juristischen auch geschichtsideologische Konzeptionen.[22]

So kritisierte Ernst Huber 1935 das aus nazifaschistischer Perspektive abgelehnte, dem Liberalismus zugeschriebene „positivistische Trennungsdenken" mit den Mitteln eines auf Wille, Entscheidung und Tat abstellenden konservativ-

---

(Nachdruck: Aalen 1964), 37-39, 40, 93f., 118. – Vgl. Detlef Lehnert: Verfassungsdemokratie als Bürgergenossenschaft. Politisches Denken, Öffentliches Recht und Geschichtsdeutung bei Hugo Preuß – Beiträge zur demokratischen Institutionenlehre in Deutschland, Baden-Baden 1998, 58-61, 124-131. – Zur staatsrechtlichen Methodendebatte knapp vor 1900 vgl. auch den heute völlig unbekannten Aufsatz des Erlanger Professors Karl Rieker: Über Begriff und Methode des allgemeinen Staatsrechts, in: Vierteljahrsschrift für Staats- und Volkswirtschaft 4 (1896), 250-268: Eine Staatsrechtsdogmatik ohne Geschichte ist undenkbar so der Ranke-Verehrer Rieker im Resümee. Die Krisis der allgemeinen Staatslehre resultiere aus dem Streben nach einer Staatsrechtslehre ohne geschichtliche Dimension, abstrakt festhaltend an toten naturrechtlichen Vernunftableitungen!

21 Vgl. Wolfgang März: Der Richtungs- und Methodenstreit der Staatsrechtslehre, oder der staatsrechtliche Antipositivismus, in: Geisteswissenschaften zwischen Kaiserreich und Republik, hrg. von Knut Wolfgang Nörr, Bertram Schefold u. Friedrich Tenbruck, Stuttgart 1994, 75-133.

22 Vgl. im ferneren Umfeld – abgesehen von den um 1930 einsetzenden „neuhegelianischen" Beiträgen zur „Methodenlehre der Rechtswissenschaft" des damaligen Göttinger Privatdozenten Karl Larenz – den späteren Juristen des nazifaschistischen Militärstrafrechts Erich Schwinge: Der Methodenstreit in der heutigen Rechtswissenschaft, Bonn 1930, 18-21. Schwinge stellte den staatsrechtlichen Methodenstreit, die „antipositivistische" – „geisteswissenschaftliche", „geistesgeschichtliche" – Wende gegen Laband oder Kelsen in Vergleich zum 1905 ausgebrochenen Konflikt um den „Antipositivismus" im Strafrecht zwischen Alexander Dohna, „der 1905 in der Rechtswidrigkeitslehre zum ersten Male über die Grenzen des positiven Rechts hinausging und den 'Flug ins Freie' wagte", und dem Positivisten Karl Binding, „für den dieses Hinaustreten aus dem Bereich des positiven Rechts ein Übergleiten in die Sphäre der Soziologie bedeutete". Erich Kaufmanns und Rudolf Smends „Antipositivismus" wurde von Schwinge 1930 – trotz aller Kelsen-Ablehnung – unter dem Stichwort gefährdeter Rechtssicherheit nicht akzeptiert.

reaktionären, „zyklisch-kosmischen“ Geschichtsbildes und diverser „Reichs-Legenden“.[23]

Der „rechtshegelianisierende“ Jurist Walther Schönfeld, der seit 1927 mit einer gegen den Fachhistorismus polemisierenden Rede für eine „dialektische Jurisprudenz“ im Zeichen einer – gerade von Hermann Heller abgelehnten – irrational religiösen Geschichtsmetaphysik aufgefallen war, wiederholte 1939 seine Kritik eines sogenannten flach positivistischen Historismus und seine auch gegen den reinen Normativismus gerichteten Spekulationen unter faschistischen Bedingungen, indem er Hegels und Savignys historisches Denken im nazistischen Führerkult aufgehoben erklärte, ehe er 1943 den Positivismus einer antisemitischen Markierung unterziehen sollte.[24]

Unter Berufung auf Schönfelds Kritik an Formalismus und auf Positivismus, auf Versatzstücke aus Heideggerscher Mystik und Ernst Troeltschs Geschichtstheorie plädierte 1940 auch der NS-Jurist der ersten Stunde Ernst Forsthoff für einen Wiederaufgriff der (romantischen) Sprachphilosophie nach J.G. Hamann, J.G. Herder, W. Humboldt, F.W. Schelling und J. Grimm, um ein als „volksgemeinschaftlich“ suggeriertes Wiedereintauchen in die Tradition von Savignys „wahrer“ Geschichtlichkeit zu ermöglichen. Die „deutsche“ Rechtswissenschaft müsse sich im Lichte der romantischen Sprachphilosophie, eines nichtpositivistischen Historismus und eines nicht-rationalistischen Naturrechts aus „volklicher Welt“ erneuern.[25]

Carl Schmitts sich unter vorfaschistischen, ab 1933 unter nazistischen und dann nach 1945 unter restaurativen Bedingungen verschiebende Geschichtsmetaphysik – je unterschiedlich instrumentalisiert für seinen „politischen Existenzialismus“, eine „politische Theologie“ von der Freund/Feind-Dichotomie, eine Theorie vom Ausnahmezustand, weiters für seinen Dezisionismus, seinen offenen Faschismus oder sein „konkretes Ordnungsdenken“ und dann für seine in Reaktion auf 1945 und den „Kalten Krieg“ ideologisch entwickelte „Nomos-

23 Ernst Rudolf Huber: Die deutsche Staatswissenschaft, in: Zeitschrift für die gesamte Staatswissenschaft 95 (1935), 1-65. Vgl. Ralf Walkenhaus: Konservatives Staatsdenken. Eine wissenssoziologische Studie zu Ernst Rudolf Huber, Berlin 1997, 209-217 und 275f.

24 Walther Schönfeld: Vom Problem der Rechtsgeschichte, Halle 1927. – Walt[h]er Schönfeld: Zur geschichtlichen und weltanschaulichen Grundlegung des Rechts, in: Deutsche Rechtswissenschaft 4 (1939), 201-221 und Walther Schönfeld: Die Geschichte der Rechtswissenschaft im Spiegel der Metaphysik. (=Reich und Recht in der Deutschen Philosophie II, hrg. von Karl Larenz), Stuttgart-Berlin 1943.

25 Ernst Forsthoff: Recht und Sprache (Vortrag 1940), in: ders.: Recht und Sprache. Prolegomena zu einer richterlichen Hermeneutik, unveränderter Nachdruck, Darmstadt 1964, 1-17.

Metaphysik" – bewegte sich zwischen dem Raum des Mythischen und volksgeistgebundenem Historismus Savignyscher Art.

Im „Begriff des Politischen" von 1932 galt Schmitt eine Welt, in der die Möglichkeit des Feind/Freund-Kampfes überholt ist, als eine posthistorische Welt jenseits der Geschichte. Schmitt entrückte die geschichtsphilosophische Perspektive von Idealismus und Historismus in die „planetarische" Weite seiner Nomos-Spekulation.[26] Geschichtswissenschaft im „antiquarischen Sinn" der akademischen Zunft galt Schmitt als wertlos, so 1932: „Es gibt heute niemanden mehr, der sich durch Materialhaufen darüber täuschen ließe, wie sehr alle geschichtliche Darstellung und Konstruktion von naiven Projektionen und Identifikationen erfüllt ist." Insbesonders alle rational liberale Geschichtskonzeption von evolutionärem Fortschritt, von Freiheit, Vernunft, Diskurs und Pluralismus lehnte Schmitt stets ab. Hatte doch der Liberalismus in Schmitts Sicht „die Sphäre des Politischen" im Sinn eines anthropologischen Optimismus des Feindbegriffs als geschichtlicher Bestimmung schlechthin beraubt, den geschichtsphilosophischen Begriff des Kampfes in ethisch-geistige Diskussion, ökonomische Konkurrenz und in eine „ideologisch-humanitäre Vorstellung von der 'Menschheit'" umgewandelt. Unter Berufung auf Ernst Troeltsch meinte Schmitt, die Konsequenzen liberaler Geschichtsauffassung ließen sich an der Theologie ablesen, die nicht mehr Auserwählte von Nicht-Auserwählten, Sünde von Nicht-Sünde unterscheiden kann, folglich die Erbsünde eliminiert. Nichts schien für Schmitt lächerlicher als Herbert Spencers liberal kapitalistische Geschichtsphilosophie verbunden mit dem – in Schmitts Sicht – Aberglauben an das Ende des „Zeitalters der Kriege", Spencers lineare „Geschichtsdeutung, welche die Menschheitsgeschichte als eine Entwicklung von der militärisch-feudalen zur industriell-kommerziellen Gesellschaft ansieht".

Schmitt, der seine Neutralisierungstheorie vom Fortschreiten von Theologie zu rationalistischer Metaphysik, zu Aufklärung, technischer und ökonomischer Rationalisierung im Verlauf der Neuzeit unter dem Einfluß von G.B. Vico und A. Comte entwickelt hatte,[27] wandte sich hiebei auch gegen Max Schelers geschichtsphilosophische Utopie einer technischen Neutralisierung und harmoni-

---

26 Fachhistoriker wie Fritz Hartung attackierten Schmitts Geschichtskonstruktionen scharf: Schmitt denke ungeschichtlich, Schmitts Bewertung der deutschen Geschichte, der preußischen Reformzeit sei willkürlich, die „politischen Terminologie" der beschriebenen Zeit leuchte überall unkritisch durch. – Fritz Hartung: Staatsgefüge und Zusammenbruch des Zweiten Reiches, in: Historische Zeitschrift 151 (1935), 528-544.

27 Vgl. Carl Schmitt: Das Zeitalter der Neutralisierungen und Entpolitisierungen (1929), in: ders.: Positionen und Begriffe im Kampf mit Weimar – Genf – Versailles 1923-1939, Hamburg 1940, 120-132.

schen Pazifizierung unaufhebbarer Antagonismen. Schelers Optimismus kontrastiert Schmitt mit dem geschichtsphilosophischen Fortschritts- und Neutralisierungs-Pessimismus von Ernst Troeltsch, Max Weber, Oswald Spengler oder Walter Rathenau „als Herrschaft der Geistlosigkeit über den Geist, oder als vielleicht geistvolle, aber seelenlose Mechanik."[28]

Schmitts Geschichtsbild blieb über Jahrzehnte durchgängig an mythologischen Komponenten orientiert. 1943 flüchtete der kultische Hitler-Verehrer Schmitt – gleich Ernst Forsthoff – angesichts des sich abzeichnenden Endes des „Großraum-Imperialismus" und der Niederlage von Nazideutschland in den Rechtshistorismus von Savigny, in die restaurative gegenrevolutionäre Geschichtsideologie eines Joaquin José Maria Donoso Cortés oder des Junghegelianers Bruno Bauer mit dessen theologisierenden düsteren Geschichtsahnungen, die in Schmitts Sicht der polemischen Kritik seitens Marx' und Engels' historischem Materialismus standgehalten haben. Der „Antiliberale" Donoso Cortés, von seinen – wie Schmitt verächtlich anmerkt – „humanitär moralisierenden Gegnern" als katholischer Reaktionär abqualifiziert, war für Schmitt eine von den spanischen Bürgerkriegen geprägte, die industriell-technische Verelendung prophezeiende „Kassandra-Figur", die schon 1848 vorausgesehen hat, daß der kommende „Weltbürgerkrieg" von der Verbindung von Sozialismus und Slawentum, von einer nicht in London, sondern in St. Petersburg auszubrechen drohenden Revolution geprägt sein wird. Schmitt würdigte 1950 Donosos Preisgabe des Optimismus der liberalen, aufgeklärten, der bürgerlich-idealistischen und materialistischen Geschichtsphilosophie und deren Ersetzung durch eine christliche Geschichtstheologie. Schmitt huldigte Donoso als dem Überwinder der „geschichtsphilosophischen Konstruktion von Fortschritt, Intelligenz und Freiheit", an die Donoso Cortés in Jugendjahren selbst noch geglaubt hatte, ehe er an die Stelle einer historischen Fortschrittsrationalität das gläubige Staunen über das „Geheimnis der Geschichte" gesetzt hat, ehe Donoso im Weg über Vico zum spezifisch Originären des individuellen historischen Phänomens, zum „unersättlichen Staunen über dieses Geheimnis" gelangt war und konsequent – so Schmitt beipflichtend – jede rationale Geschichtstheorie mit Recht als „Doktrinarismus" denunziert hat: „Jedenfalls sind die berühmten Voraussagen, die seit 1848 den fast mythischen Ruhm Donosos bewirkt haben, nur äußerste, folgerichtige Steigerungen seines Staunens vor dem Rätsel der Geschichte. Es sind zugleich Zeugnisse für die unerhörten Möglichkeiten eines christlichen Geschichtsbildes, wenn dieses im Kampf mit andern Geschichtsbildern die bloße Geschichtsphilosophie überwindet."

---

28 Carl Schmitt: Der Begriff des Politischen (Text von 1932), Berlin 1963, 35, 64, 68, 71, 73f. 79, 91f.

Nach 1945 pries Schmitt ferner – in Analogie zu Donoso Cortés – die von geschichtsphilosophischer Spekulation frei scheinenden historischen Prognosen Alexis de Tocquevilles, der für Schmitt nun nach der Niederlage des deutschen Faschismus der antizipierende Historiker der Mitte des 19. Jahrhunderts im Sinn einer neuen „geschichtlichen Selbstverortung" des „europäischen Selbstbewußtseins" jenseits der Illusionen eines historistischen Zeitalters, jenseits der borussischen Enge der protestantisch-liberalen Macht-Staatshistoriker Treitschke oder Sybel, jenseits auch des „großen Hegel" und des „weisen Ranke", die sich noch „zum lieben Gott in die Königsloge des Welttheaters" gesetzt hätten, war. Für Schmitts Selbstrechtfertigungs-Versuch hat Tocqueville in einem noch völlig „Europa-zentrischen" Zeitalter den Weltbürgerkrieg, wie er dann von Oswald Spengler im „Untergang des Abendlandes" beschrieben worden ist und nun als Auseinandersetzung der USA und der Sowjetunion anstünde, als neues geschichtliches Bewegungsprinzip für ein Zeitalter irreversibler „Demokratisierung und Zentralisierung" vorausgesehen. Gerade weil Tocqueville als Adeliger, Revolutionsbesiegter, als Franzose in den Napoleonischen Kriegen national Besiegter – auch Schmitt fühlte sich als „Besiegter" von 1945 – gewesen war, hatte er nach Schmitt diesen von aller idealistisch-emanzipatorischen Geschichtstheorie freien prognostischen Blick und dies, obwohl Tocqueville als christlicher Adeliger – wie Schmitt bedauert – Überläufer zum Agnostizismus gewesen ist, weshalb er mangels eines „heilsgeschichtlichen Halts" bedauerlicherweise nicht als „christlicher Epimetheus" habe fungieren können. Tocqueville „hat nicht den Eifer eines soziologischen oder psychologischen Entlarvers, nicht die Eitelkeit der Skeptiker, auch auch keine metaphysischen Ambitionen. Er will nicht ewige Gesetze des weltgeschichtlichen Prozesses finden, weder Drei-Stadien-Gesetze, noch Kulturzyklen."[29]

Savigny und Hegel hatte Schmitt 1943 bereits – den Antikommunismus des „Kalten Kriegs" antizipierend – zusammengespannt, um den Historischen Materialismus zu bekämpfen, um Hegel „aus Moskau" zurückzuholen, wohin er nicht zuletzt dank der Verdienste des von Schmitt intellektuell bewunderten Georg Lukács, dessen 1923 in „Geschichte und Klassenbewußtsein" veröffentlichten Essay „Legalität und Illegalität" Schmitt zum Besten jüngerer rechtsphilosophischer Literatur zählte, abgewandert sei.

Den Aufsatz „Die Lage der europäischen Rechtswissenschaft" – 1943 als Vortrag konzipiert – nützte Schmitt mitten im vom Faschismus entfesselten

29 Carl Schmitt: Donoso Cortés in gesamteuropäischer Perspektive. Vier Aufsätze, Köln 1950, 12-15 und Carl Schmitt: Historiographie in Nuce: Alexis de Tocqueville (1946), in: ders.: Ex Captivitate Salus. Erfahrungen aus der Zeit 1945/47, Köln 1950, 25-33.

Weltkrieg, um Positivismus, Normativismus und „Technismus" für eine von ihm konstruierte Kulturkrise verantwortlich zu machen. Die „Krisis" der Rechtswissenschaft galt Schmitt als Ausdruck des Gesetzespositivismus und als behebbar nur durch die Rückkehr zu Savignys Rechtshistorismus und Volksgeist-Theorie als einem „Paradigma der ersten Abstandnahme von der gesetzesstaatlichen Legalität". Schmitt huldigte Savigny als dem Wahrer der Legitimität gegen den historischen Prozeß der „Legalisierung", der formellen Legalität, als „Hüter", der im „Beruf" der Aufspaltung von Legitimität und Legalität gewehrt hatte. Schmitt band Savignys Rechtshistorismus in sein Konzept der „konkreten Ordnung" ein: „Das Recht als konkrete Ordnung läßt sich nicht von seiner Geschichte loslösen. Das wahre Recht wird nicht gesetzt, sondern entsteht in einer absichtslosen Entwicklung." Diesem Savignyschen Rechtshistorismus stellt Schmitt die Öde des „berechnenden" und „geschichtsvergessenen" Rechtspositivismus gegenüber. Schmitt propagierte den „auf-halterischen" epimetheischen Geist von Savigny und Hegel auch gegen Nietzsches Historismus-Kritik.[30]

Nach 1945, in den Jahren der bürgerlichen Restauration Adenauer-Deutschlands, sollte sich Schmitts Geschichtsspekulation mehr poetisierend als analysierend auf eine den „raumeinteilenden Grundvorgang" beschwörende, an Homer, Pindar oder Hölderlin anknüpfende „Nomos-Metaphysik", auf eine sich eigenwillig auf Hegels „Rechtsphilosophie" stützende rudimentäre Land/Meer-Dialektik einschränken.[31] Dem späten Schmitt mutierte Geschichte in einer larmoyanten christlichen „Kehre" zum Mythos, zur Tragödie. Geschichte wurde von Schmitt nach 1945 zum dramatischen Geschehen, ins Ästhetische umgebogen, um eine geschichtsferne „Mythisierung der deutschen Katastrophe" betreiben zu können.

Nach 1945 schwelgte der Antikommunist Schmitt, der 1939 Hitlers Krieg zu einem „geschichtlich notwendigen Raumordnungskrieg" überhöht hatte, geschichtsphilosophisch in den Kategorien einer „planetarischen Revolution". Die „Raumrevolution" führt Schmitt zufolge zu einem Bruch mit der bisherigen geschichts-philosophischen Ontologie, so wie jener mit der Kopernikanischen Revolution verbundene Bruch des 16. Jahrhunderts.[32]

---

30 Carl Schmitt: Die Lage der europäischen Rechtswissenschaft (1943/44), in: ders.: Verfassungsrechtliche Aufsätze aus den Jahren 1924-1954. Materialien zu einer Verfassungslehre, Berlin 1958, 386-429.

31 Vgl. Reinhard Mehring: Pathetisches Denken. Carl Schmitts Denkweg am Leitfaden Hegels: Katholische Grundeinstellung und antimarxistische Hegelstrategie, Berlin 1989, 202f., 209f., 219.

32 Vgl. Hasso Hofmann: Legitimität gegen Legalität. Der Weg der politischen Philosophie Carl Schmitts, 2. Auflage, ergänzt durch eine Vorbemerkung, Berlin 1992, 226-230.

Nach 1945 flossen aber zunehmend auch Elemente christlich-neuhumanistischen Denkens in Schmitts Geschichtsbild. In Schmitts grobe Erzählungen schlichen sich nun auch zunehmend standardisierte Säkularisierungsklagen und Jammer über das Ende des Substanzhaften und des Idealen im Geschichtsprozeß von Vernunft, Rationalität und Moderne ein.

Der Schmitt der nachfaschistischen Restaurationsperiode entdeckte die in der Auseinandersetzung mit Burckhardt und Nietzsche entstandene Polemik Karl Löwiths gegen die Geschichtsphilosophie. 1950 sang Schmitt das Hohelied auf Löwiths soeben in englischer Sprache erschienene „Weltgeschichte und Heilsgeschehen", auf jenen Löwith also, der 1935 Schmitts und Heideggers faschistischen Nazi-Opportunismus und Antisemitismus demaskiert hatte.[33]

Schmitt diagnostiziert Geschichtsphilosophie 1950 als politisches Kampfinstrumentarium. Karl Löwith habe in „Weltgeschichte und Heilsgeschehen" die notwendige Aufklärung hierüber geboten, indem er die Herkunft von Geschichtsphilosophie aus Theologie und Eschatologie offengelegt und damit seine „Überlegenheit über moderne Historiker und Geschichtsphilosophen, insbesondere auch über Arnold Toynbee begründet" habe.[34]

Schmitt hat – wie Jürgen Habermas es 1963 an Löwith als Blindheit gegen die Moderne kritisiert hat – die Löwithsche – gegen Hegels und der Hegelschen Linken geschichtliche Emanzipationsutopie verfochtene – Rückkehr zum „unhistorischen Selbstverständnis griechischer Kosmologie" fasziniert, wohl auch Löwiths Motiv von der Überwindung des historischen Bewußtseins, Löwiths geistesaristokratische, Jakob Burckhardt verpflichtete Flucht in eine ahistorische, der antiken Gedankenwelt und dem klassischen Naturrecht entsprechende verabsolutierte Ontologie, die den geschichtlichen Wandel von Herrschaft und Gewalt schlicht ignorierte.[35]

Ob Arnold Toynbees Geschichtstheorie der Kulturzyklen und der Zivilisationskritik, ausgestattet mit dem Trost, daß die gegenwärtige Zivilisation „wieder christlich werden" kann, ausreicht, um mitten im „Kalten Krieg" den Kommunismus zu bannen, wagte Schmitt 1952 zu bezweifeln. Ob Toynbees halboffiziöse Geschichtsphilosophie des Westens gegen den Historischen Materialismus des Ostens bestehen kann, wollte Schmitt – auf den Spuren der Löwithschen Kritik von Geschichtsphilosophie und historischem Bewußtsein – nicht glauben.

---

33 Vgl. Karl Löwith: Der okkasionelle Dezisionismus von Carl Schmitt, in: ders.: Gesammelte Abhandlungen. Zur Kritik der geschichtlichen Existenz, Stuttgart 1960, 93-126.

34 Carl Schmitt: Drei Stufen historischer Sinngebung, in: Universitas 5 (1950), 927-931.

35 Vgl. die Löwith-Würdigung und Löwith-Kritik von Jürgen Habermas: Karl Löwith. Stoischer Rückzug vom historischen Bewußtsein (1963), in: ders.: Philosophisch-politische Profile. Wozu noch Philosophie?, Frankfurt 1981, 195-216.

Alle Kritik Toynbees an der Fortschrittsideologie ändert nach Schmitt nichts „an dem ideologischen Gesamtbild eines Westens, dessen Kern, soweit er noch weltgeschichtlich Kraft hat, ebenfalls geschichtsphilosophisch ist, nämlich die Saint-Simonistische Geschichtsphilosophie des industriellen Fortschritts und der geplanten Menschheit" variiert als Popularisierung all der Comtes und Spencers.[36]

1963 sprach Schmitt in Fortsetzung seiner Kritik einer naturwissenschaftlich fundierten Geschichtsphilosophie von rationalem Fortschritt – sowohl bürgerlich-liberalen als auch historisch-materialistischen Zuschnitts – und unter Anknüpfung der Deutung von Geschichte und Politik als „Feind/Freund-Gegensatz" von der Figur des Partisanen als Inbegriff einer geschichtlichen Entwicklung vom „wirklichen zum absoluten Feind" im Zeitalter „planetarischer" Welt-Bürgerkriege nach Ende der „auf den Staat des europäischen Völkerrechts" fixierten Militärdoktrin. Schmitts geschichtliche Betrachtungen führten ihn in der „Theorie des Partisanen" (1963) u.a. von Clausewitz über Marx und Engels zu Lenin, den „großen Kenner und Bewunderer von Clausewitz", und zu Mao Tse-tung. Lenin hat für Schmitt in den „Tetradka"-Studien zu Clausewitz′ „Vom Kriege" die historische Unvermeidlichkeit von Gewalt unter „klarer Weiterführung der Erkenntnis von Feind und Feindschaft" radikal entschlüsselt: Lenin „war es, der die Unvermeidlichkeit der Gewalt und blutiger revolutionärer Bürger- wie Staatenkriege erkannte und deshalb auch den Partisanenkrieg als ein notwendiges Ingredienz des revolutionären Gesamtvorganges bejahte."[37]

1.3. Hellers Position zum Historismus vor dem Hintergrund des Weimarer Staatsrechtlichen Methodenstreits (1925-1933)

Aus dem Rückblick schilderte 1932 der dem antipositivistischen Staatsrechtslager zuneigende Gerhard Leibholz (1901-1982) unter dem Titel „Zur Begriffsbildung im Öffentlichen Recht" die in den späten zwanziger Jahren kulminierende staatsrechtliche Methodenkontroverse, die mit der nazifaschistischen Machtergreifung obsolet werden sollte.

Leibholz resümierte das gegen den Positivismus, also vor allem den Normativismus der Reinen Rechtslehre, gerichtete Verlangen nach einer historisch teleologischen, philosophisch wertenden Staatsrechtslehre, auch wenn er selbst von einer weitergehenden „phänomenologischen Wesensbetrachtung" auf Husserls Spuren träumte: „Vor allem Triepel, Heller und Holstein haben gezeigt, wie

36 Carl Schmitt: Die Einheit der Welt, in: Merkur 6 (1952), 1-11.
37 Carl Schmitt: Theorie des Partisanen. Zwischenbemerkungen zum Begriff des Politischen, Berlin 1963, 52-65.

dieses positivistische Begriffsbildungsverfahren alle historischen, politischen und philosophischen Betrachtungen wie überhaupt jede Zweckerwägung aus der publizistischen Begriffsanalyse zu eliminieren gesucht und sich im wesentlichen auf die Herausarbeitung formaler Kompetenzabgrenzungen und Zuordnungen, auf generalisierende Abstraktionen und Subsumtionen, auf rein formallogische Analysen und Synthesen von Begriffen beschränkt hat."

Vorwurfsvoll zitierte Leibholz jenes angeblich von Kelsen radikal zu Ende gedachte Laband-Diktum aus dem Jahr 1871, wonach die „Logik" das Hauptmittel des Staatsrechtlers ist, während „alle historischen, politischen und philosophischen Betrachtungen für die Dogmatik eines konkreten Rechtsstoffes ohne Belang" sind.

Im Stil der antipositivistischen Lehre verwarf Leibholz jede Trennung des Rechts von Politik, Macht, Geschichte, Kultur, Ethik. Kelsens Postulat normativer Methodenreinheit war für Leibholz kein Ideal, sondern im Gegenteil eine Bedrohung: „Denn das Staats- und Verfassungsrecht ist nicht entpolitisierbar, wie der Rechtspositivismus im Sinne Labands und die reine Rechtslehre glauben machen wollten. Es ist vielmehr eine besondere Art Recht, ist Integrationsrecht im Sinne des von Smend in die deutsche Staatsrechtlehre eingeführten Begriffes der Integration, ist politisches Recht, weil es ´gar keinen anderen Gegenstand als das Politische hat´(Triepel)."[38]

Offen kontroversiell hatte der seit den spätwilhelminischen Jahren laufende Angriff[39] auf das Feindbild „Positivismus", „Labandismus" 1926 auf der Tagung der Vereinigung deutscher Staatsrechtler in Münster eingesetzt. Erich Kaufmanns an Otto Gierke anknüpfende Vorkriegsschriften oder Carl Schmitts „Gesetz und Urteil" (1912) galten als Vorboten des von den „Antipositivisten" im Sinne überpositiver Rechtsprinzipien oder historischer Herleitungen dominierten Methodenstreits, der wie Hans Mayer 1931 abschließend zu seiner Kölner Dissertation über Rudolf Smends Staatsauffassung schrieb, sozialgeschichtlich Ausdruck des Zerfalls der liberal-bürgerlichen Staatsauffassung (von 1871) im Gefolge der die Arbeiterklasse legal an der staatlichen Machtausübung beteiligen-

38 Gerhard Leibholz: Zur Begriffsbildung im Öffentlichen Recht (1932/1974), in: Verfassung. Beiträge zur Verfassungstheorie, hrg. von Manfred Friedrich, Darmstadt 1978, 13-33. – Vgl. zu Leibholz´ „phänomenologischer Methode" M.H. Wiegandt: Norm und Wirklichkeit. Gerhard Leibholz (1901-1982), Baden-Baden 1995, 82-99.

39 Vgl. auch die für die Staatsrechtsdebatte relevanten Impulse der zivilistischen Methodendiskussion im Gefolge der BGB-Kodifikation von 1900 mit ihrem Streit über „Gesetzespositivismus" und material-ethische Prinzipien rechtlicher Lückenfüllung Rainer Schröder: Die deutsche Methodendiskussion um die Jahrhundertwende: Wissenschaftstheoretische Präzisierungsversuche oder Antworten auf den Funktionswandel von Recht und Justiz, in: Rechtstheorie 19 (1988), 323-367.

den republikanisch-demokratischen Weimarer Reichsverfassung mit ihren trotz Niederschlagung der proletarisch-sozialistischen Revolution widersprüchlichen politischen Grundentscheidungen (Carl Schmitt) war. Dies ließ es opportun erscheinen, auf die Erosion autonom formaler Verfassungsnormen im Weg einer Abkehr vom nun agnostisch und relativistisch empfundenen Labandschen „Formalismus“ und im Weg der Abwendung von der Jellinekschen transzendental subjektivistischen Konstitution des Staats mit Werten, mit materialen Vorgaben, mit anachronistisch metaphysischer „Substanz“ oder mit rückschrittlich historischer Sinnstiftung zu reagieren, um im Ergebnis die Grundstruktur des in der „Novemberrevolution“ 1918 erschütterten preußischen Obrigkeitsstaates mit neuen theoretischen Versatzstücken zu erhalten. So notierte Hans Mayer 1931 am Ende seiner Arbeit den Methodenstreit aus dem ideologischen Himmel auf den Boden der Klassenwidersprüche der Weimarer Republik holend: „Die Krisis der Staatslehre ist Ausdruck der Krise deutscher Demokratie. Ursache der geistigen, wie der politisch-sozialen Krise ist die Tatsache, daß der Volksstaat in Deutschland in einer Zeit Wirklichkeit wurde, da nicht nur der Kampf der Klassen in seiner Unversöhnlichkeit die soziale Homogenität zunichte machen mußte, die Voraussetzung jeder wahren Demokratie ist, sondern da auch ein einheitliches Bürgertum nicht mehr vorhanden war, das den Volksstaat zu einer echten Gemeinschaft hätte umwandeln können.“ Hermann Heller, als revisionistischer, nationalstaatlich gesinnter Sozialdemokrat, in der Souveränitäts-Studie 1927 in manchem angeblich Carl Schmitt nahekommender Jurist, stand als Kelsen-Kritiker dem Lager der „Antipositivisten“ nahe, auch wenn er gerade in den späten Jahren der Weimarer Republik in politischen Fragen gegen das primär rechtsautoritär „kulturprotestantisch“ und deutschnational geprägte antipositivistische Lager vorgehen sollte, indem er gegen Smend oder Schmitt einen sozialwissenschaftlich rationalen, demokratisch nicht-autoritären Weg aus der „Krisis der Staatslehre“ ausarbeitete.

Der wertegläubig rechte, stets an Deutschlands Größe appellierende, neuhegelianisch beeinflußte Erich Kaufmann hatte in Münster im Frühjahr 1926 aus Anlaß des Streits über „die Gleichheit vor dem Gesetz im Sinne des Art. 109 der Reichsverfassung“ eine ethisch fundierte Staatsrechtslehre gerichtet gegen den Positivismus eines Gerhard Anschütz oder gegen Hans Kelsens Reine Rechtslehre gefordert: „Staat und Gesetz stehen unter dem Recht.“ Polemisch sprach Kaufmann auch von der „bloß technischen Rechtswissenschaft“ als „Hure“. Wahrhaftige Demokratie kann nach Kaufmann nicht auf dem von Kelsen propagierten – parlamentarisch institutionalisierten – Relativismus, sondern nur auf aus sozial-nationaler, kultureller Homogenität resultierender werthafter „Substanz“ beruhen.

Die Bindung des Gesetzgebers an den Gleichheitssatz koppelte Kaufmann an Rechtsprinzipien von überpositiver Bedeutung, an eine apriori material ethische Ordnung: „Ursprung und Sinn des Satzes von der Gleichheit vor dem Gesetz zeigen, daß in ihm ein Rechtsprinzip aufgestellt sein sollte, das überpositiv gilt." Die politischen Implikationen von Kaufmanns Rechtsprinzipien richteten sich gegen den Parlamentarismus der Weimarer Reichsverfassung. Kaufmann erklärte 1926 in Münster den Rechts-Positivismus, der bloß für stabil-saturierte Verhältnisse adäquat, nicht aber in einer Periode nach „Krieg, Revolution, Zusammenbruch und [Versailler] Friedensvertrag" brauchbar sei, für „erledigt".

Kaufmann griff für seine „Wertordnungs"-Analyse auch in das Arsenal der historischen Traditions- und Sinnstiftung, wobei er gegen das rationalistische Rechtsverständnis von Verkehrsgerechtigkeit im Sinne der Vertragskategorie (justitia commutativa) auf Aristoteles Verteilungsgerechtigkeit (justitia distributiva) zurück in die Geschichte der christlich abendländischen Metaphysik zu greifen versuchte. Mit Blick auf die offensichtliche Lektüre von Ernst Troeltschs monumentaler religionsgeschichtlicher Schrift „Die Soziallehren der christlichen Kirchen und Gruppen" (1911) und auf diverse historisch wirksam gewordene Naturrechtskonzeptionen besprach Kaufmann den Wandel des Gleichheitssatzes, u.a. dessen Säkularisierung im Sinne des geschichtlichen Wechsels einer „Gleichheit vor Gott" zu einer „Gleichheit vor dem Gesetz".[40]

Kaufmann hatte schon vor 1914 – verstärkt seit seiner 1921 veröffentlichten „Kritik der neukantischen Rechtsphilosophie" – eine Restitution des „metaphysischen" Kant, eine historische Rekonstruktion von Wertzusammenhängen, eine Rückkehr zur „Weltanschauung" verlangt, redundant gegen die „Formalisierung der Ethik" und gegen die Reduktion der „Rechtsidee" auf ein System prozessualer Verfahrensrationalität, formal-normativer Legalität ausgestattet mit Sanktionszwang protestiert, also auf eine Synthese von Legalität und Moralität, von Rechts- und Tugendpflichten im Sinne eines gegen die Neukantianer metaphysisch interpretierten Kant bzw. eines rechts gedeuteten Hegel gedrängt.

Das Staatsrecht stand für Kaufmann notwendig im Zusammenhang mit metaphysischen und geschichtlichen Mächten, die Verfassung einer Staatsnation galt ihm als Objektivierung „historischer, irrationaler geistiger Individualität".

Der Münchner Staatsrechtler Hans Nawiasky (1880-1961) spielte 1926 in Münster die Rolle des „Skeptikers" und „Positivisten – vielleicht eines noch nicht ganz erledigten", indem er gegen Kaufmann, den „Idealisten" und „Naturrechtler", auftrat.

---

40 Erich Kaufmann: Die Gleichheit vor dem Gesetz im Sinne des Art. 109 der Reichsverfassung. Bericht, in: Veröffentlichungen der Vereinigung der Deutschen Staatsrechtslehrer 3 [Münster 1926], Berlin-Leipzig 1927, 2-24, hier 3-5, 13f., 20.

Nawiasky lehnte nicht nur Kaufmanns Interpretation des Gleichheitssatzes, Kaufmanns antiparlamentarisch orientierte, der deutschen Rechten nach der Republikgründung (1918) politisch dienende Apriori-Rechtsprinzipien,[41] sondern auch dessen Rückgang auf die historische Analyse ab. Günther Holstein bemerkte in seinem Tagungsbericht, Nawiasky verzichte fast vollständig „auf eine historische Erörterung des Problems“, auch wenn Nawiasky sein Koreferat mit einem historischen Blick auf den Wandel des Gleichheitssatzes im Sinn von „Abschaffung der Standesvorrechte, also etwa Rechtsgleichheit in subjektiver, persönlicher Beziehung“ (um 1800) zu einem Gleichheitssatz im Sinne von „Rechtsanwendungsgleichheit“ (seit 1850) und schließlich seit Beginn des 20. Jahrhunderts zu einem Ideal „als Rechtsgleichheit in objektiver, sachlicher Beziehung“ verstanden einleite.

Nawiasky lehnte den Rechtshistorismus, die historisierende Ableitung des Gleichheitsprinzips ab. Nawiasky, der die „systematische Auslegung“ der positiven Verfassungsnormen einforderte, erhob die Position, daß aus „geschichtlich voneinander entfernten Rechtszuständen“ keine „Auslegungsgesichtspunkte gewonnen werden können“ sogar in den Rang eines Leitsatzes: „So sind wir m.E. für die Auslegung der Art. 109 RV von vornherein auf unser Recht und zwar unser geltendes Recht angewiesen.“[42]

Auf dem Höhepunkt des staatsrechtlichen Methodenstreits der Weimarer Republik forderte Günther Holstein (1892-1931), als „Dilthey der Rechtswissenschaft“ bezeichnet, 1926 die „metaphysische Wende“ in der Staatsrechtslehre bzw. den notwendigen Rekurs auf eine überpositive Ordnung, auf letzte transsubjektive Werte, auf eine Idee der Gerechtigkeit unter Berufung auf ein historisch vermitteltes, zugleich objektives Kultur- und Wertsystem. Dilthey, Gierke, die Kirchenhistoriker Adolf Harnack und Reinhold Seeberg, aber auch Ernst Troeltschs Konzept einer „Kultursynthese“ zog Holstein zwecks Reethisierung, Retheologisierung und Rehistorisierung des Staatsrechts heran. Die historische Schule fernab von allem Relativismus und in vermeintlich wahrhafter geschichtsteleologischer Vollendung erschien Holstein als der "große Weltentag" der Rechtswissenschaft. Historisierung und Theologisierung des Staatsdenkens

41 Vgl. Kurt Sontheimer: Antidemokratisches Denken in der Weimarer Republik. Die politischen Ideen des deutschen Nationalismus zwischen 1918 und 1933, München 1962, 79-114.

42 Hans Nawiasky: Die Gleichheit vor dem Gesetz im Sinne des Art. 109 der Reichsverfassung. Mitbericht, in: Veröffentlichungen der Vereinigung der Deutschen Staatsrechtslehrer 3 [Münster 1926], Berlin-Leipzig 1927, 25-43, hier 26-28, 41-43. – Vgl. Michael Stolleis: Geschichte des öffentlichen Rechts in Deutschland III. Staats- und Verwaltungsrechtswissenschaft in Republik und Diktatur 1914-1945, München 1999, 153-202.

erwiesen sich so bei dem politisch rechtskonservativ agierenden Greifswalder Jusprofessor Holstein als Zwillingsbrüder. Die Weimarer Republik wurde mit dem von Holstein ausgefeilten historisch-theologischen Methodenarsenal als illegitim markiert, an die Stelle der Weimarer Reichsverfassung sollte eine geschichtlich-national („Volksgeist") gewachsene Verfassung aus dem Geist des Luthertums treten, die liberalen Grundrechte waren dementsprechend in Volksgemeinschaftsrechte umzubiegen.[43]

Auch Heinrich Triepel erinnerte analog gegen die Gerber/Laband-Schule polemisierend 1926 in seiner Berliner Rektorsrede an eine geschichtsphilosophisch, idealistisch ausgerichtete Staatslehre aus der Periode vor der Revolution von 1848, an Karl Rotteck oder Karl Theodor Welcker, an die auf die Staatslehre ausgerichteten Historiker Dahlmann, Waitz, Droysen, Duncker oder Sybel. Vom Göttinger und Berliner Historiker Georg Waitz (1813-1886) entlehnte Triepel seine These vom Staatsrecht als machtorientiert politischem Recht.

Kelsens „Reine Rechtslehre" tritt bei Triepel als ahistorische, asoziologische und apolitische Staatsrechtswissenschaft auf. Triepel hingegen verteidigte das von Kelsen geächtete politisch-historisch „Metajuristische". Das Verhältnis zwischen Hegel und Kelsen beschrieb Triepel als das der Pole „Historisch" gegen „Ahistorisch": Geschichte, Politik, Teleologie etc. könnten entgegen der von Kelsen vermittelten Illusion nicht hinter der Fassade des Logischen versteckt werden.[44]

---

43 Günther Holstein: Von Aufgaben und Zielen heutiger Staatsrechtswissenschaft. Zur Tagung der Vereinigung deutscher Staatsrechtslehrer (1926), in: Archiv für öffentliches Recht N.F. 11 (1926), 1-40 und Diskussionsbeitrag von Günther Holstein zu den Referaten von Erich Kaufmann und Hans Nawiasky, in: Veröffentlichungen der Vereinigung der Deutschen Staatsrechtslehrer 3 [Tagung Münster 1926], Berlin-Leipzig 1927, 55-57 – Vgl. auch Diskussionsbeiträge: Anschütz 47f., Triepel 51, Kelsen 53-55, Heller 57. – Vgl. über Holsteins Umfeld Klaus Thanner: Die fromme Verstaatlichung des Gewissens. Zur Auseinandersetzung um die Legitimität der Weimarer Reichsverfassung in Staatsrechtswissenschaft und Theologie der zwanziger Jahre, Göttingen 1989. – Vgl. auch Hermann Kantorowicz: Nachruf auf Günther Holstein, in: Archiv für Rechts- und Wirtschaftsphilosophie 24 (1930/31), 451-456 und Walther Schönfeld: Günther Holstein, in: Logos 20 (1931), 286-305. – Über Holsteins Verhältnis zum Historismus vgl. Klaus Rennert: Die "geisteswissenschaftliche Richtung" in der Staatsrechtslehre der Weimarer Republik. Untersuchungen zu Erich Kaufmann, Günther Holstein und Rudolf Smend, Berlin 1987, 122-123, 208-213.

44 Heinrich Triepel: Staatsrecht und Politik. Rede beim Antritte des Rektorats der Friedrich Wilhelms-Universität zu Berlin am 15. Oktober 1926, Berlin-Leipzig 1927. – Zu Triepel im Methodenstreit vgl. Manfred Friedrich: Der Methoden- und Richtungsstreit. Zur Grundlagendiskussion der Weimarer Staatsrechtslehre, in: Archiv des öffentlichen Rechts 102 (1977), 161-209, hier 195-197 und Alexander Hollerbach: Zu

Im „Krisis"-Aufsatz von 1926 – eigentlich der Kritik an Kelsens Normativismus gewidmet – billigte Hermann Heller, der sich aber in der politischen Pointierung von den theologisierenden und harmonisierenden Holstein und Triepel unterschied und vor allem Holsteins volksgemeinschaftlich idealisierte „Staats- und Einheitsmetaphysik" ablehnte, dem Historismus zu, durch den Umweg über Wilhelm Dilthey einer geisteswissenschaftlichen Soziologie und antipositivistischen Revision der Staatsrechtslehre den Weg bereitet zu haben.[45]

Hellers widersprüchliches Verhältnis zu historistischen Strömungen, zur Relevanz der Geschichtswissenschaft in der Staatsrechtslehre zeigt sich an der Stellung zu dem ihm in Leipzig nahestehenden Staatsrechtler Richard Schmidt (1862-1944).

Der spätere nazifaschistische Staatsrechtler Otto Koellreutter würdigte Richard Schmidts Staatslehre 1932 als eine antinormativistische, im Gegensatz zur Reinen Rechtslehre stehende Richtung mit realistisch-historischem Sinn: "Denn die methodischen Schwierigkeiten der 'Allgemeinen Staatslehre' als wissenschaftlicher Politik können ihre Lösung nur dadurch finden, daß es gelingt, das notwendig im Politischen liegende dynamische Element und die Statik rechtlicher Gestaltung und Formung zur Synthese zu bringen. Das erfordert aber eine Verbindung von starkem historischen Sinn mit begrifflicher Gestaltungskraft, die gerade der wissenschaftlichen Arbeit Richard Schmidts ihre besondere Prägung und Fruchtbarkeit gegeben hat."[46] Der dann als Kieler Staatsrechtler offen nazistische Positionen vertretende Paul Ritterbusch stellte Schmidts Staatslehre – gleich Koellreutter – als eine über das juristisch-dogmatische ins historisch-geisteswissenschaftlich hinausgehende dar: "Die ihm (Schmidt – Anm.) eigentümliche Grundeinstellung geisteswissenschaftlicher, durch historische Methode bestimmte Wirklichkeitsanalyse hat er mit Hegel und Ranke gemeinsam, (...)."[47]

Der in den frühen zwanziger Jahren in Leipzig angesiedelte Hermann Heller kannte Schmidts 1901 veröffentlichte "Allgemeine Staatslehre" mit ihren Passagen zu einer historisierenden Staatsrechtslehre, mit ihren auf die bürgerliche Historikerzunft bezugnehmenden Stellen, mit ihrem Rekurs auf die Staatsphilosophie des Deutschen Idealismus, mit Schmidts Verteidigung des Historismus ge-

---

Leben und Werk Heinrich Triepels, in: Archiv des öffentlichen Rechts 91 (1966), 417-441 und 551-557, hier 424 und 429-434.

45 Hermann Heller: Die Krisis der Staatslehre (1926), in: ders.: Gesammelte Schriften II, Leiden 1971, 3-30.

46 Otto Koellreutter: Richard Schmidt und die Allgemeine Staatslehre, in: Zeitschrift für Politik 21 (1932), 609-612.

47 Paul Ritterbusch: Richard Schmidt als Begründer und Leiter des Institutes für Politik, ausländisches öffentliches Recht und Völkerrecht an der Universität Leipzig, in: Zeitschrift für Politik 21 (1932), 624-629.

gen Rudolf Stammlers Rechtsphilosophie, mit seinen Kommentaren zu Ranke, Treitschke, Dilthey oder Below.[48]

Hellers Urteil über Schmidts "Staatslehre" fiel zweischneidig aus. Schmidt strebe "nach Überwindung eines den Staat in logisch-juristische Relationen auflösenden Formalismus" – so 1926 im „Krisis"-Aufsatz: "Freilich blieb die theoretische Grundlegung und Begriffsbildung dieser weitaus lebendigsten, weil allein von politischen Instinkten geleiteten Staatslehre (Schmidts – Anm.) durchaus im Unklaren. Sie schwankt zwischen historischen, juristischen, soziologischen und ethisch-metaphysischen Betrachtungsweisen."[49] Heller trat 1932/33 gegen das, was er Schmidt als Hyperhistorismus ankreidet, auf: "Staatslehre ist aber nicht Geschichtswissenschaft, deshalb ist eine Staatstheorie prinzipiell verfehlt, die etwa nach dem Vorbild Richard Schmidts, einen weltgeschichtlichen Abriß der 'Entwicklung' des Staates gibt, den man sich irgendwie doch als konstant vorstellt; verfehlt aber auch ist eine Staatslehre, die ihren Angelpunkt [gleich Smend – Anm.] in der Integration als dem Prozeß ständiger Erneuerung sieht."[50]

Heller war der Blick auf die bürgerliche Geschichtsphilosophie nicht zuletzt aus dem Umfeld von Gustav Radbruch bekannt. Radbruch hatte den wissenschaftlichen Weg des Habilitanden Heller begleitet. Der Blick auf den Historismus war Heller so aus dem Studium der Radbruch-Werke vertraut.[51] Auch Hellers „staatsbejahende", reformistische, nicht-marxistische Thesen zu einem idealistischen Kultursozialismus waren ja über Radbruchs Denken mitvermittelt.[52]

---

48 Richard Schmidt: Allgemeine Staatslehre I. Die gemeinsamen Grundlagen des politischen Lebens, Leipzig 1901, 96-100.

49 Hermann Heller: Die Krisis (wie Anm. 45), 12.

50 Hermann Heller: Staatslehre (in der Bearbeitung von Gerhart Niemeyer 1934), in: ders.: Gesammelte Schriften III, Leiden 1971, 79-395, hier 144.

51 Vgl. Gustav Radbruch: Grundzüge der Rechtsphilosophie (1. Auflage 1914), in: Gustav Radbruch: Rechtsphilosophie II, hrg. von Arthur Kaufmann. (=Radbruch Gesamtausgabe 2), Heidelberg 1993, 9-204. 3. Auflage 1932 ebenda: 216-450. Die Zitate sind folgenden Seiten entnommen: 1. Auflage: 26f., 30, 123, 127, 133; 3. Auflage: 241-243, 249.

52 Vgl. Gustav Radbruch: Kulturlehre des Sozialismus. Ideologische Betrachtungen, Berlin 1922. Vgl. ferner Hans-Peter Schneider: Positivismus, Nation und Souveränität. Über die Beziehungen zwischen Heller und Radbruch, in: Der soziale Rechtsstaat. Gedächtnisschrift für Hermann Heller 1891-1933, hrg. von Christoph Müller u. Ilse Staff, Baden-Baden 1984, 585-602 und Gerhard Robbers: Hermann Heller: Staat und Kultur, Baden-Baden 1983, 94-96.

Der aus dem neukantischen Schulumfeld Heidelbergs (Windelband, Rickert, Lask, Jellinek, M.Weber)[53] stammende Strafrechtler Gustav Radbruch,[54] der mit seinem Habilitationsschützling Heller 1920 in gemeinsamer Abwehr des „Kapp-Putsches“ zu Kiel auf Seite der deutschen Sozialdemokratie stand, setzte sich in seiner zwischen 1914 und 1932 dreimal erscheinenden „Rechtsphilosophie“ wiederholt mit rechtshistorischen Strömungen abseits formal-aprioristischer Geltungstheorien auseinander. Der an den Historismus gerichtete Vorwurf, einem bloßen Relativismus zu huldigen, in kontemplativer Orientierungslosigkeit und antiquitätensammelnder Forschung aufzugehen, findet sich als Diskurspunkt in Radbruchs rechtsphilosophischen Schriften, die von Heller offenkundig mit dem Zeitpunkt ihres jeweiligen Erscheinens zur Kenntnis genommen wurden.

Heller kannte Radbruchs ambivalentes Verhältnis zum Historismus. Viele Thesen Radbruchs zum Historismus finden sich in Hellers Werk, so wenn Radbruch feststellte: Der Historismus ist in "romantisch-reaktionäres" Fahrwasser – bei Stahl gar in eine antirationale, bloß pietätvolle "Anerkennung des lebendigen göttlichen Waltens in der Geschichte" – geraten: "(...) eine 'historische Weltanschauung', wie Savigny und seine Anhänger sie postulieren, d.h. die Begründung von Werturteilen durch Geschichtstatsachen, ist eine contradictio in adjecto." – so Radbruch. Heinrich Rickert habe dagegen zurecht die Wertbezogenheit der geschichtlichen Erkenntnis betont.

In der dritten Auflage der Rechtsphilosophie sprach Radbruch 1932 der Historischen Rechtsschule dann sogar das Verdienst ab, das Naturrecht gekippt zu haben, dieses Verdienst gehöre Kant: "Nicht Rechtsgeschichte und Rechtsvergleichung, sondern Erkenntnistheorie, nicht die Historische Schule, sondern die Kritische Philosophie, nicht Savigny, sondern Kant hat den entscheidenden Schlag gegen das Naturrecht getan."

Der "Methodenmonismus" der Historischen Schule, die überzogenen Ansprüche des historischen Wissenschafts-Verständnisses, auch als rechtstheoretische Grundlage aufzutreten, galt Radbruch als untaugliche Widerlegung des ermatteten Naturrechts. Die Rechtshistorische Schule galt Radbruch als „Rechtspolitik konservativer Richtung": "Der Irrtum alles Historismus beruht also darauf, daß er eine Kategorie geschichtlicher Erkenntnis zu einer Norm des politischen Handelns erhebt."

---

53 1926 bekannte sich Radbruch in seiner Heidelberger Antrittsvorlesung „Der Mensch im Recht“ abschließend zu dieser Heidelberger Schultradition. Jetzt Gustav Radbruch: Der Mensch im Recht. Heidelberger Antrittsvorlesung (1926), in: Gustav Radbruch: Rechtsphilosophie II, hrg. von Arthur Kaufmann. (=Radbruch Gesamtausgabe 2), Heidelberg 1993, 467-476.

54 Vgl. Arthur Kaufmann: Gustav Radbruch. Rechtsdenker, Philosoph, Sozialdemokrat, München 1987.

Deshalb schrieb Radbruch dem Hegelschen Werk das Verdienst der Stellung gegen die antiquarischen und irrationalen Tendenzen stumpfer historischer Rückwärtsgewandtheit zu. Den eigentlichen Überwinder des Historismus erblickte Radbruch in Rudolf Jherings Zweckgedanken: "So führt Jhering von dem Irrationalismus Savignys über den Rationalismus Hegels bis unmittelbar an die Überwindung des beiden gemeinsamen Methodenmonismus heran."

Viele der von Heller nach 1918 interpretierten Geschichtsschreiber des 19. Jahrhunderts finden sich auch in der Radbruchschen „Rechtsphilosophie". Gleich Heller fertigte Radbruch Notizen über Rankes Staatsauffassung von den „geistigen Wesenheiten", von den „Gedanken Gottes" an. Sowohl Heller als auch Radbruch studierten Rankes "Politisches Gespräch". Zu Treitschke ging Radbruch, der besonders den kulturhistorisch orientierten Macht- und Staatsskeptiker Jakob Burckhardt schätzte, deutlicher auf Distanz als dies Heller tat. Radbruch äußerte sich ironisch über Treitschkes Kult vom Staat als dem "heiligen Band zwischen vielen Geschlechtern". Irritiert notierte Radbruch aus Treitschkes „Politik" dessen sozialdarwinistische Formel: "Keine Kultur ohne Dienstboten!" Radbruch erläuterte, daß die transpersonalistische Staatsposition Treitschkes und des Hauptstroms des bürgerlichen deutschen Historismus zur "Leugnung des Völkerrechts", zu denunziatorischen Bemerkungen von der „öden Einerleiheit des Weltreichs", zum „Ordal des Krieges" führt.

In manchem äußerte Heller ähnliche Treitschke-Kritik. Radbruch scheute sich in seiner noch vor 1914 verfaßten Erstauflage der „Rechtsphilosophie" viel mehr vor den reaktionär autoritären Implikationen transpersonalistischer Staatsphilosophie als Heller in seiner Hegel-Habilitationsschrift nach dem Ende des imperialistischen Weltkriegs. Die dem kontraktualistischen Naturrecht zugeschriebene „personalistische" Sozialphilosophie nahm Radbruch in Schutz, sie werde zu Unrecht wegen ihrer liberal-individualistischen Konsequenzen denunziert: "Manche nennen den Individualismus weiter unhistorisch."

Besondere Geringschätzung brachte Radbruch dem hegelianisierenden, vergleichenden Rechtshistorismus von Josef Kohler entgegen. Kohler verbinde die Schwächen Savignyschen Historismus und Hegelscher Geschichtsphilosophie und repräsentiert nach Radbruchs Einschätzung einen unglücklichen irrationalistischen Eklektizismus: "Einer Anschauung, welche gerade den Grundgedanken Hegels, in der Geschichte der Menschheit das System der Vernunft in seiner Selbstentfaltung aufzuweisen, ablehnt und sich dadurch genötigt sieht, den Wertgehalt der Wirklichkeit durch ein pantheistisches Glaubensbekenntnis irrationalistisch zu begründen, steht offenbar methodisch der Historischen Schule weit näher als der Philosophie Hegels, – mag sie sich ihr auch in ihren einzelnen Resultaten verwandter fühlen als dem reaktionären Programm des Historismus."

Aus der Reihe der Fachhistoriker brachte Radbruch – gleich Heller – Friedrich Meineckes Buch über „Weltbürgertum und Nationalstaat“ Sympathie entgegen, da dieser zum Teil der Hauptlinie der historistischen Staatsverherrlichung widersprochen hatte und so für Radbruchs völkerrechtliche Überlegungen im Spannungsfeld von National- und Weltstaat interessant war.

Gleich Heller sprach Radbruch seit Mitte der zwanziger Jahre davon, die Klippen von Historismus und naturrechtlichem Rationalismus zu umgehen, die als extrem markierten Varianten von der „stofflosen“ Rechtsidee des Naturrechts einerseits und des „formlosen“ Rechtsstoffs des Historismus (einschließlich Historischen Materialismus) andererseits zu vermeiden.[55] In der approbierten Mitschrift seiner Heidelberger „Vorschule der Rechtsphilosophie“ von 1946/47 formulierte Radbruch diese Divergenz in direkter Gegenüberstellung von Naturrecht und Historischem Materialismus, wobei letzterer hier für den Historismus allgemein steht: „Hier stehen einander zwei extreme Lehren gegenüber: die Naturrechtslehre glaubt die Widerstandskraft des Rechtsstoffs gegen die Rechtsform gleich Null setzen zu können. Die Idee des Rechts hat nach ihr die uneingeschränkte Herrschaft über den Stoff, ja sie findet den Rechtsstoff überhaupt nicht vor.“ Und dem entgegengesetzt: „Der Lehre des Naturrechts von der Allmacht der Rechtsform stellt die materialistische Geschichtsauffassung die Lehre von ihrer Ohnmacht gegenüber. Das Recht ist lediglich eine Erscheinungsform der Wirtschaft, die Rechtsform ausschließlich bedingt durch den Rechtsstoff, (...). Das Recht ist durch und durch historisch und soziologisch, ohne eine rechtliche Eigengesetzlichkeit.“[56]

Parallelen zwischen Heller und Radbruch finden sich wie in der Meinecke-Lektüre auch in der Beschäftigung mit Ernst Troeltsch.

Hellers spätere Beschäftigung mit der Geschichtstheorie von Ernst Troeltsch war wohl über Radbruch, der Troeltsch aus gemeinsamen Heidelberger Tagen im Umfeld von Jellinek und Weber kannte, mitvermittelt.

Radbruch beschäftigte sich auch in den Jahren der Weimarer Republik mit Troeltschs Historismus. In den handschriftlichen Ergänzungsapparat der zweiten und dritten Auflage der „Rechtsphilosophie“ arbeitete Radbruch Troeltschs "Deutsche Zukunft" (1916) oder Otto Hintzes "Deutsche Freiheit" (1917) ein. Radbruch las für die Revisionsarbeiten an der „Rechtsphilosophie“ ferner – wie Heller – Troeltschs "Soziallehren der christlichen Kirchen und Gruppen".

---

55 Vgl. Gustav Radbruch: Rechtsidee und Rechtsstoff (1923/24), in: Gustav Radbruch: Rechtsphilosophie II, hrg. von Arthur Kaufmann. (=Radbruch Gesamtausgabe 2), Heidelberg 1993, 453-460.

56 Gustav Radbruch: Vorschule der Rechtsphilosophie (1947), jetzt in: Gustav Radbruch: Rechtsphilosophie III, hrg. v. Winfried Hassemer. (=Radbruch Gesamtausgabe 3), Heidelberg 1990, 121-227, hier 198f.

Eine kleine Arbeit des Jahres 1925 stützte Radbruch auf Troeltsch's Vortrag „Naturrecht und Humanität in der Weltpolitik“ (1922). In Beantwortung einer Umfrage der „Niemeyerschen Zeitschrift für Internationales Recht“ nach der Bedeutung des Naturrechts im Völkerrecht erklärte Radbruch 1925: Das Naturrecht sei noch nicht tot, seine geschichtliche Wirkungskraft habe Troeltsch in "Naturrecht und Humanität" in das richtige Licht gerückt: "Ernst Troeltsch hat unvergeßlich gezeigt, wie die Ideen des 'Naturrechts' und der 'Humanität' in der westeuropäisch-amerikanischen wie in der katholischen Gedankenwelt mächtige Lebensgefühle sind und daß eine Wiederannäherung der deutschen, historisch-organisch-positiven Denkweise an diesen westlerischen Gedankenkreis erwünscht und unvermeidlich ist. Wenn bei völkerrechtlichen Verträgen auf 'die höchsten Grundsätze der internationalen Politik', auf das 'internationale Sittengesetz', auf die 'unverzichtbaren Grundsätze der Gerechtigkeit und Menschlichkeit', wie auf etwas Selbstverständliches Bezug genommen wird, so ist damit diese naturrechtliche Gedankenwelt gemeint."[57]

Troeltsch hatte im Nachkriegsdeutschland eine bürgerlich-ideologische Konzeption ausgearbeitet, wonach die Kampf- und Propagandaparolen des Weltkriegs von der Dualität einer deutschen und westlichen Kultur in einer Kultursynthese aus dem Geist des ursprünglich universell antik-abendländischen Naturrechts überwunden werden müßten. Weder das rationalistische Naturrecht des Westens noch der dem Individualitätsgedanken verpflichtete deutsche Idealismus romantisch-irrationalistischer Prägung können nach Troeltsch aus sich allein eine Zukunftsperspektive im Sinne weltbürgerlicher Entwicklung bieten.

Troeltsch, der die in den "Deutschen Ideen von 1914" mündende Tradition verfocht, war im katastrophalen Gefolge des imperialistisch-verbrecherischen Weltkrieges nicht so blind, die reaktionären Implikationen dieser Konzeption nicht zu durchschauen. Troeltsch plädierte – und hier setzte unmittelbar das Interesse des Rechtsphilosophen Radbruch ein – für eine Rückkehr zu einer europäischen Naturrechts- und Humanitätstradition, in der die beiden gespaltenen Linien, die deutsche und die westliche, auf Grund gemeinsamer Wurzeln aufgehoben wären: "Beide Systeme setzen die Idee der Autonomie des Menschen und der Persönlichkeit, die kritische Grundhaltung gegen Wirklichkeit und Überlieferung voraus, welche die Aufklärung geschaffen hat.“

Troeltsch konzipierte das Programm einer Kultursynthese, in der Deutschland auf einen Oswald Spengler und England als Inbegriff des „Westens“ auf

57 Gustav Radbruch: Antwort auf die Umfrage: "Ist für die naturrechtliche Grundauffassung des Völkerrechts, welche in dem jus naturae et gentium des 17. und 18. Jahrhunderts gemäß der grotianischen Lehre theoretische Geltung gewonnen hatte, heutige Geltungskraft in Anspruch zu nehmen?", in: Niemeyers Zeitschrift für Internationales Recht 34 (1925), 165-167.

einen Herbert Spencer verzichten muß: Der Weg muß über eine Rückkehr zu Humboldt auf der einen, und zu Mill auf der anderen Seite stattfinden, um den „Horizont des Weltbürgertums und der Menschheitsgemeinschaft" zurückzugewinnen.

Über die Grenzen seiner Kultursynthese – die oft als anti-nietzscheanische Rehabilitation des Wertes der Geschichte gedeutet wurde – wollte der bürgerliche Geschichtsphilosoph Troeltsch natürlich keinen Zweifel aufkommen lassen: Der marxistische Weg, der sich aus deutscher Romantik, deutscher spekulativer Philosophie, englischer, französischer bürgerlicher Nationalökonomie, aus Quellen positivistischen Materialismus, und evolutionistischer Fortschrittskonzeption speist, ist – betont Troeltsch, als gäbe es Zweifel an seinem rückschrittlichen Antimarxismus – nicht die von ihm gewünschte kultursynthetische Variante, diese bietet eine solche nur zum Schein, denn so der Oktoberrevolutions-Geängstigte Troeltsch: "Eine völlig ideenlose, deterministisch-dialektische Entwicklung auf der einen Seite und ein gänzlich geschichtsloser humanitär-egalitärer Revolutions-Enthusiasmus auf der anderen Seite: das sind die Trümmer, in die die sozialistische Theorie sich auflöst."[58]

Troeltschs Reaktion auf die sogenannte Krisis des Historismus mit den Symptomen von Relativismus und Agnostizismus, aber auch Troeltschs Stellung gegen die Enttäuschungen des positivistischen Weltbildes – also Troeltschs sogenannte „Kultursynthese“ als Antwort auf den nicht mehr revidierbaren universellen Prozeß der „Historisierung des Denkens“ – wollte Heller 1924 in Gedanken über die „freie Volksbildungsarbeit“ gegen die drohende Alternative eines offenen Irrationalismus instrumentalisieren: Es „gilt heute der Gefahr zu begegnen, daß die naturalistisch-historistisch Enttäuschten Mystagogen und umwölkten Romantikern anheimfallen.“[59]

Heller, dessen in den „Politischen Ideenkreisen“ 1926 präsentierte Sicht der Moderne abgesehen von Max Webers Rationalisierungsmodell und Herrschaftssoziologie[60] und von Wilhelm Diltheys „Weltanschauung und Analyse des Menschen seit Renaissance und Reformation“ auch von Ernst Troeltschs „Aufsätzen zur Geistesgeschichte und Religionssoziologie“ – versammelt im vierten Band

58 Vgl. Ernst Troeltsch: Naturrecht und Humanität in der Weltpolitik (Vortrag 1922), in: ders.: Deutscher Geist und Westeuropa. Gesammelte kulturphilosophische Aufsätze und Reden, hrg. von Hans Baron, Tübingen 1925, 3-27, hier 19f., 26.

59 Hermann Heller: Freie Volksbildungsarbeit. Grundsätzliches und Praktisches vom Volksbildungsamt der Stadt Leipzig (1924), in: ders.: Gesammelte Schriften I, Leiden 1971, 623-689, hier 633.

60 Vgl. zu Heller/M.Weber Thomas Vesting: Staatslehre als Wirklichkeitswissenschaft. Zu Hermann Hellers Idee einer politischen Organisation der Gesellschaft, in: Der Staat 31 (1992), 161-186.

der 1925 knapp nach Troeltschs Tod herausgegebenen „Gesammelten Schriften" mit ihren Abschnitten über Renaissance, Reformation und über die Genese des „modernen Geistes" – geprägt war, übernahm auch Troeltschs Kritik gegen einen lebensfremd kontemplativen, willensdefekten, vermeintlich Tat- und Lebenskraft gefährdenden Historismus – wie er gerade von Troeltsch mit seiner Idee der „Kultursynthese" – attackiert worden war. Heller billigte 1929 in rechtstheoretischen „Bemerkungen" dem „Rechtslogismus" nämlich gerade dort Legitimität zu, wo die "Verzweiflung des Historismus, der überhaupt keine Seins- oder Sollensobjektivität mehr kennt", zu juristischem Irrationalismus führt, wobei Heller sein Verhältnis zu Troeltsch aber nicht näher präzisierte.

Troeltschs bürgerliches Angebot einer „Kultursynthese" wurde von dem an der deutschen Individualitätsideologie orientierten Friedrich Meinecke mit Skepsis als Versuch, unter Vermittlung von westlichem positivistischen Liberalismus und Naturrecht einerseits und deutscher Romantik und Idealismus andererseits zu einer „den Lebenszusammenhang zwischen Antike, Christentum und abendländischer Welt" neu rekonstruierenden „Universal-Geschichte" zu gelangen, beziehungsweise als Versuch, „von dem Historismus wieder zu einer Wertlehre" fortzuschreiten oder als „metaphysisches Bekenntnis" gegen „anarchischen Relativismus" bewertet.[61] Gegen Troeltschs Vorwürfe verteidigte sich der über ein Eindringen des Praktischen besorgte Meinecke: „Übrigens ist reine Kontemplation an sich auch schon einer der höchsten Kulturwerte."

Troeltschs Geschichtsdenken war hingegen für Heller auch deshalb als Alternative wichtig, da Heller den Historischen Materialismus ablehnte, indem er ihn unter paradoxer Berufung auf Georg Lukács' „Geschichte und Klassenbewußtsein" (1923) und Karl Korschs „Marxismus und Philosophie" (1923) in besonderer Geringschätzung gegenüber Karl Kautsky als „ökonomistisch" und „evolutionistisch" qualifizierte. Außerdem waren wesentliche Teile der Hellerschen Histomat-Kritik von der Lektüre von Troeltschs Problemen des Historismus geprägt. In „Religion, Wirtschaft und Gesellschaft" hatte Troeltsch 1913 geglaubt, die aus dem „großen Werke von Karl Marx" sich herleitende „ökonomische Theorie der Kulturgeschichte" gegen die „ödeste Dogmatik der bekannten Geschichtstheorie" (Kautskys) verteidigen zu müssen, indem er davon sprach, daß diese Marxsche Linie „sehr irrig als Geschichtsmaterialismus" bezeichnet wird.[62]

---

61 Vgl. Friedrich Meinecke: Ernst Troeltsch und das Problem des Historismus [1923], in: ders.: Zur Theorie und Philosophie der Geschichte, hrg. von Eberhard Kessel, Stuttgart 1959, 367-378.

62 Ernst Troeltsch: Religion, Wirtschaft und Gesellschaft (1913), in: ders.: Aufsätze zur Geistesgeschichte und Religionssoziologie. (=Gesammelte Schriften 4), Tübingen 1925, 21-33, hier 22f.

Gleich Troeltsch in „Historismus und seine Probleme“ sprach Heller anerkennend von einer Art Dialektik, die vor einer sogenannten materialistischen oder ökonomistischen "Denaturierung" zu bewahren ist. Wie bei Troeltsch diente auch bei Heller die Rede von Dialektik vor allem dazu, vor einer unzureichend scheinenden mechanistisch kausalen Methode in Geistes- und Rechtswissenschaft zu warnen.[63] Zu analogem Zweck fand sich bei Troeltsch und Heller auch die Kategorie der Totalität.[64]

Im Kapitel über "die marxistische Dialektik" nahm Troeltsch Marx' Theorie als Traditionselement für seine kultursynthetische Geschichtsperspektive auf: Die Dialektik des Marxismus "ist insbesondere wieder der Drang zu einer allgemeinen universalgeschichtlichen Entwicklungsidee und zu einer darauf begründeten normativen Kultursynthese der Gegenwart und Zukunft.“ Für diese an das bürgerliche Klasseninteresse assimilierte Verwendung schien Troeltsch die Marxsche Geschichtsauffassung sogar besser als alle sonstige „Organologie“ geeignet.

Troeltsch stand einem Prozeß, der Dialektik in "Kausalität" transformierte, skeptisch gegenüber. Auch die Dialektik sah Troeltsch – wie Heller dann am Beispiel Kautskys klagen sollte – der Gefahr ausgesetzt, auf das Niveau eines darwinistischen Evolutionismus, im Sinne von Spencer oder Morgan verflacht zu werden: "Aber der stärkste wissenschaftliche Gehalt und die eigentliche gedankliche Kraft ist damit zerbrochen oder zersplittert." Die "Dialektik als Bewegungslogik" unterscheidet Troeltsch von der "statischen Logik der gewöhnlichen naturwissenschaftlichen Kausalitätslehre". Auf eine derart zurechtgebogene dialektische Geschichtskonzeption, wie sie auch in den Analysen des "Kapital" zum Ausdruck kommt, singt Troeltsch sein Loblied: "Das ergibt ein eindrucksvolles gewaltiges Bild von dem konkret-individuellen Charakter der modernen Kultur und von den mit diesem Charakter gesetzten Notwendigkeiten ihrer Bewegungen, wobei ich die inhaltliche Richtigkeit des Satzes selbst nicht beurteilen will und kann. Aber methodisch ist das großartig und tiefdringend gedacht; welch ein Gegensatz gegen die Methode allgemeiner psychologischer Gesetze,

---

63 Vgl. zu einer bürgerlichen Kritik an Troeltschs metaphysischem Antinaturalismus Otto Hintze: Troeltsch und die Probleme des Historismus. Kritische Studien, in: ders.: Soziologie und Geschichte, hrg. von Gerhard Oestreich, 2.Auflage, Göttingen 1963, 323-373: Hintze schien ein Rekurs auf die kausal-triebhaften Momente der Geschichte notwendig, es gibt keine bloße Bewegung im Reich des Sittlich-Religiösen, meinte Hintze unter Kritik Troeltschs, dessen "Kultursynthese" manchmal wie eine "Selbstbewegung des göttlichen Geistes" auftrete.

64 Vgl. Ernst Troeltsch: Der Historismus und seine Probleme I. Das logische Problem der Geschichtsphilosophie. (=Gesammelte Schriften 3), Tübingen 1922 (Neudruck Aalen 1961), hier und folgend 32f., 315f., 321, 327, 331, 333.

die den Tausch und Erwerbstrieb wie ein allgemeines Naturgesetz behandelt, (...).“ Die "marxistische Dialektik" findet nach Troeltsch ihren Qualitätsbeweis gerade dort, wo sie sich mit dem historistischen Individualitätsideal verknüpft und so politisch stillgelegt wird.

Wenn Troeltsch die Dialektik als reine Methode pries und diese vom an die Namen Ludwig Feuerbach und Friedrich Engels geknüpften Materialismus lösen wollte, so erinnert dies an viele spätere Textpassagen bei Heller, so wenn Troeltsch beklagt, daß Engels "den unglücklichen Namen 'Geschichtsmaterialismus'" geprägt hat: "Von dem Materialismus muß und kann nun aber dabei zunächst abgesehen werden, wenn man die Hauptsache richtig verstehen will."

Von da ausgehend skizziert Troeltsch einen – dann auch bei Heller – der politischen Zielsetzung beraubten Marxismus ohne Materialismus: "Und so sehr er (der Materialismus als Welterklärung – Anm.) dadurch den Sozialismus bis heute geradezu vergiftet hat, dieser Geist gehört nicht notwendig zum System und vor allem nicht zu der uns hier allein beschäftigenden grundsätzlichen Geschichtstheorie und ihrer Durchführung. Für diese kommt nur die realistisch gefaßte, ökonomisch erweiterte und berichtigte Dialektik in Betracht."

Troeltschs Lob für die Marx-Engelssche Methode endet eben dort, wo ihm die materialistisch geschichtsphilosophische Gefahr für die bürgerliche Gesellschaft in den Blick gerät und Troeltsch über das "Gewaltsame, Tendenziöse“ des Historischen Materialismus bzw. über „die Finsternis des gott- und ideenlosen Hintergrundes“, auf „den dieses aus ökonomischem Realismus, ja Fatalismus und ethischem Revolutionismus gemischte Geschichtsbild aufgetragen ist“, so zu klagen beginnt: „Die dialektisch-realistische Kontemplation ist verkoppelt mit einem revolutionären Naturrecht. Die Dialektik ist entgeistet und naturalisiert. Die Dialektik ist ökonomisiert. Die dialektischen Gegensätze formal-logischer Bestimmtheiten sind in reale Klassengegensätze verwandelt."

Der Marxismus wurde von Troeltsch und auch von Heller in der christlich-abendländisch, universalisierbar scheinenden Naturrechtslinie gesehen, so notierte Heller in der „Staatslehre“, die Marxisten hingen der naturrechtlichen Illusion einer harmonischen Aufhebung des Widerspruchs von Vernunft und Wirklichkeit an: "Das seit dem 17. Jahrhundert zur Herrschaft gelangende natürliche Vernunftrecht übernimmt vom christlichen Naturrecht den festen, noch im Marxismus nachwirkenden Glauben an einen Sinn in der Welt, an den schließlichen Sieg des Vernünftigen und Guten, verdiesseitigt aber den Glauben und erwartet den Sieg durch die selbstherrliche Tat des Menschen, den es in Bezug auf Güte oder auch auf Vernunft mit einem bis dahin unerhörten Optimismus beurteilt." Das Interesse für einen hegelianisch zu erneuernden Marxismus entnahm Heller offenkundig auch aus Troeltschs Historismus-Buch: "Die ganze Größe des Marxismus in einer Zeit positivistisch verflachter, weil spezialistisch verkümmerter

Tatsachenforschung beruht darauf, daß er dank der Hegelschen Dialektik im Verein mit einem ungeheuren Wirklichkeitsrespekt sich diese Totalitätsanschauung bewahrt hatte."

Nicht zuletzt mit Troeltsch und Max Weber – der übrigens Troeltschs geschichtsreligiöse „Kultursynthese" für ein außerwissenschaftliches Glaubensbekenntnis hielt – trat Heller gegen den "Ökonomismus", gegen die "monistische" Geschichtsphilosophie an, indem er 1933 in der „Staatslehre" den Historischen Materialismus als „Religionsersatz" und „schlechte Metaphysik" abwertete.[65]

Gleich Troeltsch hatte der revisionistische Sozialist Heller eine Phobie gegen den „geist-losen" Materialismus der Marx-Engelsschen Revolutions- und Klassenkampftheorie, – eine Vorstellung, die in der Konsequenz auf eine Entpolitisierung, auf eine Trennung der Marxschen Theorie vom Kampf der Arbeiterklasse hinauslief.

Geschichte galt Heller wiederholt – bei aller Ablehnung des Historischen Materialismus – als Ausdruck des utopisch vernünftigen Denkens. In der „Staatslehre" erklärte er die Möglichkeit von Geschichte aus der Notwendigkeit „wesensmäßig utopischen" Denkens zu einer Art anthropologischer Konstante.[66]

Oftmals wird der Historismus von Heller aber als problematische Reaktion auf den zusammengebrochenen „Optimismus der Vernunft" im Konnex eines verflossenen Naturrechts gedeutet. Hellers Absicht war es 1929, die Staatslehre aus den Fesseln der beiden Extrempositionen von Historismus und sogenanntem Norm-Logismus zu führen: "Angesichts dieser Sachlage schwankt die offizielle Staats- und Rechtstheorie haltlos zwischen Logismus und Historismus; praktisch schwört sie auf einen sich selbst nicht begreifenden Positivismus."

Die konstruierende Methode des „Rechtslogismus" – so demonstriert Heller an mehreren Beispielen aus Labands Werk – verkennt, daß für die Staatslehre die historisch-individualisierende Begriffsbildung der Geisteswissenschaften ungleich bessere Ergebnisse bringt. Labands zivilrechtlich analogisierende Begriffsdogmatik führt nach Heller nur zu einer "metaphysischen Hypostasierung" von Begriffen, die die Unterschiede zwischen Kaiser und Vorstandsdirektor oder zwischen privatrechtlicher Stellvertretung und monarchischer Repräsentation nivellieren und ahistorisch bis hin zu jedem Erkenntnisverlust einebnen.

Der unterstellten Geschichtsferne des geschmähten „Rechtslogismus" stellte Heller die individualisierenden Methodenpostulate des deutschen Historismus entgegen. Dies hinderte Heller aber nicht, vor den negativen Effekten des histo-

---

65 Hermann Heller: Staatslehre (wie Anm. 50), 198, 201, 216.

66 Ebenda, 330. – Vgl. Joachim Blau: Sozialdemokratische Staatslehre in der Weimarer Republik. Darstellung und Untersuchung der staatstheoretischen Konzeptionen von Hermann Heller, Ernst Fraenkel und Otto Kirchheimer. (=Schriftenreihe für Sozialgeschichte und Arbeiterbewegung 21), Marburg 1980, 81-84.

rischen Denkens zu warnen. Der Historismus kippe in die Betrachtung des für den Öffentlichrechtler irrelevanten antiquarischen Details um: "So macht der Historismus die Geschichte schließlich zu einem sinnlosen Geschehen, einem Ablauf vollkommen selbständiger zusammenhangloser Erscheinungen, die ein begrifflich nirgends faßbares, nur anschaubares Leben hervortreibt." An das historische Weltbild wollte Heller nicht zuletzt deshalb keine ausschließlichen Hoffnungen setzen, da mit dem Zerfall jeder historischen Perspektive materialistischer oder idealistischer Herkunft die Rechts- und Staatslehre ohne geschichtsphilosophische Grundlage bloß stumpfem Historismus in positivistischer Verfallsstufe und dem Ende jeder „Vernunftgeschichte" ausgeliefert ist: "Indem nun auch diese Geschichtsgläubigkeit zerstört wird, erst jetzt ist der Sieg des Historismus und Positivismus vollendet und die Möglichkeit einer Staats- und Rechtstheorie von diesen Fundamenten her endgültig vernichtet."

Heller argumentierte zwischen 1926 und seinem Tod 1933 gegen mehrere Fronten – gegen Neukantianismus, Positivismus, gegen einen naturalistischen Soziologismus, aber auch gegen das, was diffus unter „Historismus" lief. Den neukantischen, von Wilhelm Windelband, vor allem aber von Heinrich Rickert angestrengten Versuch, dem Historisch-Sozialen durch eine formalistische Geltungslehre zu entkommen, erklärte Heller für gescheitert. Der Neukantianismus teilte in Hellers Sicht den "positivistischen Aberglauben, daß menschliche Erkenntnis ohne Metaphysik möglich" ist. Die "Logisierung von Ethik, Recht und historisch-politischem Sein" entspreche dem bürgerlichen "Sekuritätsbedürfnis". Eingehend studierte Heller Heinrich Rickerts „Kulturwissenschaft und Naturwissenschaft" (5. Auflage 1921). Heller ließ durchblicken, daß er Rickerts Neukantianismus als einem zu abstrakt „lebensfernen" Rationalismus mißtraute. Heller folgte Rickert in dessen nach 1918 formulierter radikaler Kritik der „Lebensphilosophie" deshalb nur begrenzt.[67]

Im 1934 – ein Jahr nach Hellers Tod – veröffentlichten Hauptwerk „Staatslehre" präzisiert sich Hellers Position zum historischen Denken. Staatslehre war für Heller auch im spanischen Exil 1933 nur als "Teil der politischen Wissenschaften", damit als Nachbardisziplin von historisch-kausal orientierten Wissenschaften möglich.

Heller bekannte sich – wie 1926 im „Krisis"-Aufsatz – zur Staatslehre im Umfeld des frühen deutschen Historismus als einer Wurzel der modernen Staatsrechtswissenschaft: "Die vorliegende Staatslehre dagegen steht in ihrer Fragestellung viel näher der 'Politik' im Sinne der Dahlmann, Waitz und Droysen oder

67 Hermann Heller: Bemerkungen zur Staats- und Rechtstheoretischen Problematik der Gegenwart (1929), in: ders.: Gesammelte Schriften II, Leiden 1971, 251-278, hier 255, 263f.

Mohls Enzyklopädie der Staatswissenschaften, diesem letzten akademischen Versuch, den Staat aus umfassenden Zusammenhängen zu verstehen." Heller bedauerte, daß die normativistische, antikausale, anti-„explikative“ Staatsbetrachtungslinie um Gerber und Laband die historisch-soziologische Methode praktisch vollständig aus der Rechtswissenschaft verdrängt hat. Die Eliminierung der historisch-politischen Wirklichkeit des Staates fand Heller – gleich Erich Kaufmann, Heinrich Triepel, Rudolf Smend oder Günther Holstein – bei Kelsen vollendet, nachdem Jellinek noch eine künstliche Kittung des Bruches zwischen Staatsrecht, Staatspolitik und Staatengeschichte versucht hatte.

Der Normativismus bleibt für Heller als geschichts-transzendente Konstruktion ideologisches Produkt, d.h. Ausdruck liberaler Illusionen: "Diese Negation wird von Kelsen – durchaus in der Linie der herrschenden Lehre von Gerber und Laband – in der Weise vollzogen, daß der Staat sinneswissenschaftlich zu einer ideellen Normordnung entwirklicht und diese möglichst inhaltlosen, trotzdem aber selbstverständlich gegenwartsgebundenen Rechtsformen auch noch als geschichtstranszendent verabsolutiert werden. Paradoxerweise ergibt nun das Kelsensche Experiment zwar eine entstaatlichte, aber beileibe nicht eine entpolitisierte Staatslehre." Kelsens Staatsrechtslehre qualifizierte Heller nämlich als relativistisch-liberal gefärbt, da sie sich durch eine antisozialistische Tendenz auszeichne.

Heller plädierte für ein Gleichgewicht von historischer und normativer Staatslehre. Bei aller Kritik an der bürgerlichen Geschichtsgläubigkeit steht die Distanzierung von einer rein normativen Staatsrechtslehre im Vordergrund. Die Historisierung der Staatslehre blieb dabei nach Heller unhintergehbares Faktum und zugleich Gefahrenquelle einbrechenden Irrationalismus': "Es hat eine radikale Historisierung, Soziologisierung und Polemisierung aller Denkformen der politischen Wissenschaften eingesetzt, deren Ausmaße und Folgen man sich genau vergegenwärtigen muß, um die ganze Größe der darin liegenden Gefahr sowohl für die politische Theorie, aber auch für die politische Praxis zu erkennen." Die Grenzen der geschichtlichen Betrachtung im Staatsrecht beschrieb Heller, dem die Rede von der „Krisis des Historismus“ nicht verborgen blieb, so: Staatslehre ist weder Naturwissenschaft (etwa im Sinne von Ludwig Gumplowicz' Evolutionismus), noch reine Normenlehre, noch Geschichtswissenschaft, sondern „soziologische Wirklichkeitswissenschaft“ im Sinn von Hans Freyer: „Staatslehre ist Strukturwissenschaft, nicht Geschichtswissenschaft."[68]

68 Hermann Heller: Staatslehre (wie Anm. 50), 93, 96f., 111, 142, 149f. – Vgl. Peter von Oertzen: Die soziale Funktion des staatsrechtlichen Positivismus. Eine wissenssoziologische Studie über die Entstehung des formalistischen Positivismus in der deutschen Staatsrechtswissenschaft, Frankfurt 1974, 60-71.

Mit der inner rechtswissenschaftlichen Historismuskritik seit dem 19. Jahrhundert,[69] wie sie von Rudolf Stammler (1888),[70] Oskar Bülow (1901),[71] Emil Lask (1905),[72] Hermann U. Kantorowicz (1911)[73] oder Ernst Rudolf Bierling (1917)[74] vorgetragen wurde – teilte der Heller der „Staatslehre" der Jahre 1932/33 die Befürchtung, die geschichtliche Dimension führe zu theoretischer und praktischer Anarchie, sie impliziere lebensfeindlich agnostisch-relativierende Wirkungen.

---

69 Vgl. Annette Wittkau: Historismus. Zur Geschichte des Begriffs und des Problems, Göttingen, 2.Auflage 1994, 80-95 und 110-116.

70 Rudolf Stammler: Über die Methode der geschichtlichen Rechtstheorie (1888), jetzt in: ders.: Rechtsphilosophische Abhandlungen und Vorträge I, Charlottenburg 1925, 3-40. Vgl. im Kontext die zu Stammler konträre Position von Ernst Immanuel Bekker: Über den Streit der historischen und der filosofischen Rechtsschule (Rede 22. November 1886 zu Heidelberg), Heidelberg 1886 und ders.: Ernst und Scherz über unsere Wissenschaft. Festgabe an Rudolf von Jhering zum Doctorjubiläum, Leipzig 1892. Bekker verfocht ein empirisch-induktives Historismusverständnis im Sinne philologischer Quellenkritik.

71 Oskar Bülow: Über die historische Rechtswissenschaft, in: ders.: Briefe eines Unbekannten über die Rechtswissenschaft. Eine Gabe zur ersten Geburtstagsfeier des neuen deutschen bürgerlichen Rechts, Leipzig 1901, 56-122, hier 57f: Wie dann 1911 Kantorowicz aus Anlaß der Erinnerung an die 50. Wiederkehr des Todestages von Savigny so sah auch der „Anti-Historist" Bülow zehn Jahre vorher – 1901 – folgende Ursache für den (vermeintlichen) Rückstand der Jurisprudenz als Wissenschaft: "Er liegt in dem übermäßigen Kultus, den die Rechtsgelehrten seit einem Jahrhundert mit der Rechtsgeschichte treiben." Mit Spott und Ironie sprach Bülow von der als romantischer Irrationalismus abqualifizierten „Volksgeist"-Theorie, von dekorativer Geschichtsbetrachtung, von fruchtloser philologischer Akribie. Bülow rehabilitierte Thibaut gegen Savigny!

72 Emil Lask: Rechtsphilosophie, Heidelberg 1905. – Historismus, Naturalismus und materiale Naturrechtsmetaphysik sind für den Neukantianer Lask Feindbilder. Rechtsphilosophie ist nach Lask weder als empirisch-naturalistische bzw. historische Kausalwissenschaft noch als spekulative Naturrechtslehre, sondern nur als (neo-) kritizistische "Werttypuslehre" möglich.

73 Hermann Kantorowicz: Was ist uns Savigny? (1911), in: ders.: Rechtshistorische Schriften, hrg. v. Helmut Coing und Gerhard Immel, Karlsruhe 1970, 397-417, hier 402, 411: "Historismus ist vielmehr jene Einseitigkeit im Denken, die in dem Gegenstand einer Wissenschaft lediglich oder vorzugsweise einen Gegenstand geschichtlicher Behandlung sieht." Das Inkonsistente dieser Denkweise besteht für den „Freirechtler" Kantorowicz in der Verbindung eines historischen, durch die Volksgeisttheorie verschleierten Faktenpositivismus mit einer juristischen Begriffslogik. Die „Gefangenschaft" der Jurisprudenz im historischen Dogma verglich er mit einer Medizin, die beim Lesen von Gestirnen stagniert wäre: "So also ließ man die Toten über die Lebenden herrschen, die Jurisprudenz zu einem 'geschichtlichen Fach' vertrocknen."

74 Ernst Rudolf Bierling: Juristische Prinzipienlehre V, Tübingen 1917, 29f., 77-80.

Die Folgen radikaler Historisierung, die Heller freihändig Hegel, Marx, Nietzsche, Bergson, den lebensphilosophischen Strömungen, sowie Georges Sorel, Vilfredo Pareto oder Oswald Spengler zuschrieb, und den Prozeß, jede wissenschaftliche Aussage als bloße "Sublimierung einer höchst-individuellen, durchaus irrationalen Lebenssituation" zu enttarnen, betrachtet Heller als lebensphilosophisch grassierende Gefahr wider jede intellektuelle Autonomie, jede objektive Erkenntnis in der Staatslehre, die in den zeitgenössischen, den Krieg zur Urpolitik anhebenden Spenglerschen Weltuntergangsphantasien und in der Carl Schmittschen Reduzierung des Politischen auf den "Freund/Feind-Dualismus" mündet.

An der Stellung zu Spengler demonstriert sich die geschichtsphilosophische Differenz des in restaurativ romantischen Kategorien denkenden katholischen Antisemiten Carl Schmitt zum idealistisch an Hegel, Fichte oder Lassalle orientierten „Kultursozialisten" Heller. Bei Heller wird geschichtliche Reflexion nie zu theologisierender Betrachtung. Heller verteidigte ein idealistisch-dialektisches Geschichts-Verständnis, sowie „Normalität und Normativität" stets gegen Schmitts „Ausnahmezustands-Denken" und Schmitts Degradierung von Recht zu „Situationsrecht".[75]

Nicht zufällig wollte Heller, der genauer Leser des „Untergangs des Abendlandes" war, die Spenglersche geschichtsapokalyptische „Geheimwissenschaft" 1924 aus dem Bereich der Arbeiterbildungsschulen ausgeschlossen wissen.[76]

1929 sprach Heller von Spenglers Attitude, als „Herrschaftswissender", als „Gewaltphilosoph" aufzutreten, und stellte dessen geschichtsmetaphysische Untergangsdeutungen in den Zusammenhang präfaschistischer Demontage von parlamentarischer Demokratie, von Rechtsstaat, von Aufklärung und Vernunft.[77] Auch wenn Hermann Heller einer lebensphilosophischen Reaktion gegen „ertötende Rationalistik und Mechanistik" nicht jede Relevanz absprechen wollte, las er Spengler in einem Zusammenhang mit Nietzsche und diversen Adepten der „konservativen Revolution", etwa dem George-Kreis, und zwar mit Blick auf die diesen gemeinsame Ablehnung von christlich-[protestantischer] Ethik, von Sozialismus und „Massengesellschaft", ihre „Bewunderung ästhetischer, heroischer und aristokratischer Werte", ihre „Begeisterung für Kampf, Zucht und Form", mit Blick auf ihren „Haß gegen die Entpersönlichung, gegen die Einebnung des großen Individuums in die Masse" oder ihre Frontbildung „gegen den unschöpferischen Intellektualismus". Heller, der Kritiker des „formalistischen Neukan-

75 Hermann Heller: Staatslehre (wie Anm. 50), 366, 368, 393.

76 Hermann Heller: Freie Volksbildungsarbeit (wie Anm. 59), hier 652.

77 Hermann Heller: Rechtsstaat oder Diktatur? (1929), in: ders.: Gesammelte Schriften II, Leiden 1972, 443-462, hier 456.

tianismus“ und indirekte Sympathisant mancher lebensphilosophischer Strömung, sah in Spengler 1929 im Faschismus-Buch in Summe nur einen gedankenlosen Dilettanten und Propheten eines „normfreien Irrationalismus“, eines Deserteurs vom „Geiste“.

Die Kritik am Irrationalismus von Spengler geht bei Heller dementsprechend Hand in Hand mit der Kritik der Schmittschen Geschichtsdeutung.[78]

Seit 1928 griff Heller immer wieder Schmitts geschichtsphilosophisch sublimierten Begriff des Politischen, also den Freund/Feind-Gegensatz an,[79] so 1929 in „Europa und der Fascismus“: „An eine Diskussions- und Verständigungsbasis zwischen solchen politischen Feinden kann nicht geglaubt werden. Hier ist kein Parlieren, nur noch ein Diktieren möglich.“

Im Zusammenhang mit seiner Spengler-Kritik distanzierte sich Heller generell von Schmitt: „In Deutschland ist es Carl Schmitt, der, vom französischen Sorelismus, Nationalismus und Katholizismus ausgehend, in glänzenden Schriften der liberalen Demokratie zu Leibe geht, den Parlamentarismus geistesgeschichtlich für tot und die fascistische Diktatur für Demokratie erklärt.“[80]

Schmitts militantes Abschneiden jeder normativen Orientierung, die Schmittsche Auflösung der Antinomie von Autorität und Wahrheit zugunsten der ersteren, die Abwertung aller Vernunftargumente zugunsten von „Existentialurteilen“, aber auch die konträre Stoßrichtung der jeweiligen Liberalismuskritik, die bei Heller zur Verteidigung der Weimarer Reichsverfassung durch Erweiterung zum „sozialen Rechtsstaat“ führte, während sie bei Schmitt zum „konkreten Ordnungsdenken“, zu „völkischen“ Generalklauseln und zum „Der Führer schützt das Recht!“ führte, unterscheiden Schmitt und Heller, der gegen Schmitt, aber auch gegen Kelsen an einem Wechselverhältnis von „Normativität und Existentialität“ festhielt.[81]

In der posthum erschienenen „Staatslehre“ (1934) sieht Heller Schmitt, den „einflußreichen Advokaten des deutschen Fascismus“, mit Spengler und Sorel in einer reaktionären Linie der „Apotheose der nackten politischen Gewalt“, der Linie eines „inhaltslosen Freund-Feind-Aktivismus“. Heller faßte Politik als „objektive Sinnfunktion“ und lehnte deshalb die „neuerdings unter dem Einfluß der Lebensphilosophie“ herausgebildete Meinung, „alle Politik bedeute nichts

78 Vgl. zum Verhältnis Schmitts zu Heller Paul Noack: Carl Schmitt eine Biographie, Berlin 1993, 114-120.

79 Hermann Heller: Politische Demokratie und soziale Homogenität (1928), in: ders.: Gesammelte Schriften II, Leiden 1971, 421-433.

80 Hermann Heller: Europa und der Fascismus (1929/1931), in: ders.: Gesammelte Schriften II, Leiden 1971, 463-609, hier 479, 489-493.

81 Vgl. Christian Krockow: Die Entscheidung. Eine Untersuchung über Ernst Jünger, Carl Schmitt, Martin Heidegger, Stuttgart 1958, 57-61.

anderes als einen prinzipiell irrationalen und sinnfremden Machtkampf", ab. Daß „alle Rechtsverwirklichung der Dämonie der Macht verhaftet bleibt", wollte Heller – hier gegen Kelsen stehend – nicht leugnen, die Schmittsche „Ethisierung dieser Dämonie" bezeichnete Heller aber als verwerflich.

Am Ende der „Staatslehre" führt Heller noch einmal seinen Zweifrontenkampf gegen Schmitts Dezisionismus und Kelsens Normativismus unter Berufung auf eine Dialektik von Recht und Macht, von Sollen und Sein bzw. von Norm und Wille, von Geltung und Wirksamkeit.[82]

Pareto, Spengler und diverse lebensphilosophische Strömungen mit ihren Variationen über das Problem der Geschichte – unter diesen übrigens auch die von der völkischen Rechten direkt universitätspolitisch bekämpfte Leugnung jedweder historischen Sinngebung durch Theodor Lessing – rezipierte Heller auch an Hand des Ende der zwanziger Jahren virulenten Streits um die Wissenssoziologie,[83] einer Zwillingskontroverse zum Streit um den Historismus. Am Rande tauchen in diesem Zusammenhang auch Hellers Studien zu Georg Simmels „Soziologie" und „Problemen der Geschichtsphilosophie" auf, wobei er abgesehen davon, daß er im „Krisis"-Aufsatz Simmel mit Tönnies und Weber als verdienstvollen Exponenten einer „phänomenologisch orientierten" Soziologie würdigt,[84] zu diesem nicht Stellung bezieht.

Offen Bedenken hatte Heller gegen Mannheims „Wissenssoziologie". In dem 1931 für das Vierkandtsche „Handwörterbuch der Soziologie" verfaßten Artikel „Staat" betonte Heller unter Zitierung von Mannheims „Ideologie und Utopie" (1929) deren irrationale Konsequenzen im Zeitalter postnaturrechtlicher Unsicherheit: „Die Vernunft im weitesten Sinne wird auf alle möglichen irrationalen Kräfte relativiert, und die herrschende soziologische Meinung macht den Menschen zum mehr oder weniger blinden Werkzeug größtenteils unterbewußter Vorgänge."[85] Karl Mannheims Theorie vom totalen Ideologieverdacht, von der „freischwebenden" Klasse der Intellektuellen teilte Heller – so in der „Staatslehre" – gleichfalls nicht. Unter Bezug auf Mannheims „Ideologie und Utopie" warnte er in diesem Zusammenhang vor den Folgen agnostischen Relativismus: „Völlig abwegig ist der Versuch, zu einer gesteigerten Wertfreiheit der Theorie durch Zusammenfassung aller gegebenen politischen Standpunkte zu gelangen. Durch die relativistische Addition aller Orientierungsmöglichkeiten gelangt man zu nichts anderem als zur Desorientierung. Die Summe aller Parteiprogramme

82 Hermann Heller: Staatslehre (wie Anm. 50), 99, 314, 393.
83 Vgl. Volker Meja und Nico Stehr: Zum Streit um die Wissenssoziologie, in: Der Streit um die Wissenssoziologie I, Frankfurt 1982, 11-23.
84 Hermann Heller: Krisis der Staatslehre (wie Anm. 45), 27.
85 Hermann Heller: Der Staat (1931), in: ders.: Gesammelte Schriften III, Leiden 1971, 3-23, hier 9.

ergibt keinen Standort über den Parteien, sondern das sich gegenseitige Aufheben aller orientierenden Blickpunkte und damit das Fazit, zu dem jeder grundsätzliche Relativismus kommen muß: den Agnostizismus."

Heller bezog sich aber interessiert auf die Historismus-Analyse Karl Mannheims aus dem Jahr 1924, zustandegekommen als Troeltsch-Kritik und als Vorstudie in das wissenssoziologische Denken. Mannheim hatte 1924 einen Ausstieg aus dem Weltbild des Historismus – etwa im Wege der neukantischen "Lehre von der Absolutheit der formalen Werte" – für anachronistisch erklärt. Troeltschs „Kultursynthese", dessen These vom irreversiblen Ende aller rationalistischen Metaphysik angesichts unumkehrbarer Historisierung des Denkens nahm Mannheim auf und wirkte damit offenkundig auf Hermann Heller, zumal auch Mannheim der Irrationalismus als drohende Kehrseite des Historismus präsent war.

Die Gewalt der geschichtlichen Weltanschauung hat nach Mannheim konkret für den Juristen das ahistorische, wenn auch in sich stimmige System des Vernunftrechts weggespült. Die von Mannheim entwickelte „Dialektik des Historismus" spiegelt sich durchaus in Hellers Staatslehre. Mannheim ging davon aus, daß der relativistische Historismus mit seiner dynamischen Konzeption von Wahrheit ungleich mehr Erkenntnisgewinn verspricht als alle absoluten, normativ philosophischen Systeme: "Die Antithesis zu einer statischen Konzeption der Vernunft ist im Dynamisch-Werden des Materials, beziehungsweise in der Erkenntnis der Bewegtheit dieses Materials entstanden, (...)." Es gibt keine Rückkehr zur Thesis mehr: "Man muß unumgänglich durch die Antithese hindurch, man muß die vollständige Dynamisierung durchgemacht haben – in diesem Sinne ist auch der relativistisch gewordene Historismus der Lösung näher, als die statische Philosophie mit ihren formalen Absolutheiten (...)."[86]

Der Zerfall des vernunftrechtlichen ordre naturel im Gefolge des Historismus schien auch Heller – hier unter zustimmender Berufung auf Karl Mannheim – ein unbehebbarer, mit den Mitteln des „Staatsrechtsformalismus" nicht mehr revidierbarer Prozeß, auch wenn damit die Gefahr der völligen Erosion objektiv-rationaler Erkenntnis verbunden ist: "Heute ist die gesellschaftlich-geschichtliche Bedingtheit unserer politischen Erkenntnisse und Normen allgemeine Überzeugung geworden, die 'Wissenssoziologie' bemüht sich, die Abhängigkeit aller politischen Einsichten von den Machtinteressen der Kirche, der Krone, des Adels, Bürgertums, Proletariats usw. in allen Einzelheiten darzulegen, so daß

86 Karl Mannheim: Historismus, in: Archiv für Sozialwissenschaft und Sozialpolitik 52 (1924), 1-60, hier 31, 60. – Vgl. Michael Löwy: Karl Mannheim und der Historismus, in: Die Historismusdebatte in der Weimarer Republik, hrg. von Wolfgang Bialas u. Gérard Raulet, Frankfurt 1996, 175-183.

heute nicht mehr diese Perspektivität unsres Denkens, sondern die Möglichkeit einer politischen Wissenschaft überhaupt problematisch ist."[87]

87 Hermann Heller: Staatslehre (wie Anm. 50), 95, 152.

2. Heller und die Zunft der bürgerlichen Geschichtswissenschaft

2.1. Heller: Hegel und Treitschke

In der Habilitationschrift „Hegel und der nationale Machtstaatsgedanke“ zeichnet Heller 1919/20 ein widersprüchliches Bild von Hegels Geschichts- und Sozialphilosophie.[88]

Der aus dem Kriegsdienst der k.u.k. Wehrmacht zurückgekehrte Heller stellte sich an die Seite von Hegels Staatsphilosophie, dessen "transpersonale“ Staatsdeutung ihm unabhängig von ihrer Nähe zur preußisch-deutschen Bismarckschen Machtstaatspolitik relevanter erschien als eine „personalistisch“ individualistische, aus dem Geist von Vertragstheorie und Vernunftkonzept erwachsene, Kant zugeschriebene Staatsidee mit ihren liberal-kosmopolitischen Illusionen von einem harmonischen Weltbürgertum.[89]

Hellers Kenntnis von Hegels Geschichts- und Staatsphilosophie war aus der Lektüre der nach-spekulativen Idealismus-Kritik – nicht zuletzt im Gefolge der gescheiterten Revolution von 1848 – vermittelt, so aus Rudolf Hayms (1821-1901) Vorlesungen „Hegel und seine Zeit“ (1857), geprägt vom Vorwurf, Hegel sei nach 1820 ein mit der Polizei kooperierender preußischer Staats- und Restaurationsphilosoph gewesen, der die Ideale des Liberalismus und der nationalen Einheit preisgegeben hat, dessen Dialektik durch den klaren Realismus Herbarts zu ersetzen ist.

Heller kannte Hegel auch aus der 1844 veröffentlichten Hegel-Biographie des orthodoxen Althegelianers Karl Rosenkranz (1805-1879), der immerhin noch gegen Hayms Hegel-Kritik literarisch eingeschritten war.

Mit Hilfe von Rudolf Hayms 1891 publizierter Biographie über den Hallenser Geschichtsdozenten und späteren nationalliberalen Politiker Max Duncker

88 Vgl. zur Einschätzung der deutsch-idealistischen Tradition bei Heller Wolfgang Schluchter: Entscheidung für den sozialen Rechtsstaat. Hermann Heller und die staatstheoretische Diskussion in der Weimarer Republik, 2. Auflage, Baden-Baden 1983, 105-116. – Zur Bedeutung Hegels für Heller vgl. Martin Drath – Christoph Müller: Einleitung zu Hermann Heller: Gesammelte Schriften I, Leiden 1971, IX-XXIII.

89 Vgl. Gerhard Haney: Zum Hegelverständnis Hermann Hellers, in: Der soziale Rechtsstaat. Gedächtnisschrift für Hermann Heller 1891-1933, hrg. von Christoph Müller u. Ilse Staff, Baden-Baden 1984, 467-485.

(1811-1886) orientierte sich Heller anhand eines weiteren Renegaten und „Abtrünnigen“ über die politische Wirkung der Hegel-Schule, die Heller 1919/20 trotz aller Hegel-Abkehr Dunckers als Einheit von Hegel und Bismarck fassen zu können glaubte: „So zeigt sich uns Duncker als der erste Schüler Hegels, der durchaus im Sinne seines Lehrers praktische Politik im großen getrieben und durch diese die Geschicke Deutschlands in oft entscheidender Weise mitbeeinflußt hat. Man kann in der Tat ohne große Übertreibung behaupten, daß Bismarck das getan hat, was vorher Hegel und seine Jünger aussprachen.“[90]

1905/06 erschien aus Wilhelm Diltheys Feder wieder eine bürgerliche Hegel-Rehabilitation, nach einer Periode, in der Hegel als „toter Hund“ behandelt worden war und Hegel in diverser, von Hermann Heller oft übermäßig gläubig rezipierter nationalliberaler Seichtigkeit versunken war. Georg Lukács anerkannte 1947/48 in seinem „jungen Hegel“ Diltheys Verdienst, auch wenn Lukács natürlich sah, daß Dilthey romantisch-irrationale Züge an Hegel besonders kultivierte und damit „imperialistisch-reaktionären Tendenzen“ entgegenkommend das Feld für den späteren rechten „Neuhegelianismus“ der Weimarer Republik bereitet hatte.[91]

Dilthey beschrieb 1905 eingehend den jungen Hegel der 1801/02 entstandenen politischen Schrift über die „Verfassung Deutschlands“ und gerade dieser Passage war Heller 1919/20 besonders verpflichtet.

Diltheys Ausführungen, wonach der „Vorwurf eines kontemplativen Quietismus“ in Fragen deutscher Nationalstaatlichkeit Hegel gegenüber völlig falsch ist, wonach Hegel 1801/02 am Tiefpunkt deutscher Staatlichkeit in der Schrift über die „Verfassung Deutschlands“ die Frage nach „Wie kann Deutschland wieder Staat werden?“ unter Kritik des naturrechtlichen Kontraktualismus als Frage des „Machtstaats“ beantwortet hat, beeinflußte Hellers Habilitationsschrift offenkundig, so wenn Dilthey, dessen hermeneutisch „logoswissenschaftlicher“ Methode Heller ansonsten unter dem Einfluß von Hans Freyers „wirklichkeitswissenschaftlicher“ Soziologie wenig abgewinnen wollte, Hegels frühes Staatsdenken folgendermaßen auf den Punkt gebracht hatte: „Es genügt also nicht, daß die gemeinschaftliche Verteidigung durch Verfassung und Gesetze vorgeschrie-

90 Hermann Heller: Hegel und der nationale Machtstaatsgedanke in Deutschland. Ein Beitrag zur politischen Geistesgeschichte (1921), in: ders.: Gesammelte Schriften I, Leiden 1971, 21-240, hier 213.

91 Vgl. zur Hegel-Rezeption 1848-1933, die Differenz zu Dilthey bereits im Untertitel ankündigend Georg Lukács: Der junge Hegel. Über die Beziehungen von Dialektik und Ökonomie. (=Georg Lukács Werke 8), Neuwied-Berlin 1967, 15-19. – Ähnlich Ernst Bloch: Neuzeitliche Philosophie II. Deutscher Idealismus. Die Philosophie des 19. Jahrhunderts. (=Leipziger Vorlesungen zur Geschichte der Philosophie 1950-1956 Band 4), Frankfurt 1985, 270f.

ben ist. In der Staatsverbindung müssen vielmehr auch die Mittel dazu liegen. Eine gemeinsame 'Wehr- und Staatsgewalt' muß vorhanden sein, welche imstande ist, diesen Zweck zu erfüllen. Zuletzt entscheidet darüber, ob ein Staat ein Staat ist oder nicht, nur die große Probe: der Krieg."[92]

Wilhelm Metzger (1879-1916 an „Westfront"), einem Leipziger Privatdozenten für Philosophie, verdankt Heller die immer wieder aufleuchtende Kritik an der Kantschen Rechtslehre als formalistisch und individualistisch, „die in den schlimmsten naturrechtlichen Traditionen stecken geblieben" und somit ein „Produkt eines einseitigen Rationalismus" sei, auch wenn Kant die „sittlichen Grundwerte des modernen Europa, Pflicht und Recht, so rein und tief eindringlich wie niemand vor ihm noch nach ihm erfaßt und zum Ausdruck gebracht hat".

Auch die Fichte-Darstellung bei Heller zeigt Spuren von Studium des 1917 nach Metzgers Kriegstod veröffentlichten Buches über die Gesellschaftsphilosophie des Deutschen Idealismus, etwa auf der einen Seite Kants Sicht von einem unaufhebbaren Dualismus von Recht und Moralität gegen Fichtes Tendenz, das Recht nur als Notwendigkeit zur Beförderung eines Reiches des Sittlichen zu betrachten, in dem sich das Recht aufhebt; oder die Kritik an Kants „Personalismus" und Kants „naturrechtlichem Individualismus" durch Fichte, der „dem Naturrecht [ein] fremdes Element gesellschaftlich-staatlicher Geschlossenheit, sozialer Solidarität beigesellt".

Dem Studium von Friedrich Meineckes „Weltbürgertum und Nationalstaat", aber eben auch Metzgers Buch entspringt Hellers Gegenüberstellung von Fichtes Staats- und Nationsidee, die zwischen der Vorstellung vom Staat als Zwangsapparat, als Wohlfahrtsstaat, als Vertragsstaat oder als kosmopolitisches Reich der Vernunft schwankte, gegen Hegels Identität von Nation und „Machtstaatsgedanken". Metzgers Analyse von Hegels „politischen Jugendarbeiten", die dort freigelegte historisch-realistische Sicht bei Hegel, die Metzgersche Beschreibung des Hegelschen Übergangs von republikanisch-demokratischen Ideen, von Gesellschaftsvertrag und Volkssouveränität, also von unter dem Eindruck der Französischen Revolution begeistert vertretenen naturrechtlichen Vernunftidealen zur „politischen Wirklichkeit", zum „lebendigen Recht der geschichtlichen Entwicklung", zum romantischen „Volksgeist", zur „Polemik gegen die naturrechtlichen Vernunftgrundsätze" und schlußendlich zum Schlüsselkriterium der

92 Wilhelm Dilthey: Die Jugendgeschichte Hegels [1905/06] und andere Abhandlungen zur Geschichte des Deutschen Idealismus. (=Dilthey Gesammelte Schriften 4, hrg. v. Herman Nohl), 2. Auflage, Leipzig-Berlin 1925, 126-137.

„Staatsmacht“ findet sich in vielen Zügen von Hellers Habilitationsschrift wieder.[93]

Ähnlich wirkten die philosophiegeschichtlichen Studien Ernst Cassirers unmittelbar auf Heller. 1916 war Ernst Cassirers Studienband „Freiheit und Form“ zur „deutschen Geistesgeschichte“ erschienen, der für Hellers Hegel-Interpretation ähnliche Motive wie Metzgers Schrift lieferte: Cassirers Essay „Freiheitsidee und Staatsidee“ beschrieb die Entwicklung von Schillers Nationsideal jenseits eines dauerhaft korrumpiert scheinenden Fürstenstaates über Humboldts „Humanitätsgedanken“ zu Fichtes Nationsideen jenseits des Staates mit einem Zug zu einer Einheit von nationalem und kosmopolitischem Ideal. Erst mit dem Deutschen Idealismus Hegels würde das Staatsproblem zu einer erstrangigen Frage der Metaphysik – so Cassirer mit Bezug auf den § 75 von Hegels „Rechtsphilosophie“, wonach es nicht in der kontraktualistischen „Willkür aller [liegt], einen Staat zu gründen, es ist vielmehr für jeden absolut notwendig, daß er im Staate sei“. Dementsprechend notierte Cassirer unter nachhaltiger Wirkung auf Heller: „So wird [Hegel] die Metaphysik des Staates zum Ausdruck seiner allgemeinen Metaphysik – wie umgekehrt die Umbildung dieser letzteren sich in den Wandlungen seiner Staatslehre deutlich widerspiegelt.“ Cassirers Hegel-Einschätzung: „Dieses Zeugnis (gemeint ist Hegels „Verfassung Deutschlands“ – Anm.) und der Ertrag der Vernunft in der Weltgeschichte stellt sich uns im Staate dar, in dem wir somit die eigentliche Theodizee der Geschichte, den Erweis ihrer objektiven Vernünftigkeit besitzen.“ wurde eine Art Programm für Hellers Hegel-Schrift, so wie Cassirers Versuch, Hegel vom rationalistischen Aufklärungs-Naturrecht und der historischen Rechtsschule abzugrenzen.

Cassirer stellte 1916 auf dem Höhepunkt des imperialistischen Weltkriegs gleich Heller drei Jahre später – nach der deutschen Niederlage – die Frage nach der Aktualität von Hegels Staatsdenken, in diesem Punkt kann der Cassirer-Leser Heller als Fortsetzer von Cassirers Idealismus-Studie gelten. Cassirer schrieb nämlich: „Ob diese Korrelation (Macht/Nation/Geist – Anm.), wie sie von unseren Großen und Größten als die Erfüllung des Begriffs des Deutschtums gefordert wurde, sich behaupten und bewähren wird (...): das ist die Frage, auf die alle geschichtsphilosophische Besinnung uns heute immer von neuem und von Tag zu Tag dringender zurückweist. Wir fühlen es mehr und mehr, daß der Gedanke des deutschen Staates, wie er von den Denkern des achtzehnten und

93 Vgl. Wilhelm Metzger: Gesellschaft, Recht und Staat in der Ethik des Deutschen Idealismus, Heidelberg 1917, 81, 110, 187-191, 330-345.

neunzehnten Jahrhunderts erfaßt und ausgesprochen wurde, seine eigentliche schwerste und tiefste geschichtliche Probe noch zu bestehen hat."[94]

Heller studierte weiters früh die 1909 erschienene deutsche Übersetzung von Benedetto Croces „Lebendiges und Totes in Hegels Philosophie", so konkret jene Passagen, in denen der – Hegels Geschichtsperspektive ablehnende, eine mögliche Einheit von philosophischer und quellenphilologischer Geschichtsschreibung leugnende – „absolute Historist" Croce unter dem Titel „Dialektik und das Verständnis der Wirklichkeit" dessen politische Ausstrahlung auf Marx, Engels oder Treitschke beschreibt. Es erinnert an Hellers spätere Bismarck-Einschätzung, wenn beim Italiener Croce, der Hegel würdigte, soweit dieser als Bündnispartner gegen zeitgenössischen „nervenkranken Mystizismus", „wenig aufrechte Religiösität", „antihistorische Barbarei" und gegen "Positivismus" zu gebrauchen schien, zu lesen ist: „Und als gewissermaßen glänzende Beispiele der Hegelschen Theorie sah man die Cavour und Bismarck erscheinen: Männer, in denen das Rationale und das Reale immer verflochten und zusammengeschweißt war, nicht einander entfremdet in eigener schmerzlicher und ruchloser Zwietracht wie in den Köpfen der Ideologen und Träumer."[95]

Croces geschichtsmethodologische Schriften kannte Heller aus der deutschen Übersetzung von 1915. Heller nahm dort Croces bürgerliche Skepsis gegen Geschichtsphilosophie, Croces Kritik der sowohl philologischen (Lob und Tadel für Ranke) als auch evolutionistischen Geschichtsmethode (Kritik an K.Lamprecht und K.Breysig als den deutschen „Comtes" und „Buckles"), Croces Destruktion der geschichtsphilosophischen Kategorien „Entwicklung", „Zweck" und „Wert", Croces Kritik der pragmatischen Aufklärungshistorie, dessen zum Unterschied vom deutschen Historismus ambivalente Haltung zu einer als reichsnaiv und epigonal restaurativ bzw. „ultramontan" markierten Romantik, aber auch die Kritik dieses vormaligen Schülers von Antonio Labriola, des „Vaters" des italienischen Marxismus, am Historischen Materialismus,[96] u.a. in der dann auch von

94 Ernst Cassirer: Freiheit und Form. Studien zur deutschen Geistesgeschichte, Darmstadt 1961 (3. unveränderte Auflage), 312, 359, 367. – Vgl. zur „kriegsgeistesgeschichtlichen" Einordnung von Cassirers „Freiheit und Form", die sich natürlich von der rechten chauvinistischen, völkischen Kriegspropaganda allein durch ihr Urteil gegenüber „westlichem Geist" und französischer Revolution abhob, Heinz Paetzold: Ernst Cassirer. Von Marburg nach New York. Eine philosophische Biographie, Darmstadt 1995, 32-35.

95 Benedetto Croce: Lebendiges und Totes in Hegels Philosophie mit einer Hegel-Bibliographie. Deutsche, vom Verfasser vermehrte Übersetzung von K. Büchler, Heidelberg 1909, 55f., 109-121.

96 Vgl. zu der dann von Antonio Gramsci im „Anti-Croce" der „Gefängnishefte" ausgearbeiteten Kritik an dessen Antimaterialismus Nicolaus Tertullian: Gramsci, der Anti-Croce und die Philosophie von Lukács, in: Antonio Gramsci heute, hrg. von Hans

Heller bekämpften Kautskyschen Interpretation, insgesamt also Croces idealistischen Geschichtsagnostizismus zur Kenntnis.[97]

Die mit Hegels Wirkungsgeschichte in Verbindung stehende Fachhistorikerzunft studierte Heller an der historiographiegeschichtlichen Literatur von Ernst Bernheim (1859-1942), so dessen „Lehrbuch der historischen Methode und der Geschichtsphilosophie" (1903). Bernheims Lehrbuch war Ausdruck eines verfestigten Regelkanons einer an Spezialforschung orientierten akademischen Profession unter Marginalisierung geschichtsphilosophischer Fragen, weshalb Bernheims Lehrbuch auch fast zur Gänze der hilfswissenschaftlichen Methodenlehre, d.h. der Quellenkunde (Heuristik) – also der Philologie, Paläographie, Diplomatik oder Chronologie – und der Quellenkritik gewidmet war. Nichtsdestotrotz fand sich bei Bernheim ein abschließend knappes, gerade Heller interessierendes Kapitel „Geschichtsphilosophie", in dem Bernheim die „idealphilosophische" Richtung von Kant und Hegel mit ihrer Hochschätzung des Staats als Konstitutionselement einer „allgemeinen Geschichte in weltbürgerlicher Absicht" würdigte, auch wenn diese „deduktive Auffassung der Geschichte" oft „mit dem Detail der konkreten Wissenschaft unverträglich ist".[98]

Hegels Wirkungsgeschichte war für Heller auch präsent in Georg Belows Geschichte der deutschen Geschichtswissenschaft (1916) und Eduard Fueters „Geschichte der neueren Historiographie" (1911).

Below, der gleich Meinecke der gegen die Aufklärung gerichteten historistischen Individualitätsideologie als Ausdruck einer spezifisch deutschen – nationalen, antikosmopolitischen – Romantik folgte, die Below 1916 als radikal antidemokratischer Anhänger der deutschen Annexionspolitik auch für die Kriegspropaganda eines diffusen Irrationalismus nützte, stilisierte Historismus und Romantik zu Zwillingsgeschöpfen. Bei Below fand Heller Hinweise auf das ihn interessierende Verhältnis Johann Gustav Droysens zu Hegel, wobei Below, der

---

Heinz Holz u. Giuseppe Prestipino, Bonn 1991, 99-116 und Domenico Losurdo: Der Marxismus Antonio Gramscis. Von der Utopie zum „kritischen Kommunismus", Hamburg 2000, 137f.

97 Benedetto Croce: Zur Theorie und Geschichte der Historiographie, Tübingen 1915, 71, 244-259. – Vgl. die Croce-Kritik von Georg Lukács: Die Zerstörung der Vernunft. (=Georg Lukács Werke 9), Neuwied 1962, 21-25.

98 Ernst Bernheim: Lehrbuch der Historischen Methode und der Geschichtsphilosophie, 5. und 6., neu bearbeitete und vermehrte Auflage, Leipzig 1908, 685-749, hier 694-699. Heller bezog sich 1919/20 so auf das zu einem Ausbildungsklassiker gewordene Buch von Ernst Bernheim: „So nimmt Ernst Bernheim, 'Lehrbuch der historischen Methode und der Geschichtsphilosophie', Leipzig 1903, S. 631, einen ganz entscheidenden Einfluß Hegels auf Jacob Burckhardt gerade in 'Die Kultur der Renaissance in Italien', Basel 1860 an, deren Bedeutung für Nietzsche bekannt ist." (Hermann Heller: Hegel und der nationale Machtstaatsgedanke (wie Anm. 90), 164).

auch den Einfluß von Hegel auf die Historiker Heinrich Leo und Max Duncker anführte, in Droysen aber den Antihegelianer sah, der als „Quellenforscher" der rationalistischen „Hegelschen Konstruktion" abgeneigt gewesen war. Abschließend lehnte Below jedwede Rückkehr der Geschichtswissenschaft zur „Aufklärung" ab, aber auch vor einer Rückkehr zu Hegel warnte Below seine Historikerkollegen. Die notwendige Achtung vor dem „Individuellen" und die zentrale Rolle der „irrationalen Momente" der Geschichte lasse von jeder Aufwertung Hegels Abstand nehmen, auch wenn Hegel „gegenüber der rationalistischen Geschichtsschreibung mit ihrem chaotischen Aufspüren von einzelnen Kausalitäten" einen Fortschritt dargestellt habe. Hermann Heller folgte dieser Geringschätzung Hegels durch Below nicht.[99]

Der Privatdozent der Universität Zürich Eduard Fueter (1876-1928) konnte seine Historiographiegeschichte zwar in einer von Georg Below und Friedrich Meinecke herausgegebenen Reihe 1911 veröffentlichen, allein die europäische Perspektive unterschied sich aber grundlegend von Belows deutschen Sonderwegserklärungen. Schließlich mußte Fueters Rehabilitation der am Beispiel Voltaires beschriebenen Aufklärungshistorie die Wächter des deutschen Historismus irritieren.[100]

Für den mit Ende des Weltkriegs 1918 an der Hegel-Monographie arbeitenden Heller waren Fueters Passagen über das Zusammenspiel von Hegel mit den Machtstaatstheorien von Droysen oder Treitschke interessant: Trotz aller Kritik Fueters an Hegel, der „methodisch hinter der altchristlichen Geschichtstheorie, ja sogar hinter Herder zurücksteht", auch wenn er die Aufklärung nicht wie die Romantiker zugunsten „frommer Gläubigkeit" verworfen habe, waren es Thesen Fueters, wie die folgende, denen sich ein Heller anschloß, so über Hegels Vermittlung von ideell-realen Elementen des Geschichtsprozesses: „Der Zauberkünstler, der die romantischen Theorien vom Volksgeist und der unbewußten organischen Entwicklung mit der historischen Realität und der Mannigfaltigkeit des geschichtlichen Lebens zu vereinigen unternahm, war Hegel."

Fueter, der Hegels „historische Konstruktionen" nach dem „dialektischen Schema" ziemlich plump als „unbewiesene Supposition" verwarf, war es, der

99 Georg Below: Die deutsche Geschichtsschreibung von den Befreiungskriegen bis zu unseren Tagen, Leipzig 1916, 47f., 118-121. – Vgl. Otto Gerhard Oexle: Geschichtswissenschaft im Zeichen des Historismus. Studien zur Problemgeschichte der Moderne, Göttingen 1996, 126-129.

100 Über Fueters Konzeption, seine Abgrenzung vom deutschen Historismus vgl. Horst Walter Blanke: Historiographiegeschichte als Historik. (=Fundamenta Historica 3), Stuttgart-Bad Cannstatt 1991, 494-516. Heinrich Srbiks 1951 unter dem Titel „Geist und Geschichte" veröffentlichte Historiographiegeschichte verstand sich nicht zuletzt als „Anti-Fueter"!

neben anderen Heller auf die Idee von der engen Folgewirkung Hegels auf Droysen und Treitschke überzeugte, indem Fueter den gleichfalls wenig differenziert charakterisierten Droysen so einstufte: „Der Mann (Droysen – Anm.), der die preußische Schule gegründet hat, hing viel enger als Ranke mit der spekulativen romantischen Geschichtsdoktrin zusammen. Er war zuerst Philosoph und ging von Hegels Staatslehre aus.“[101]

Heller waren die im Vorfeld der „Ideen von 1914" verbreiteten reaktionären Hegel-Interpretationen bekannt, die dem nun im Zeichen der Revolution von 1918 und des Erlebnisses des konterrevolutionären „Kapp-Putschs“ 1920 zur Sozialdemokratie übergehenden Dozenten mißfielen. Allerdings war Hegel für Heller nie der Philosoph, der eine barbarische Machtexpansion jenseits eines geleugneten Völkerrechts legitimiert hat, sondern der Geschichtsphilosoph der Einheit von Macht und Freiheit, des Fortschritts in der Geschichte, der Vermittlung von Herrscher- und Volkssouveränität.

In zwei kleinen Texten aus der unmittelbaren Nachkriegszeit (1918-1920) zeigt sich diese Hellersche Einschätzung von Hegel als dem fortschrittlichen Staatsphilosophen: Heller stellte Hegels Entwurf über die „Verfassung Deutschlands“ (ca. 1801/02) als großartige Reaktion gegen ein auf individualrechtliche Staatsabwehr gerichtetes Naturrecht Kantschen Zuschnitts hin. Heller bewunderte an Hegel die Rehabilitation des Staatlichen gegen das abstrakt vernünftig Moralische bei Kant. Der Fortschritt bei Hegel liegt nach Heller darin, daß Hegel die abstrakt-rationalen Forderungen des Naturrechts als isolierte Postulate erkannt und statt dessen „die von jenem unterschätzten irrationalen Mächte im geschichtlichen und Einzeldasein“ entsprechend gewertet hat: „Bei keinem Deutschen tritt uns diese Idee des Staates als Macht nach innen und außen früher entgegen als bei Hegel.“ Hegel habe vorausgesehen, daß die nationale Macht keine Grenze an einer „gemachten oder abstrahierten Moral“ findet: „So wurde Hegel der erste Deutsche, welcher der Politik der sittlichen Grundsätze die Politik des nationalen Interesses entgegensetzte.“

Hegel hat den Rechtsstaatsstandpunkt der rationalistischen Philosophie überwunden, lobt Heller. Hegels Absage an alles kosmopolitische Naturrecht und seine zu „ungeheurem Einfluß gelangte nationale Machtlehre“ haben Hegel – so Heller – zum „Bahnbrecher auf dem Wege des deutschen Volkes von der Kultur- zur Machtstaatsnation“ gemacht. Im Zeichen der Niederlage des Deutschen Imperialismus 1918 wollte Heller das Ambivalente an Hegels Machtideologie aufdecken, ohne Hegels politische Philosophie zu verwerfen. Heller wollte einen

101 Eduard Fueter: Geschichte der neueren Historiographie. (=Handbuch der mittelalterlichen und neueren Geschichte Abteilung I. Allgemeines, hrg. von Georg Below und Friedrich Meinecke), München-Berlin 1911, 431-439, 493, 542.

von den militant-imperialistischen Interpreten bereinigten Hegel rekonstruieren, auch wenn er selbst immer wieder nahe an die hohenzollernsche Machtstaatsideologie anstreifte.[102]

Ähnliches gilt für Hellers zeitgleich veröffentlichte Einleitung zu Ferdinand Lassalles „Arbeiterprogramm“ von 1862, für die Heller die Lassalle-Biographie des Berliner Historikers Hermann Oncken (1869-1945) benützte. Der im sozialkonservativen Umfeld stehende nationalliberale Oncken hatte erkannt, daß die imperialistische Politik Deutschlands ohne Absicherung der inneren „sozialen Front“ nicht tragfähig ist. Vor diesem Hintergrund interessierte sich Oncken 1904 für Lassalle, in dessen Person die nationale und soziale Frage Deutschlands vorübergehend vereinigt schien.[103]

Für den bürgerlich-liberalen Oncken war die nach 1900 einsetzende Lassalle-Renaissance als eine Erinnerung an eine Integrationsfigur in einem auseinanderbrechenden, an sozialen Kämpfen scheiternden Deutschland relevant. Im Vorwort zur dritten Auflage 1919 schrieb Oncken, er habe dieses Buch 1904 aus der „Gesinnung der fortschreitenden Reform und der notwendigen Überbrückung“ der Klassengegensätze geschrieben, um den „idealistischen Teil“ des sozialistischen Erbes für ein imperialistisches Deutschland gegen die „Demagogie“ von „Marx und dem Marxismus“ zu retten.

Die „Klassenversöhnung“ war Hauptleitpunkt für Onckens Beschäftigung mit Lassalle. Nach 1918 war der soziale Konflikt für den in die deutsche Kriegspropaganda eingespannten Oncken nur mehr als Außenkonflikt denkbar. Das Lassalle-Interesse motivierte Oncken mit dem Bestreben, eine Versöhnung von Arbeiterklasse und nationalem Staat zur höheren Ehre des wilhelminischen Deutschland herzustellen und den Einfluß des in der nationalen Frage agnostisch bis feindlich gesinnten, klassenkämpferischen Marxismus zurückzudrängen.

Nach Oncken ist das wahre Erbe von Lassalle nicht auf Marx sondern auf die Kathedersozialisten A. Wagner, G. Schmoller und L. Brentano übergegangen. Die Rekonstitution der Internationale 1889, das Auftreten Bebels bedauerte Oncken als Abweichen von der nationalen Linie Lassalles, als Anfang der „deutschen Katastrophe“ von 1918. Oncken sprach in bürgerlichen Kategorien von dem „Mangel an einer ethischen Fundamentierung, der sich aus der materialistischen Weltanschauung ergab“.

Den Bernsteinschen Revisionismus akzeptierte Oncken als Rückkehr zum nationalen Bekenntnis der Arbeiterbewegung, als Vorboten des „Neulassallea-

102 Hermann Heller: Einleitung in G.W.F. Hegel, Die Verfassung Deutschlands (1801/02 – [1920]), in: ders.: Gesammelte Schriften I, Leiden 1971, 13-20.

103 Vgl. Klaus Schwabe: Hermann Oncken (1869-1945), in: Deutsche Historiker II, hrg. v. Hans-Ulrich Wehler, Göttingen 1971, 81-97.

nismus", der 1914 endlich den Sieg über den „theoretischen Marxismus" erzielt hat. Der Oncken der dritten „Lassalle"-Auflage von 1920 sah entsprechend einen Hoffnungsschimmer in der „deutschen Katastrophe": Die „unvergeßliche Stunde am 4. August 1914" als Sieg des „Neulassalleanismus" über „die politische Erbschaft seines Rivalen", als Ende des Historischen Materialismus, des utopischen Sozialismus, als das Ende der Hoffnung auf die sozialistische Revolution, als Sieg über den Internationalismus des Kommunistischen Manifests zugunsten eines frenetischen Bekenntnisses zu Deutschland.

Des bürgerlichen Geschichtsprofessors Oncken Schlußsatz zum „Lassalle" von 1920 war auch ein Programm für das angehende nicht-marxistische Mitglied der deutschen Sozialdemokratie Hermann Heller: „Dieses neue Ethos (für Deutschland nach 1918 – Anm.) kann nur auf eine letzte Synthese von Nationalstaat und sozialer Gerechtigkeit gerichtet sein."[104]

Der nach 1918 auf Positionen eines ethisch-idealistischen Sozialismus übergehende Heller interessierte sich für Lassalle als den Staatstheoretiker auf den Spuren Hegels und Fichtes: „Eine solche Hypostasierung des politischen Machtkampfes zum Ordal der höchsten Gerechtigkeit, der Weltgeschichte zum Weltgericht bot sich Lassalle in der Hegelschen Geschichtsphilosophie dar." Heller deutete Lassalles politisches Programm als Einheit von nationalem und sozialen Befreiungskampf: „Wie Hegel erklärt hatte, das nationale Machtstreben eines Volkes verwirkliche den Weltgeist und die menschliche Kultur, so wird auch hier der Kampf des vierten Standes um die Macht zum Streben nach der Herrschaft aller."

Hegels Freiheitsbegriff findet sich bei Heller in Lassallescher Transformation – die Freiheit des Arbeiterstandes als die Freiheit aller. Dabei deutete Heller in seinem Vorwort zu Lassalles „Arbeiterprogramm" Kritik an der hegelianisierenden Geschichtsphilosophie Lassalles an. Heller berief sich auf Leopold Ranke, wenn er gegen Lassalle einwandte, daß dessen „hegelianisierende Geschichtsauffassung überall dort Prinzipien sieht, wo, wie Ranke sagt, nur ´vorwaltende Tendenzen` vorhanden sind", daß die historisch ökonomischen Gesetze „von der Erfahrung meist widerlegt werden".[105]

Heller stellte die Frage nach dem Zusammenhang von Hegels Sozialphilosophie mit der Staatsideologie der borussischen Historiker derart, ob Heinrich Treitschke als legitimer Nachfahre oder umgekehrt als macht- und kriegsapologetischer Irrläufer der Hegelschen Linie zu sehen ist: "Was Hegel dort (in der

---

104 Hermann Oncken: Lassalle. Eine politische Biographie, 3. Auflage, Stuttgart-Berlin 1920, 493f., 506f., 509.

105 Hermann Heller: Einleitung zu Ferdinand Lassalle, Arbeiterprogramm (1862 – [1919]), in: ders.: Gesammelte Schriften I, Leiden 1971, 3-11.

"Geschichtsphilosophie" – Anm.) zur Verteidigung und im Sinne Machiavells gesagt hatte, das und nichts anderes hat Treitschke zwei Menschenalter später mit den Worten wiederholt, es sei immer 'höchstes Gebot' des Staates, 'sich selbst zu behaupten'".

Insgesamt sah Heller Hegels „transpersonalistische" Sozialphilosophie bei Treitschke fortgesetzt. Heller zitiert dementsprechend aus Treitschkes „Politik": „Die Moral muß politischer werden, wenn die Politik moralischer werden soll, d.h. es müssen die Moralisten erst erkennen, daß man das sittliche Urteil über den Staat aus der Natur und den Lebenszwecken des Staates und nicht des einzelnen Menschen schöpfen muß."

Treitschke habe aber Hegel als Vorläufer verkannt, so wenn er in seiner "Deutschen Geschichte" für die Zeit Hegels annimmt: "Daß der Staat Macht ist und der Welt des Willens angehört, blieb diesem Geschlechte wohlmeinender Gelehrter noch ganz verborgen." Für Heller führt also eine Brücke von Treitschkes „Blut und Eisen"-Politik zurück zum Deutschen Idealismus, auch wenn es für Heller 1919 eine gebrochene Linie zwischen den als machtversessen geltenden späteren Reichshistorikern des Jahres 1871 und den zu Unrecht als unpolitisch eingeschätzten Klassikern der deutschen Geistesgeschichte war. Zwischen der irrationalistischen Ideologie des Bürgertums um 1900 und der idealistischen Philosophie aus der Epoche der Französischen Revolution mit ihrer Zukunftshoffnung und emanzipatorischen Perspektive gibt es nach Heller eine Querverbindung. Der Nietzsche des „Willens zur Macht" und der antisemitisch den Hohenzollern huldigende Treitschke sind nach Heller keine isolierten Phänomene ohne Kontinuität: „Der Weg des deutschen Geistes von Kant und Humboldt bis zu Bismarck und Treitschke, von der idealistischen Philosophie, von der Klassik und Romantik einerseits, bis zum Zeitalter der darwinistischen Lehren vom Kampf ums Dasein, den marxistischen Klassenkampf- und gobinistischen Rassenkampftheorien und Nietzsches Evangelium der Macht andererseits, dieser Weg hat gerade in den letzten Jahren wiederholt den Gegenstand wissenschaftlicher Darstellung gebildet."

Heller betont gegen Treitschke immer wieder, daß Hegels Staatsidee als Machtstaatskonzept scharf vom individualistischen „Vertragsstaat" bzw. „Moral-Staat" eines Kant abgegrenzt ist. Heller stellt Hegel in die Tradition der Denker des deutschen nationalen Machtstaats, der Linie der Gegner universaler Rechtsgedanken und abstrakter „Weltbürgerträume".

Hegels Methode galt Heller als früh – 1802 in „Freiheit und Schicksal" – vollends „historisch und realpolitisch" entwickelt. Sie erinnert Heller an die von Treitschke 1864 in „Bundesstaat und Einheitsstaat" beschriebene Konstellation: „Zeit, Methode und Tendenz dieser Abhandlung (Hegels aus 1802 – Anm.) zeigen eine merkwürdige Übereinstimmung mit jenem Aufsatze 'Bundesstaat und

Einheitsstaat', durch den sich Treitschke im Jahre 1864 einen Namen gemacht hat. Allzusehr hatte sich ja auch die politische Situation nicht geändert, als Treitschke es unternahm, die Grundbedingungen einer künftigen Verfassung Deutschlands zu untersuchen."

Heller stellte die von Treitschke angeblich ignorierte Verbindungslinie von Hegels „Verfassung Deutschlands" von 1801/02 zu Treitschkes „Bundesstaat und Einheitsstaat" von 1864 dar: „Die Freiheit sieht er (Hegel – Anm.) im Staate und zwischen den Staaten nur durch die Macht gesichert, ganz ebenso wie Treitschke betont hatte: 'in der Kleinstaaterei ist die Freiheit nicht gesichert'." Treitschkes „Politik" könne – wenn auch mit desaströsen politischen Folgen – eine gewisse Legitimität als Vollender des Hegelschen Machtstaatsgedankens beanspruchen.

Heller hat Treitschkes „Deutsche Geschichte" mit keinem Blick historisch-materialistischer Kritik aufgenommen, allein Treitschkes gelegentlich abschätzige Bemerkungen über Hegel mahnte er wiederholt ab. Er warf Treitschke vor, seinen gedanklichen Vorläufer Hegel nur aus zweiter Hand, aus der Hegel-Biographie von Karl Rosenkranz zu kennen. Die marxistische Kritik an Treitschke, so jene von Franz Mehring ignorierte Heller.[106]

Heller stellte einen direkten Vergleich von Treitschkes „Bundesstaat und Einheitsstaat" (1864) mit Hegels „Verfassung" von 1801/02 an: In Hegels „Verfassung" wird „die Macht, ein bis dahin in der deutschen naturrechtlichen Staatstheorie vernachlässigtes Moment", zum Kriterium des Staatsbegriffes. Einzig die einheitlich organisierte Macht „nach innen und außen läßt Hegel für den Begriff des Staates entscheidend" sein.

Als geistiger Nachfahre, der seinen Inspirator Hegel mißachtet hat, nahm Treitschke das Hegel-Motiv vom Machtstaat – nach Hellers Einschätzung – im „Bundesstaat" (1864/65) so auf: „Treitschke hatte in dem genannten Aufsatz sechzig Jahr später behauptet, daß 'das Wesen des Staats zum ersten Macht, zum zweiten Macht und zum dritten nochmals Macht ist.' Ganz genau so definiert Hegel (1801/02 in der „Verfassung" – Anm.) den Begriff des Staates, wobei er aber in der Durchführung des Machtprinzips im einzelnen noch weit rigoroser ist als Treitschke."[107]

---

106 Vgl. Franz Mehring: Heinrich von Treitschke (1896), in: Franz Mehring: Zur deutschen Geschichte von der Revolution 1848/49 bis zum Ende des 19. Jahrhunderts. (=Mehring Gesammelte Schriften 7), Berlin 1965, 453-460.

107 Vgl. Heinrich von Treitschke: Bundesstaat und Einheitsstaat, in: Historische und Politische Aufsätze vornehmlich zur neuesten deutschen Geschichte, 3. Auflage, Leipzig 1867, 446-608. Vgl. die Analyse von Treitschkes „Bundesstaat" in Ulrich Langer: Heinrich von Treitschke. Politische Biographie eines deutschen Nationalisten, Düsseldorf 1998, 184-197.

Auch das von Treitschke am Vorabend der deutschen Reichseinigung eingeklagte Kriterium der militärischen Stärke nach Außen findet sich nach Heller bei Hegel 1801/02 vorweg formuliert: „Wie dieser (Treitschke – Anm.) das 'große kriegerische Volk' der Deutschen zu einer 'rein defensiven Haltung verurteilt' findet, so meint auch Hegel: Trotz 'seinem Reichtum an den toten sowie an den lebendigen Erfordernissen des Krieges ist kein Land wehrloser, keines unfähiger, nicht zu erobern, nur sich zu verteidigen als Deutschland.'"

1926 bemängelte Heller in den „Politischen Ideenkreisen" vor allem Treitschkes Fichte-Interpretation vom Jahr 1862.[108] Zum Unterschied von Hegel sei Fichte nie – wie Treitschke annehme – Denker des nationalen Machtstaats geworden, sondern immer universeller Kosmopolit geblieben: „Treitschke irrt, wenn er den Fichte dieser Zeit als den Mann anspricht, der 'der erste namhafte Verkünder jener Ideen, welche heute (1862) Deutschlands nationale Partei bewegen', gewesen sei. Fichtes Ziel blieb immer: 'für Freiheit gegründet auf Gleichheit alles dessen, was Menschengesicht trägt.'" Unter Berufung auf Fichtes 'Staatslehre' (1813) behauptete Heller gegen Treitschke: Fichte ist der „Begriff der Machtnation" stets fremd geblieben, die deutsche Einheit hat er sich nie als Realisierung „gesonderter Volkseigentümlichkeit", sondern nur als Verwirklichung des „Bürgers der Freiheit" vorgestellt.[109]

Treitschke mißdeutet in Hellers Sicht Fichte im Sinn von 1871 deutschtümlerisch für Zwecke der Staatsnationsidee, obwohl die Nation bei Fichte immer Prinzip einer vernünftig universalen Menschheitsnation in der Tradition idealer Vernunftreichsideen geblieben sei. Gegen Fichte gerichtet schreibt Heller, der sich mit Fichtes „Kultursozialismus" unter dem Eindruck von Marianne Webers Dissertation „Fichte's Sozialismus und sein Verhältnis zur Marx'schen Doktrin" (1900) auseinandersetzte, 1926 in den „Politischen Ideenkreisen": „J.G. Fichtes Deutschheit ist nie etwas anderes gewesen als die stolze Hoffnung, die deutsche Nation werde reiner als andere im Dienste höchster Menschheitszwecke stehen. Der ganzen naturrechtlichen Einstellung nach ist Fichte das Anthäische des Volkshaften immer fremd geblieben; sein geistiges Zentrum ist nie die nationale Besonderung, sondern die universale Vergemeinschaftung gewesen." Zum Unterschied von seinem Schüler Meinecke hat Treitschke für Heller verkannt, daß die Nationalstaatsidee nie aus dem Spannungsverhältnis zum „Weltbürgerlichen" entlassen worden ist.

---

108 Jetzt in Heinrich von Treitschke: Fichte und die nationale Idee, in: ebenda, 123-152.

109 Hermann Heller: Hegel und der nationale Machtstaatsgedanke (wie Anm. 90), 23, 41f., 60-64, 76, 79f., 107, zit.n. 109.

In den „Politischen Ideenkreisen“ wurde 1926 Treitschkes „Politik“ von Heller als anachronistisch abgelehnt. Insgesamt hatten sich seit 1900 vermehrt kritische Stimmen gegen das aristotelische „Politik-Verständnis“ jenseits einer das geschichtliche, politische und juristische differenzierenden Staats(rechts-) lehre gemehrt, so griff etwa Georg Jellinek die oft noch von Historikern oder historisch orientierten Nationalökonomen – Droysen, Treitschke, Roscher – tradierten „Politik-Vorlesungen“ wegen ihrer Identifizierung von Staat und Gesellschaft an.[110] Der Berliner Sozialhistoriker Otto Hintze hatte 1897 die Droysensche und Treitschkesche Politik-Auffassung im Zuge einer Kritik an Wilhelm Roscher angegriffen. So erklärte Hintze, Roscher stehe mit seiner Staats- und Politiklehre fernab jeder entwicklungstheoretischen Betrachtung auf dem Niveau eines klassifizierenden, geschichtslosen „Linné“, wenn auch vom geschichtlichen Entwicklungsgedanken schon etwas eingenommen.[111]

Heller erklärte seinerseits das von Treitschke verfochtene monarchische Prinzip als jenseits jeder geschichtlich-legitimistischen und jenseits seiner rationalistisch-vernunftrechtlichen Ausprägung stehend. Treitschke habe die monarchische Idee in ihrer hohenzollernsch neudeutschen Endversion ausformuliert, eine Monarchie, die sich weder auf eine charismatisch religiöse noch auf eine rationale Stütze im Sinn des Gesellschaftsvertrags verlassen konnte, sondern unter bürgerlich kapitalistischen Bedingungen nur mehr auf eine aristokratisch umnebelte militärische Macht nach innen und außen: „Dieses neudeutsche Staatsdenken seit 1870 hat seinen einflußreichsten Repräsentanten in Heinrich Treitschke, dessen weitverbreitete Vorlesungen über Politik – seit 1874/75 gehalten – uns ein geschlossenens Bild von der Eigenart dieses letzten deutschen Monarchismus geben. Ohne jeden transzendenten oder romantischen Einschlag bekennt sich Treitschkes Monarchie zum 'weltlichen Wesen aller Staatsgewalt.'“

Die von Treitschke gepredigte monarchische Idee hat nach Heller sowohl ihr sittliches Vernunftkriterium als auch ihre „göttliche“ Legitimität verloren, sie ist nur mehr als politische Technik in nationalem Interesse, im Interesse feudalagrarischer und (monopol-) kapitalistischer Gruppen als effiziente Organisationsform relevant. Die Kraft der hohl gewordenen Tradition, die bessere Bindung von Beamtentum und Heer, scheincharismatische Überstrahlung der Kriegsführung, das Überwinden des Parteienstreits waren Zwecke, die nach Treitschke zugunsten der Monarchie sprachen.

---

110 Vgl. Manfred Riedel: Der Staatsbegriff der deutschen Geschichtsschreibung des 19. Jahrhunderts in seinem Verhältnis zur klassisch-politischen Philosophie, in: Der Staat 2 (1963), 41-63.

111 Vgl. Otto Hintze: Roschers politische Entwicklungstheorie (1897), in: ders.: Gesammelte Abhandlungen II. Soziologie und Geschichte, Göttingen 1967, 3-45, hier 42.

Was der Historiker Treitschke in seiner „Politik“ auf realpolitischer Machtgrundlage formuliert hatte, findet sich nach Heller auch bei Rechtsphilosophen (dem orthodoxen Alt-Hegelianer Adolf Lasson), bei Autoren wie Meyer/Anschütz, die noch in der letzten Auflage vor der Revolution von 1918 im Staatsrechtslehrbuch gemeint hatten, „der Monarch vereinige in seiner Person 'die gesamte Staatsgewalt“, „die preußische Verfassung beruhe 'demnach' nicht auf dem Prinzip der Gewaltenteilung“, und findet sich auch beim Protagonisten der positivistischen Staatsrechtsjurisprudenz Paul Laband, der „rund und nett (formulierte), die Monarchie sei eine 'Einrichtung, um die Festigung der staatlichen Ordnung zu sichern'.“

Heller glaubte 1926, daß das „monarchische Prinzip“ nur mehr in der historisch überholten Form des Alldeutschtums, des Deutschnationalismus fortlebt, wie es von Treitschke gedacht worden ist. Folglich ist dieser politische Denk-Typus tot, auch die Version des Historikers Georg Below von einer Art sozialistischer Monarchie galt Heller nur mehr als epigonaler Abklatsch: „Daneben gibt es sogar eine ökonomisch-sozialistische Rechtfertigung der Monarchie, die z.B. der Historiker v. Below dahin formuliert, 'daß ausgedehnte Staatsbetriebe sich wohl in einer starken Monarchie begründen und aufrechterhalten lassen, nicht aber in einer demokratischen Republik'.“[112]

Heller war nicht der einzige Staatsrechtler der Weimarer Republik, der juristisches Denken aus der Tradition von Hegel, Treitschke oder Ranke ableitete, auch der zehn Jahre ältere Berliner und Bonner Völkerrechtler Erich Kaufmann (1880-1972)[113] sah sich in der Perspektive von Deutschem Idealismus und deutschem Machtstaatshistorismus. Heller selbst attackierte in seiner Habilitationsschrift den Historismus der Macht-Apotheose am Fall von Erich Kaufmann, der sich in Fortführung der von Adolf Lasson verfochtenen Hegel-Deutung zu einem Leugner des Völkerrechts aufgeschwungen hatte.

Kaufmanns "Wesen des Völkerrechts und die clausula rebus sic stantibus" (1911) stellte Heller zu Folge auf eine eklektisch aus Hegel, Ranke und Bismarck schöpfende geschichtspolitische Marginalisierung des Völkerrechts ab. Der Staatsbegriff Hegels im Sinn von nationaler Selbstbehauptung war Kaufmanns zentrales Argument. Von Kaufmann wurden als Vorbilder „Ranke und Bismarck, vor allem aber auch Hegel selbst angegeben“.

Heller sah in Kaufmann ferner den Gegner eines formal-kritizistischen Rechtsideals, wie es von Rudolf Stammler verfochten wurde. Kaufmann halte

---

112 Hermann Heller: Die politischen Ideenkreise der Gegenwart (1926), in: ders.: Gesammelte Schriften I, Leiden 1971, 267-412, hier 303, 306-308, 353.

113 Vgl. Manfred Friedrich: Erich Kaufmann (1880-1972). Jurist in der Zeit und jenseits der Zeiten, in: Deutsche Juristen jüdischer Herkunft, München 1993, 693-704.

die "nationale Macht" als konkretes materiales Rechtsapriori dem formalen "richtigen Recht" Stammlers entgegen: "Der konkrete Gemeinschaftszweck ist aber für Kaufmann wie Hegel einfach nationale Macht."[114]

Von hier aus führte Erich Kaufmann dann auch seinen Kampf gegen die neukantische Rechtsphilosophie, sowohl gegen Stammler, insbesondere aber gegen Hans Kelsen, den Kaufmann der Schule Hermann Cohens zurechnete, aber nicht nur gegen die Marburger Cohen-Schule, sondern auch gegen die werttheoretisch ausgerichtete Heidelberger Schule des Neukantianismus um Wilhelm Windelband und Heinrich Rickert, deren idiographischer Geschichtstheorie Kaufmann noch in seinen späten autobiographischen Notizen vorhielt, dem vermeintlichen Übel eines "metaphysiklosen" Positivismus, der dem materialistischen Marxismus nicht widerstanden hat, zugearbeitet zu haben. Die Werte seien nämlich von dem in der Geschichtstheorie einflußreichen Rickert in ein Reich des bloß formalen "Geltens" abgeschoben worden.[115]

Gleich dem frühen Heller war der junge Absolvent des Rechtsstudiums Erich Kaufmann unmittelbar von Friedrich Meineckes „Weltbürgertum und Nationalstaat" beeinflußt, zwar konnte Kaufmann Meineckes Ende 1907 in Erstauflage erscheinendes „Weltbürgertum" für die eigenen, 1906 an der Universität Halle vorgelegten Dissertationsstudien „zur Staatslehre des monarchischen Prinzipes" noch nicht verwenden. Meineckes erste große Monographie lag aber dem Kieler Habilitationskandidaten Kaufmann im Sommer 1908 vor. Hatte Kaufmann 1906 in seinen Hallenser Studien zum Verfassungsstaat, den er geschichtlich mit der widerstrebenden Dogmatik des Rechts der absoluten Monarchie konfrontiert sah, eingehend Ranke, Gierke, Treitschke, Gneist, Lamprecht, Heinrich Brunner, Troeltsch und Below für seine euphorisch Stahl als „Rechtsphilosophen des monarchischen Prinzips" würdigenden Ausführungen verwendet, so verwies er 1908 im Kieler Habilitationsvortrag „Über den Begriff des Organismus" auf Meineckes „Weltbürgertum" als Beweis der These von Stahl als Schlüssel-Rechtsphilosophen der vorigen Jahrhundertmitte bis in die Gegenwart.[116] Kaufmann, der Kritik an der das Recht nach seiner Einschätzung zu bloßer sozialer Schrankenziehung herabwertenden Gerber-Labandschen staatsrechts-positivistischen Linie übte und im Geiste Gierkes nach einer positiven „Rechtsidee" rief, notierte: „Stahl bildet das große Sammelbecken, in das alle Gedankengänge der

114 Vgl. zu Hellers Kaufmann-Kritik Hermann Heller: Hegel und der nationale Machtstaatsgedanke (wie Anm. 90), 235-238.

115 Erich Kaufmann: Vorwort zu den 'Gesammelten Schriften' (d.s. Autobiographische Notizen – Anm.), in: ders.: Rechtsidee und Recht. (=Gesammelte Schriften 3), Göttingen 1960, XIII-XLVII, hier und im folgenden XXII, XXIV, XXXVIII.

116 Vgl. Erich Kaufmann: Studien zur Staatslehre des monarchischen Prinzipes, Leipzig 1906, 56.

romantischen Weltanschauung und Staatslehre einmünden. Die jüngsten feinsinnigen Ausführungen über die romantische Politik von Meinecke in seinem 'Weltbürgertum und Nationalstaat' bestätigen dies von neuem."[117] In seinem Kieler Vortrag warnte Kaufmann 1908 auch vor der Infiltrierung der bürgerlichen Geschichtsbetrachtung durch die „materialistische Geschichtsauffassung", die zu einer rationalistisch verflachten historischen Betrachtung führe.

Die „Macht des einzelnen Staates" wird von Kaufmann – so Hellers Vorwurf – im Hauptstrom des bürgerlichen Historismus zum einzig objektiven Kriterium der geschichtlichen Entwicklung sublimiert. In den Staatenbeziehungen „entscheidet allein der siegreiche Krieg, 'welcher der Staaten Recht hat'": „Ein allgemeines Völkerrecht gibt es somit überhaupt nicht, sondern nur ein nationales, und auch im positiven Vertragsrecht, 'muß doch immer der Staat sich selbst der Nächste bleiben, zuletzt muß doch immer sein Wille, sein Interesse das maßgebende bleiben', wie Kaufmann – an dieser Stelle auf Hegels Ansicht von den über den Stipulationen stehenden Staaten sich berufend – ausführt."

Von der Machtstaatslehre des Historismus ausgehend formuliert Kaufmann gegen den "abstrakten Formalismus" Stammlers folgendes von Hans Kelsen verhöhntes Rechtsideal: "Nicht die 'Gemeinschaft frei wollender Menschen', sondern der siegreiche Krieg ist das soziale Ideal: der siegreiche Krieg als das letzte Mittel zu jenem obersten Ziel. Im Kriege offenbart sich der Staat in seinem wahren Wesen, er ist seine höchste Leistung, in dem seine Eigenart zur vollsten Entfaltung kommt."

Gegen eine Gustav Radbruch zugeschriebene individualistisch kontraktualistische Staatsauffassung berief sich Kaufmann auf Leopold Rankes "Politisches Gespräch" und auf Heinrich Treitschkes "Historisch-politische Aufsätze", da Ranke gleich Hegel auf eine überindividualistisch kollektive Staatstheorie zu orientieren schien: "Auch Ranke spricht im 'Politischen Gespräch' von 'jener Einheit privater und öffentlicher Bestrebungen, die den wahren Staat charakterisiert'. Und ein anderes mal sagt er: 'Überhaupt fallen private und öffentliche Bestrebungen von höherer Ansicht aus wieder zusammen. (...) In allen muß das geistige Selbst des Staates leben.'" Kaufmann referierte breit Rankes "Politisches Gespräch", indem er einige Elemente als relevant für das Völkerrecht des imperialistischen Deutschland herausgriff.

Kaufmann bezog sich ferner auf den offen reaktionären Treitschke. Um Treitschkes borussisch bürgerliche Machtstaats-Ideologie auf intellektuelles Niveau zu bringen, stellte ihn Erich Kaufmann – gleich Heller – auf eine Ebene mit

117 Erich Kaufmann: Über den Begriff des Organismus in der Staatslehre des 19. Jahrhunderts [Kieler Probevorlesung am 1. August 1908], in: ders.: Rechtsidee und Recht. (=Gesammelte Schriften 3), Göttingen 1960, 46-66, hier 52.

Hegel, indem er ein Zitat aus Hegels "Rechtsphilosophie" (§ 265) anfügte: "Worauf es ankommt, ist, daß sich das Gesetz der Vernunft und der besonderen Freiheit durchdringe, und mein besonderer Zweck identisch mit dem Allgemeinen werde, sonst steht der Staat in der Luft."

1960 rekurrierte Kaufmann autobiographisch neuerlich auf Treitschke: "Auch die Freiheit braucht die Macht, die sie schützt und begrenzt; und die Macht braucht die Freiheit, die sie stützt; denn 'in der sittlichen Welt stützt nur, was frei ist, was auch widerstehen kann' (Treitschke)."

Die Machtstaatsideologie der bürgerlichen Geschichtsschreibung gab für Kaufmann den Rahmen ab, der "zu einem System der objektiven Rechtsverhältnisse“ führt. Im Völkerrecht fallen für Kaufmann Recht und Macht zusammen, ja sie müssen im Sinne der Kaufmannschen Historismus-Deutung ineins fallen, "soll nicht in letzter Linie alles Recht und alle Kultur unmöglich sein": "So stellt sich auch für das Koordinationsrecht der siegreiche Krieg als Bewährung des Rechtsgedankens, als die letzte Norm heraus, die darüber entscheidet, welcher der Staaten Recht hat."[118]

Kaufmann selbst wies 1921 die Heller-Angriffe in der primär gegen Kelsen gerichteten Kritik der neukantischen Rechtsphilosophie postwendend zurück. Gegen Heller gerichtet protestiert Kaufmann: „Ich habe niemals das Recht auf die Macht basiert, niemals, wie Heller es von seiner rationalistisch-dualistischen Metaphysik aus nennt, einem ´Machtmonismus´ gehuldigt, (...).“ Behauptungen wie von Kelsen oder Heller verbreitet, er „suchte vom staatlichen Machtgedanken aus den Weg zum Begriffe des Rechts zu gewinnen“, seien verzerrend. Kaufmann replizierte, daß er nur den dem „Staate immanenten Machtgedanken“ akzentuiert hat, ohne einen Kultus der Macht über das Recht zu predigen.[119]

Faktum blieb, daß Kaufmann auch 1917 in der sich auf Heinrich Treitschkes „Deutsche Geschichte“, Hermann Onckens „Bennigsen“, auf Friedrich Meinekkes „Weltbürgertum und Nationalstaat“ oder auf des national-imperialistischen Historikers Georg Below Kampfschriften stützenden Abhandlung „Bismarcks Erbe in der Reichsverfassung“ den Weltkrieg als „Verfassungskrieg“ im Sinne der Bismarck-Ordnung verherrlichte,[120] und daß Kaufmann nach 1918 in alter

---

118 Erich Kaufmann: Das Wesen des Völkerrechts und die Clausula rebus sic stantibus. Rechtsphilosophische Studie zum Rechts-, Staats- und Vertragsbegriffe, Tübingen 1911, 144-153.

119 Erich Kaufmann: Kritik der neukantischen Rechtsphilosophie (1921), in: ders.: Rechtsidee und Recht. (=Gesammelte Schriften 3), Göttingen 1960, 176-245, hier 223.

120 Vgl. Erich Kaufmann: Bismarcks Erbe in der Reichsverfassung (1917), in: ders.: Autorität und Freiheit. (=Gesammelte Schriften 1), Göttingen 1960, 143-223, hier 148: Im „neuesten Stadium des Krieges“ soll sich neben den Ökonomen, Naturwis-

monarchistischer Orientierung den „Glauben an die unerschöpfliche metaphysische und mystische Tiefe des deutschen Geistes“ beschwor, sowie im Staatsrechtsstreit seit Mitte der 1920er Jahre eine „Restaurationstendenz im Sinne vormoderner Sozialontologien und rechtshegelianischer Staatsidealisierung“ an den Tag legte.[121]

Vom Historismus als einer kultur-relativistischen Bewegung, die wissenssoziologischen Positionen zuarbeitete, wollte Kaufmann vom Standpunkt eines objektiven Idealismus, den er auch im verfassungsrechtlichen Methodenstreit der Weimarer Republik um 1925 zugunsten einer rechts-orientierten Begrenzung der Kompetenzen des parlamentarischen Gesetzgebers im Lichte eines Quasi-Wertapriori instrumentalisierte, nichts wissen.

In der späten Autobiographie setzte sich Kaufmann entsprechend 1960 ablehnend mit Wilhelm Dilthey, Ernst Troeltsch und Friedrich Meinecke auseinander: Troeltsch habe zwar aus der historistischen Relativismusfalle ausbrechen wollen, dies sei ihm angesichts seiner neukantischen Prämissen nur unzulänglich gelungen: "Aber der Historismus und Relativismus, die seit dem großen und genialen Dilthey in allen Geisteswissenschaften herrschten, erschreckten mich. Troeltsch hatte dies durchaus erkannt; er hatte aber von dem neukantischen Boden, auf dem er doch wohl stehen geblieben war, keine Rettung zeigen können. Meineckes Bücher über die 'Staatsraison' und über den 'Historismus' dienten im Grunde ihrer Rechtfertigung. Seine Ablehnung von allem 'Allgemeinen' und seine These, daß nur das Individuelle den Gegenstand der historischen Wissenschaften bilden dürfe, hatte nicht gesehen, daß diese Auffassung zu einem uferlosen Relativismus führen muß."

2.2. Heller: Ranke und die nachrankeanische Historikerzunft (Below, Rachfahl, Westphal)

Nicht nur Treitschke, auch der zumeist als Antipode der Hegelschen Geschichtsphilosophie präsentierte Ranke wurde von Heller in die Linie der Hegel-Fortsetzer gestellt.[122]

---

senschaftlern, Historikern etc. auch der Staatsrechts-Lehrer an die Front des „Weltanschauungskrieges“ melden, so „daß wir auch diesen Verfassungskrieg siegreich bestehen“.

121 Vgl. Detlef Lehnert: Verfassungsdemokratie als Bürgergenossenschaft (wie Anm. 20), 316-321, 359-364.

122 Vgl. Werner Berthold: Die Konzeption der Weltgeschichte bei Hegel und Ranke, in: Leopold von Ranke und die moderne Geschichtswissenschaft, hrg. von Wolfgang J. Mommsen, Stuttgart 1988, 72-90.

Heller, der sich hierbei abgesehen von den Ranke-Essays von Friedrich Meinecke auf die zweibändige historiographische Arbeit „Die Geschichtswissenschaft in Hauptrichtungen und Aufgaben“ (1886/91) des 1885 im politischen Streit von der Wiener Universität nach Jena übersiedelten Ottokar Lorenz (1832-1904) stützte, deutete Rankes Geschichtswerk als zwischen Hegel und Savigny stehend. Heller sah Ranke jedenfalls in der Kontinuität des Hegelschen Machtstaatsdenkens: "Aber auch ein ungleich Größerer in der Wissenschaft und Kunst der Geschichtsschreibung, Leopold Ranke, hat sich dem Eindrucke des Hegelschen Machtstaatsdenkens nicht entzogen." Entscheidende Differenzen zwischen Hegel und Ranke gab es für Heller nur in der Methode, Hegels aprioristisch spekulativ dialektischer Ansatz dort, Rankes trotz latent theologisierender Wertkriterien tendenziell empirisch-antiquarische Richtung hier. Rankes spekulativer Theismus – die Staaten als „Gedanken Gottes“ – zeigte für Heller indirekte Affinität zu Hegels Geschichtsphilosophie. Rankes Denken war nach Heller von der hegelianischen „Universalgeschichte“ des Eduard Gans beeinflußt: "Rankes persönlichen Gott in Ehren, aber sein Geschichtsgott sieht hier dem Hegelschen, der den staatlichen und nationalen Machtkampf als sittlichen Freiheitsfortschritt verkörpert, zum Verwechseln ähnlich."

Heller schätzte Ranke Hegel näher als Savigny stehend ein, obwohl Ranke in der Regel als Savigny-Verbündeter dargestellt wurde: "Ranke, der sonst mit der historischen Rechtsschule für die Nation als 'dieses geheime Etwas', für den aus dem verborgenen Dunkel der Gefühle und Instinkte wirkenden Volksgeist schwärmt, denkt von den 'schwärmerischen Erwartungen' bezüglich der deutschen Einheit im Jahre 1832 nicht anders, als Hegel 1821 vom 'Brei des Herzens' gedacht hatte."

Rankes Dialektik von Freiheit und Zwang, Rankes Sublimierung von Zwang und Pflicht oder das „Gebot zur Freiheit" ähnelt nach Heller der Hegelschen Sicht: "Mag sich also dieser feinsinnige Meister der Wirklichkeitsdarstellung auch peinlich davor hüten, seinem 'objektiv vorhandenen' Geschichtszusammenhang abstrakten Ausdruck zu geben, so wird man doch nicht übersehen können, daß er (Ranke – Anm.) ihn ebenso wie Hegel in dem kämpfenden Aufeinanderwirken transpersonaler Nationaleinheiten gesehen hat und daß auch er durch diesen monistischen Machtkampf die Umwandlung der Welt zum Guten oder Bösen vorsichgehen sieht, wobei deutlich erkennbar die mit größerer Macht ausgerüsteten Völker die höheren Potenzen sind und die Umwandlung zum Besseren veranlassen."

Heller deutete unter der Überschrift "Die Tradition des Machtstaatsgedankens von Hegel zu Bismarck" den deutschen Historismus insgesamt als in der anti-naturrechtlichen, auf „Individualität“ und „Volksgeist“ im romantischen Sinn abstellenden Linie eines variierten Hegelschen Machtstaatsgedankens stehend: "In erster Linie sind es die Historiker, die Hegels Machtstaatsidee nicht nur wissenschaftlich fortpflanzen, sondern sie auch in praktische Politik umsetzen."[123]

1923 – drei Jahre nach Heller – sah Ernst Troeltsch gleichermaßen ein distanziertes Verwandtschaftsverhältnis von Hegel zu Ranke. Für Troeltsch galt Savigny, nicht Ranke als der Hegel-Antagonist. Rankes Geschichtsbetrachtung kam für Troeltsch Hegels Dialektik nahe, wenn es sich auch bei Ranke um eine „Dialektik ohne System“, ohne logische Rationalisierung gehandelt hat. Troeltsch glaubte an Ranke loben zu dürfen, daß sich dessen dialektische Betrachtung auf den Spuren Hegels weit über die vulgär-psychologische und vulgär-kausale Betrachtungs-Weise späterer Historiker hebt: „Vor allem darf man aber nicht vergessen oder verkennen, daß das größte Genie des spezifisch historischen Denkens, Leopold von Ranke, in Wahrheit von der Ideenwelt Hegels stark angeregt ist. (...) Wie Hegel ein Stück des Rationalismus des 18. Jahrhunderts in die neue überrationalistische Logik hineinnimmt, so hat auch Ranke ein Stück der klaren Motivenforschung und hellen Durchsichtigkeit jenes Jahrhunderts erhalten. In all diesen Stücken steht er Hegel näher oder ist eine ebenbürtige, möglichst auf inner-historische Logik aufgebaute Verarbeitung der großen auch von Hegel verarbeiteten Motive.“ Daß Ranke dem logisch-spekulativen System der Hegelschen Geschichtsphilosophie – der „entleerenden Identität“ bzw. dem „spinozistisch-pantheistischen Geist“ – nicht folgt, schien Troeltsch evident, bei aller Kritik an der Hegelschen Rationalisierung der historischen Dynamik blieb – so Troeltsch zustimmend – bei Ranke „die Athmosphäre der Dynamik überhaupt, die Verschmelzung der Gegensätze des Allgemeinen und Besonderen in dem Gang der Bewegung“, „der völlig theoretische, überschauende, in reine Universalgeschichte ausmündende Blick“ erhalten.

Heller hatte 1920 beklagt, daß Hegel teils in der nachkommenden historisch politischen Wissenschaft als Staatsdenker vergessen, ignoriert oder mißdeutet wurde, ähnlich bedauerte Troeltsch 1923, daß Hegels Methode der dialektischen Geschichtsphilosophie später zu sehr zugunsten Schopenhauerschem, Nietzscheschem, biologisch-evolutionistischem oder soziologisch-kausalem Denken verkommen ist, er trauert dem Verlust einer Dialektik in einem von Ranke adaptierten Stil nach: „Diese Dynamik in ihrem Unterschied von der bloßen pragmatischen Motivenerklärung und der naturwissenschaftlich psychologischen Kausalität, also von der bloßen Reflexionsphilosophie, ist seitdem das eigentliche theoretische Geheimnis der Historie.“[124]

123 Hermann Heller: Hegel und der nationale Machtstaatsgedanke (wie Anm. 90), 173-182, 203.

124 Ernst Troeltsch: Der Historismus und seine Probleme (wie Anm. 64), 271-280.

Andererseits wurde gerade in den Jahren der Weimarer Republik die Abneigung Rankes gegenüber Hegels „Systemgeist“, Rankes im Vergleich zu Hegel spezifisch theistisch-religiöse Position und Rankes auf die „Individualität“ abgerichtete „Ideenlehre“ aus ideologischen Gründen von der Gruppierung um Friedrich Meinecke und Hermann Oncken hochgehoben, während nur die Ranke kompatibel erscheinenden reaktionären Züge an Hegel – Hegels Staatsauffassung, Hegels Verehrung der Preußenmonarchie, Hegels Kriegsverherrlichung – anerkannt wurden.[125]

Der 1923 bei Oncken promovierende Ernst Simon stellte Ranke als zwischen Hegel und Humboldt bzw. Schleiermacher stehend dar. Im Streit zwischen Hegel (und dessen Polemik gegen die historischen „Philologen“) wider Savigny (und dessen Hohn gegen die „Philosophen“) – also im Konflikt zwischen philosophisch-deduktiver gegen die historisch-philologisch quellenkritische Methode – sei Ranke offenkundig auf der Seite des letzteren gestanden. Affinitäten zwischen Hegel und Ranke wollte aber auch der Oncken-Schüler Simon nicht übersehen: „Aber die Tatsache bleibt bestehen, daß Hegel bei aller Spekulation der stoffreichste und empirischste von den Philosophen des deutschen Idealismus war und daß Ranke bei aller Gegenständlichkeit am innigsten von den Historikern des deutschen Objektivismus bemüht blieb, die Ideen zu finden, die seine Tatsachen ihm anzudeuten schienen.“ Simon schilderte Hegel und Ranke als in dialektischem Widerspruch verbundene Antipoden: „Wir sahen schon, daß nie ein Philosoph größere Massen von Empirie bewältigt hat als gerade Hegel, daß selten ein Historiker sich mehr über die über- und außersinnlichen Zusammenhänge, um Gott und die 'Ideen' abmühte als Ranke.“ In Fragen einer historischen Metaphysik des Helden, des Sieges und des Todes kämen sich Ranke und Hegel oft nahe.[126]

Hellers Werk zeigt zahlreiche Spuren umfangreicher Ranke-Lektüre. Dessen „Weltgeschichte“, insbesondere aber Rankes „Politisches Gespräch“ vom Jahr 1835 hatten nachhaltigen Einfluß auf Hellers Staatslehre. Heller benützte die in der Ranke Gesamtausgabe abgedruckte Fassung des „Politischen Gesprächs“ vom Jahr 1835, das dann 1924 von Friedrich Meinecke gesondert in einer Urfassung als Dokument bürgerlicher Aktualität nach fast einem Jahrhundert neu herausgegeben werden sollte. Rankes Kritik eines Transfers westlich liberalen Konstitutionalismus nach Deutschland bereitete Meinecke zeitaktuell mit einiger anti-parlamentarischer Schlagseite im Sinne des konservativen Bildungsbürgertums auf.

---

125 Vgl. zum Ranke-Kult der Weimarer Periode Hans Schleier: Die bürgerliche deutsche Geschichtsschreibung der Weimarer Republik, Berlin 1975, 230-234.

126 Ernst Simon: Ranke und Hegel, München-Berlin 1928, 68f. 119, 147.

Rankes 1835 im Zeichen des Fortwirkens der Julirevolution von 1830 und im Zeichen von Kriegsgerüchten um russisch-englische Spannungen entstandenes „Politisches Gespräch“ predigte den Primat der Außenpolitik als zur Erhaltung des Staats notwendiger Machtstrategie. Im „politischen Gespräch“ fand sich Rankes Ideologie von den Staaten als „historischen Individualitäten“, als „Gedanken Gottes“ und Rankes gerade auch für Heller wichtige Polemik gegen die Aufklärungsthese vom vernunftrechtlichen „pactum unionis et subjectionis“. Rankes Verklärung des Staats als „Real-Geistigem“ und dessen moralischer Sublimierung der Machtpolitik widersprach Hermann Heller im Post-Versailles-Deutschland nicht mit der nötigen ideologiekritischen Schärfe, auch wenn ihm angesichts der Weltkriegsbarbarei Rankes optimistische Sicht eines ausbalancierten Systems von Nationalstaaten zu harmonisch schien.

Rankes Argumente gegen westeuropäischen Liberalismus und Konstitutionalismus waren für Heller weniger wichtig, auch Rankes These von der Nutzlosigkeit jeder Theorie der „allgemeinen Politik“, d.h. allgemeinen Staatslehre, war für Heller wenig relevant, so wenn Ranke unter Ablehnung jeder allgemeinen Verfassungsreflexion eine Dialogfigur des „Politischen Gesprächs“ feststellen läßt: „Ich halte dafür, die echte Politik muß eine historische Grundlage haben, auf Beobachtung der mächtigen und in sich selbst zu namhafter Entwicklung gediehenen Staaten beruhen. (...) Aus der allgemeinen Theorie gibt es keinen Weg zur Anschauung des Besonderen.“[127]

Im Zusammenhang mit Hellers Ranke-Ausführungen standen zusätzliche Anmerkungen zu dessen Umfeld, zu Heinrich Luden (1780-1847) und Heinrich Leo (1799-1878). Heller interpretiert die im Umfeld der romantisch-historischen Schule arbeitenden, mit Ranke teils verwandten, teils zerstrittenen Historiker Leo und Luden als in losem epigonalen Zusammenhang zu Hegel stehend. Heller empfahl Ludens „Handbuch der Staatsweisheit oder der Politik“ (1811) als in staatsrechts-formalistischer Gegenwart zu Unrecht vergessene Lektüre, die den Schlüssel zu einem verschütteten, aus Kant, Hegel, Fichte und Schelling gespeisten Staatsdenken öffnen kann: „Den Spuren des deutschen Machtstaatsgedankens folgend ist es sehr interessant, gleich in den Lebenserinnerungen des heute fast vergessenen Historikers Heinrich Luden, der mit zu den allerersten Machtstaatstheoretikern Deutschlands gehört, Hegels Namen auftauchen zu sehen.“

Heller will 1920 zeigen, daß Ludens Staatstheorie in vielem jener Hegels gleichkommt: die souveräne Unabhängigkeit als unverzichtbares Kriterium des Staates, die Machtentfaltung nach Außen, die typisch Hegelsche Verbindung von Nationalmacht und monarchischem Prinzip, die Trennung von Politik und Mo-

127 Leopold von Ranke: Politisches Gespräch, mit einer Einleitung hrg. von Friedrich Meinecke, Leipzig 1924, 35.

ral, die Leugnung der Idee eines natürlichen Völkerrechts, die Hegel ähnelnde, Kants Idee vom „ewigen Frieden" abwertende Kriegsphilosophie: „Der Antagonismus der geschichtlichen Kräfte ist nicht wie bei Kant Mittel zur Erreichung einer allgemeinsten Rechtsordnung, sondern wie bei Hegel Selbstzweck, er dient, wie Luden sagt, der 'Entfaltung der Lebenskraft' überhaupt."[128]

Heinrich Leo, anfangs Rechtshegelianer, der sich 1838 in einem Pamphlet „Die Hegelingen" unter Hinwendung zu einem irrationalen Ahnen eines höheren Göttlichen von Hegels Geschichtsphilosophie distanzierte, zuvor schon als Ranke-Gegner aufgefallen war, wurde von Heller, obwohl Leo aus „christlicher Weltanschauung" motiviert Kritik an der „Macht-Recht-Theorie" übt, und obwohl Leo den Staat in theokratischem Restaurationsgeist als Schöpfung Gottes einschätzt, der Hegelschen Linie zugeordnet, wobei Heller betonte, daß Hegels Machtkonzept von den Gegnern zu Unrecht auf ein brutales Modell von „physischer Übermacht" reduziert wird:[129] „Der Einfluß der Hegelschen Staatslehre wird, neben mannigfachen Gedanken rein romantischer Herkunft, in Leos Staatsauffassung deutlich erkennbar." Trotz der Abrechnung mit den „Hegelingen" zeigte sich für Heller Leos „Lehrbuch der Universalgeschichte" (1835-1844 und spätere Auflagen) Hegels Staatstheorie verpflichtet. Wie Luden habe Leo im Sinne Hegels von der „Übermacht des Sieges" geschwärmt, habe er „Hegels Lehre vom Verhältnis von Macht und Freiheit" zur Kenntnis genommen, sich einer offenen Kriegsphilosophie unter Ablehnung aller „sentimentalen Empfindsamkeit" zugewandt. Heller berief sich so auf Leos „Universalgeschichte": „Nur für Menschen, die sich einem 'weichlichen' Gefühl ergeben, habe der Gedanke, daß eine 'Verständigung und Ausgleichung der Völker in letzter Instanz nicht möglich sei, etwas Beängstigendes; sie möchten alle solche Unterschiede aufheben, um in seeliger Brüderlichkeit zu verschwimmen.'" Leos – für einen theokratisch-religiösen Historiker – überraschendes Lob für Machiavellis Principe war Heller zufolge auch nur aus dem intellektuellen Umfeld der Hegel-Schule verständlich.[130]

Den Abschnitt über Hegel/Ranke schloß Heller mit einem Blick auf den im bürgerlichen deutschen Publikum viel gelesenen englischen Historiker Thomas Carlyle (1795-1881), der als nicht in Spencerschem Evolutionismus versunken

---

128 Hermann Heller: Hegel und der nationale Machtstaatsgedanke (wie Anm. 90), 169-173. – Über Heinrich Luden als Historiker vgl. Heinrich Srbik: Geist und Geschichte vom deutschen Humanismus bis zur Gegenwart I, Salzburg 1950, 222-224.

129 Vgl. zu Ranke insgesamt und zur Ranke/Leo-Kontroverse Georg Iggers: Deutsche Geschichtswissenschaft. Eine Kritik der traditionellen Geschichtsauffassung von Herder bis zur Gegenwart, Wien – Köln – Weimar 1997, 86-119.

130 Hermann Heller: Hegel und der nationale Machtstaatsgedanke (wie Anm. 90), 183-185.

galt, über den Friedrich Engels schon 1850 exakt als einen ehemaligen „Feudalsozialisten", der ab 1848 im Dienst des Bürgertums die verarmten Arbeitermassen denunzierte, geschrieben hatte, während ihm Wilhelm Dilthey 1890 unter Einhaltung einer idealistischen Mentalreserve einen „Ort in der transzendentalphilosophischen Bewegung Europas" gläubig zuordnete.[131] Carlyles imperialistische Konzepte wurden als dem Deutschen Idealismus konform angesehen.

Carlyle hat nach Hellers Einschätzung Kant und Fichte und deren individualistische Gesellschafts- und Staatskonzeption zurückgelassen und den Staat „als Gesamtindividuum und Organismus" aufgefaßt: „Carlyles Imperialismus gründet sich, wie jede idealistische Machtlehre, auf den Macht=Recht-Grundsatz." Wenn bei Carlyle die Macht zum Schlüsselkriterium, zum „Polarstern der menschlichen Geschichte" wird, so ist diese Sicht nach Heller „bei niemand anders als bei Hegel" entlehnt: Carlyles „Helden" gleichen Hegels „Heroen", Carlyle transformierte den Hegelschen „Weltgeist" gleichsam ins Englische. Carlyles sozialdarwinistische Verteidigung der Sklaverei sieht Heller im Naheverhältnis zur „Hegelschen Macht=Recht-Theorie". Auch in sonstigen Punkten sieht Heller eine Parallele zwischen Hegel und Carlyle, so in der Forderung nach Stärkung der Exekutivmacht und der Schwächung der Parlamentsherrschaft und des damit verbundenen „Massenwillens", der Verherrlichung des Krieges. [132]

Die nach-rankeanische Geschichtsschreibung, die sich teils „neo-rankeanisch" definierte, teils politisch über und gegen Ranke in Richtung eines expliziten deutschen Imperialismus hinausgehen sollte, und teils auf rechtsvölkische „Blut- und Boden"-Thesen überlief, wurde von Heller laufend in seine Studien zu den Weimarer Staatsrechtler-Kontroversen, dann aber systematisch in die in Frankfurt und Madrid 1932/33 fast abgeschlossene „Staatslehre" eingearbeitet.

In der „Staatslehre" findet sich neben den bei Heller geläufigen historischen Studien Otto Gierkes – heute nur mehr fachintern bekannte – Literatur zur Genese und zum Wandel des Staats-Begriffs, so etwa die Studien des Wiener (sozialdemokratischen) Historikers Ludo Moritz Hartmann (1865-1924) über den spätantiken und frühmittelalterlichen Staat,[133] die Arbeiten des preußischen Ge-

131 Friedrich Engels (eventuell gem. mit Karl Marx): „Latter-Day Pamphlets" – edited by Thomas Carlyle (London 1850), in: Marx-Engels-Werke 7, Berlin 1978, 255-265 und Wilhelm Dilthey: Thomas Carlyle (1890), jetzt in ders.: Die Jugendgeschichte Hegels und andere Abhandlungen zur Geschichte des deutschen Idealismus.(=Dilthey Gesammelte Schriften 4, hrg. von Herman Nohl), 2. Auflage, Leipzig-Berlin 1925, 507-527.

132 Hermann Heller: Hegel und der nationale Machtstaatsgedanke (wie Anm. 90), 185-187.

133 Vgl. Günter Fellner: Ludo Moritz Hartmann und die österreichische Geschichtswissenschaft, Wien-Salzburg 1985.

neralarchivdirektors und Droysen-Schülers Reinhold Koser (1852-1914) über "Staat und Gegenwart in der neueren Zeit"[134] oder des Rostocker Mediävisten Hans Spangenberg (1868-1936) Studie über „Vom Lehnstaat zum Ständestaat" (1912).

Heller übte seit 1926 vermehrt Kritik am Machtstaatsgedanken der deutschen Historikerzunft, der sich etwa bei Georg Below und Otto Westphal antisoziologisch kultivierte.

Im "Krisis"-Aufsatz von 1926 deutete Heller Kritik an Belows antisoziologischen, im Geist von „Deutscher Romantik" und historisierender Geschichtsideologie gehaltenen Ressentiments an. In einem von Heller notierten Aufsatz Belows wider die „Soziologie als Lehrfach" (1919) hielt dieser im Lamprecht-Streit ausgewiesene anti-republikanische Historiker die Soziologie nicht nur für ein Verfallsderivat der „Novemberrevolution" von 1918 und ein Kampfinstrumentarium der sich um Carl Heinrich Becker organisierenden preußischen sozialdemokratischen Hochschulverwaltung, sondern explizit auch für ein Symptom des nach dem Weltkrieg drohenden Verfalls des deutschen Machtstaatsideals, eine Gefahr für den deutschen historischen Geist und die von Below herbeigesehnte nationale Revanche. In der Soziologie sah Below 1919 die Gefahr, Ideen nationaler Resignation vorzubereiten: „Unser Unglück ist es doch, daß es uns an ´Bismarckscher Machtpolitik´ gefehlt hat. Soll auf den Universitäten und Schulen nach sozialistischem Rezept gelehrt werden, daß ein Staat ohne Machtpolitik bestehen könne?"

Below, der gegen die Bemühungen zur akademischen Verankerung der Soziologie die „romantische Theorie vom Volksgeist" als Grundlage des zu verteidigenden historistischen Paradigmas hochhielt, hat – zum offenkundigen Mißfallen Hellers – Soziologie pauschal mit drohender materialistischer, naturalistischer und positivistischer Gefährdung sogenannten deutschen Geistes, mit einem Sieg von Comte, Spencer und Buckle über Hegel, über Droysen und Treitschke gleichgesetzt.

Below verteidigte die Linie des borussischen Machtstaatshistorismus von Sybel und Treitschke als wissenschaftliche und politische Basis-Ideologie des im imperialistischen Weltkrieg besiegten Deutschland. Gegen die „aus Frankreich und England importierte positivistische, naturalistische ´Soziologie´" rief Below die deutsche an der Sphäre des Staatlichen orientierte, eine individualisierende geschichtliche Methodologie pflegende Tradition von Dilthey, Eucken, und jene der Historiker Meinecke, Oncken, Rachfahl auf.[135]

---

134 Vgl. Otto Hintze: Reinhold Koser, in: Historische Zeitschrift 114 (1915), 65-87.

135 Georg von Below: Soziologie als Lehrfach. Ein kritischer Beitrag zur Hochschulreform, in: Schmollers Jahrbuch für Gesetzgebung, Verwaltung und Volkswirtschaft

Heller setzte seine Kritik an dem von den dominierenden Historikern in antisoziologischer Abgrenzung entwickelten Staatskultus auch in einer Auseinandersetzung mit dem angehenden rechtsvölkischen Historiker Otto Westphal (1891-1950), einem Verfechter der „Ideen von 1871", fort.[136]

Westphal, früh in Kontakt zu Nazikreisen, entschiedener Kämpfer gegen die „Locarno-Linie", selbst Friedrich Meinecke zu den „Feinden Bismarcks" zählend, schrieb 1921 den imperialistischen Weltkrieg zur Differenz zwischen deutschem und westeuropäischen Staats- und Gesellschaftsdenken hoch, was Heller 1926 zu folgender kritischer Bemerkung führte: "Otto Westphal, 'Bemerkungen über die Entwicklung einer allgemeinen Staatslehre in Deutschland', in 'Von staatlichem Werden und Wesen. Festschrift für Erich Marcks, Stuttgart 1921, S. 27', meint, es habe die Verschiedenheit der Auffassung, ob man in dem Staate oder in der Gesellschaft den Zentralbegriff für das Völkerleben zu suchen habe, eine der Hauptausdrucksformen für den Weltkriegsgegensatz zwischen deutscher und westlicher Eigenart gebildet; es sei 'aus tiefer ursprünglicher Abweichung ein Krieg auch auf dem Gebiet der Staatsmeinungen gewesen'."[137] Westphal nahm für seine Gegenüberstellung von „deutschem Staat" und „westlicher Gesellschaft" eine entsprechende von Oswald Spengler in „Preußentum und Sozialismus" 1920 präsentierte Theorie vom Weltkrieg als antiwestlichem Kulturkampf auf. Gleich Below beklagte auch Westphal 1921 eine seit der Jahrhundertwende teils erfolgreiche Subversion „deutschen Geistes", wie sie im gesellschafts-geschichtlichen Denken Karl Lamprechts sichtbar geworden sei: „Gegen das Gestirn Hegel erhob sich das Gestirn Comte und Spencer. (...) Schließlich stand auch in Deutschland Comte fast in höheren Ehren als der verlästerte Hegel. (...) Haben sich ih[nen] doch gerade auch bei uns namhafte Männer, wie Wundt auf philosophischem, Lamprecht auf historischem Gebiet, anvertraut!"

Dagegen stellte Westphal – wiederum gleich Below – das Bollwerk des borussischen Historismus mit seinem wilhelminischen Staatskult – angeführt von Heinrich Treitschkes Kampf für das „Mysterium", für die „Würde und Majestät" des Staates im Gefolge von Hegel. Hier ähnelt Westphals Denken dem Hellers von 1919/20.

Rankes Staatsdenken huldigte Westphal gleichfalls, aber es galt dem revanchistischen Westphal als nicht mehr zukunftsorientiert, zumal Rankes Denken zu sehr ins religiös-theistisch Geistige, in die Sphäre der „unerforschlichen Hand

---

im Deutschen Reiche 43 (1919), 1271-1322. Vgl. Otto Gerhard Oexle: Ein politischer Historiker. Georg von Below (1858-1927), in: Deutsche Geschichtswissenschaft um 1900, hrg. v. Notker Hammerstein, Stuttgart 1988, 283-312.

136 Vgl. Hans Schleier: Die bürgerliche deutsche Geschichtsschreibung der Weimarer Republik, Berlin 1975, 27, 96-98, 243.

137 Hermann Heller: Die Krisis der Staatslehre (wie Anm. 45), 8.

Gottes“ gelenkt habe, während ein Dahlmann zeitgleich in seiner „Politik“ (1835) wieder als „politischer Historiker“ auf den Staat als einer „uranfänglichen“, „ursprünglichen und notwendigen Ordnung“ orientiert und so den Weg für Treitschke, den wahren Vollender Hegels, bereitet habe, für einen Treitschke, der den Staat als an den „ungebärdigen Kräften“ von Gesellschaft, Kultur und Religion sich abarbeitende Zentralkategorie exponiert hat.

Westphal bedauerte, daß die Linie Hegel, Dahlmann, Treitschke mit ihrem historisch-politischen, materiell „wirklichkeits-erfüllten“ Staatsbegriff nach der Reichsgründung von 1871 ins Juristische und Logische verbogen worden sei, womit Westphal seine Kritik am Staatsrechtspositivismus der Labandschen Schule andeutet, woraus auch Georg Jellineks „Allgemeine Staatslehre“ nicht herausgeführt habe: „Wie etwa das Wesen der Geschichtsschreibung in einer formalistischen Geschichtslogik, einer neoidealistischen Verkoppelung von Empirismus und Logizismus klargestellt werden sollte, (...) so erging es auch dem Staate.“ – wo eben Jellinek dem Windelband-Rickertschen Wertformalismus Ausdruck verschafft habe, und die Realität des Staates trotz aller „reicher und untadeliger Empirie“, die sich in Jellineks Hauptwerk finde, hinter einer „abstrakten Methodologie“ versteckt habe, die unter dem Anspruch der Metaphysikkritik auftrete und gerade dadurch der verfemten Metaphysik anheimfalle. Spöttisch fragte Westphal, ob es keine Metaphysik sei, wenn Jellinek in der Staatszwecklehre vom Fortschritt von Kultur orientiert am Ideal vollendeter menschlicher Solidarität spricht, wenn Jellinek in seiner Staatsdefinition von der „mit ursprünglicher Herrschermacht ausgerüsteten Verbandseinheit seßhafter Menschen“ die „logizistische Einstellung“ eines mit dem „äußeren Gebietsbegriff“ verkoppelten Rechtsgedanken zum Ausdruck bringt. Erst mit der katheder- und staatssozialistischen Einstellung von Adolf Wagner und mit der von – Hellers Lehrer – Richard Schmidt inaugurierten historisch-realistischen Richtung sei der Staats-Gedanke wieder in die Bahnen von Treitschke zurückkehrend als Schlüssel-Realität, die es gerade in der Krise der revanchistisch-imperialistischen Kreise nach 1918 hochzuhalten galt, rehabilitiert worden. Der Staat, der bei Jellinek zur „Relation“ herabgesunken sei, erscheint Westphal in der Schmidtschen Staatslehre wieder als „Realität“, als „Individualität“.[138]

Die bürgerliche Historikerzunft stieß bei Heller vor allem wegen ihrer ahistorisch inflationären Verwendung des Begriffs „Staat“ auf Ablehnung. Gegen Belows Buch „Der deutsche Staat des Mittelalters“ (1914) wandte Heller in der „Staatslehre“ ein, daß bei allen Verdiensten, die Below bei der Korrektur „der

138 Otto Westphal: Bemerkungen über die Entwicklung einer allgemeinen Staatslehre in Deutschland, in: Vom staatlichen Werden und Wesen. Festschrift Erich Marcks zum 60. Geburtstag, hrg. v. Ludwig Bergsträßer u.a., Stuttgart-Berlin 1921, 25-42.

naturrechtlichen und insbesondere der Hallerschen Auffassung der politischen Welt des Mittelalters“ zugebilligt werden müßten, dieser durch eine grenzenlose Ausweitung den „historischen Staatsbegriff völlig denaturiert“ hat.

Unter Berufung auf Max Webers „Wirtschaft und Gesellschaft“, aber auch unter Hinweis auf die historischen Abschnitte in Karl Marx′ „Kapital“, sowie mit Blick auf Friedrich Engels′ „Ursprung der Familie, des Privateigentums und des Staates“ behauptete Heller gegen Below, dem Mittelalter sei die Vorstellung einer „Vielzahl souveräner Staaten“ völlig fremd. Max Weber habe den Staat im Rahmen seines Konzepts formaler Rationalisierung zu Recht als neuzeitlich bürgerlich-kapitalistische bzw. aufgeklärt-absolutistische Kategorie gefaßt: „Die organisatorische Entwicklung zum modernen Staat ist gekennzeichnet durch die Überführung der sachlichen Herrschafts- und Verwaltungsmittel aus Privatbesitz in öffentliches Eigentum, durch Enteignung der als subjektive Rechte geübten Herrschaftsgewalt zugunsten des absoluten Fürsten und sodann des Staates.“

Der Hohenzollern-Verehrer Below hat – so Hellers Vorwurf – mit seiner Staatsauffassung den gegenwärtigen Zustand ahistorisch zurückgespiegelt, den souveränen, neuzeitlichen Staat unterstellt, wobei die geschichtliche Streitfrage von der nationalliberalen Reichseinigungsideologie des 19. Jahrhunderts in widersprüchlicher Manier überlagert war. Hielten die einen (wie Karl Amira) große Stücke auf die „altgermanische Freiheit“, so glaubten andere (wie Rudolf Sohm) im frühen fränkischen Staat ein ebenso früh entwickeltes hohes deutsches Kulturniveau festmachen zu können: "Bestehen bleibt (gegen Belows Auffassung – Anm.) die Tatsache, daß es einen Staat im Sinne einer nach außen und innen verselbständigten, mit eigenen Machtmitteln kontinuierlich wirksamen Herrschaftseinheit, die territorial und personell scharf umrissen gewesen wäre, während eines halben Jahrtausends im Mittelalter nicht gegeben hat."[139]

Als Ziel seines „Grundrisses“ hatte Below 1914 hingegen „den Nachweis für den staatlichen Charakter der deutschen Verfassung des Mittelalters“ benannt. Below wollte die Existenz einer vom feudalen Lehenswesen allenfalls durchbrochenen, aber keinesfalls aufgelösten zentralen Herrschaftsgewalt nachweisen: „Ich stelle mir die Aufgabe, den Staat des Mittelalters als Staat, die mittelalterliche Verfassung als staatliche Verfassung zu erweisen und abzugrenzen, das, was die alte Verfassung von der neueren trennt, aber auch das, was sie mit ihr verbindet, herauszuheben.“

In Auseinandersetzung mit der Tradition der deutschen Verfassungsgeschichtsschreibung des 19. Jahrhunderts, etwa – ablehnend mit C.L. v. Hallers

---

139 Hermann Heller: Staatslehre (wie Anm. 50), 222, 227. – Vgl. Ernst-Wolfgang Böckenförde: Die deutsche verfassungsgeschichtliche Forschung im 19. Jahrhundert. Zeitgebundene Fragestellungen und Leitbilder, Berlin 1961, 179-183, 204-207.

„Patrimonialstaatstheorie", wonach die Verfassung an das Grundeigentum gefesselt war und bloß auf privat-rechtlichen Beziehungen beruht hat, und in Auseinandersetzung mit den Schriften der Rechtshistoriker K.F. Eichhorn, Georg Waitz, Paul Roth, Otto Gierke, Rudolf Sohm oder Karl von Amira, der Feudalismus-Theorie G.W.F. Hegels oder in Diskussion der von Heinrich Leo bzw. Friedrich Julius Stahl gegen den naturrechtlichen contrat social gerichteten Theorien versuchte Below seine Position zu belegen: „Die Untersuchung wird ergeben, daß, so charakteristisch für das Mittelalter das Vordringen des privaten Moments in die Verfassung ist, seine Grenzen doch enger bleiben, als gemeinhin angenommen wird. An den einzelnen Verfassungseinrichtungen werden wir beobachten, daß die staatlichen Elemente zahlreich sind und auch da zum Vorschein kommen, wo das Privatrecht die Situation zu beherrschen scheint. Das, was die Dinge zusammenhält, ist doch der Staat. Jene Zeit hat einen Staat im vollen Sinn des Worts und ein öffentliches Recht gekannt."

Below folgte Georg Waitz' „Verfassungsgeschichte" dort, wo dieser die öffentlich-rechtlichen Momente des Mittelalters betonte, dort wo Waitz „für die ganze von ihm behandelte Zeit im Kern den staatlichen Charakter der Verfassung" reklamierte, dort wo Waitz Auffassungen vom völligen Erlöschen allen staatlichen Charakters im nachkarolingischen Hochmittelalter widersprach. Weniger folgte Below dort, wo Waitz den privatrechtlichen Charakter des (fränkischen) Königtums hervorstrich.

Gierkes Theorie des Gegensatzes und des Kompromisses von herrschaftlichem und genossenschaftlichem Prinzip als Grundkategorie deutscher Verfassungsentwicklung akzeptierte Below distanziert. Gierke hatte ja 1873 im zweiten Band des „deutschen Genossenschaftsrechts" schroff gegen Rechtshistoriker wie Sohm Stellung genommen, die den altgermanischen, merowingischen und karolingischen Staat nach der juristisch-begrifflichen Dogmatik eines modernen Staatsrechtslehrbuchs als einheitlichen Untertanenverband schilderten, die fränkischen Rechtsquellen – wie die Kapitularien Karls des Großen – als eine Art Reichsgesetzgebung im Sinne des Jahres 1871 erscheinen ließen, die Lex Salica in ein Verfassungsgesetz transformierten oder das fränkische Königtum in den Kategorien der Gewaltenteilungslehre von vollstreckender und gesetzgebender Gewalt interpretierten.[140]

In einer 1925 veröffentlichten Autobiographie meinte Below hingegen, er habe Sohms These von der Existenz des frühmittelalterlichen Staates übernommen und auf das ganze Mittelalter ausgedehnt: „Meinen Ausgang hatte ich, wie früher angedeutet, von Sohm genommen; er hatte aber den staatlichen Charakter

140 Georg von Below: Der deutsche Staat des Mittelalters I. Ein Grundriß der deutschen Verfassungsgeschichte, Leipzig 1914, III, VIII, 7f., 54, 56f., 67.

nur für die fränkische Verfassung reklamiert, während ich ihn gerade auch für das weitere Mittelalter behaupte. In erster Linie richtete sich mein Buch (von 1914 – Anm.) gegen Gierke."[141]

Heller polemisierte gegen die Supponierung eines modernen Staatsbegriffs und die Erklärung des Staates unter Rückgriff auf prä-, urhistorische, antike und feudale Verlaufsreihen. Heller hatte hierbei in der „Staatslehre" die Arbeiten von Felix Rachfahl über „Staat, Gesellschaft, Kultur und Geschichte" (1924) und Eduard Meyers nach 1918 vielgelesene „Geschichte des Altertums" im Blick: "Um das eigenartige Gewordensein des heutigen Staates zu verstehen, ist es, wie gesagt, nicht erforderlich, seine 'Vorläufer' bis in uralte Zeiten oder gar in die menschliche Urzeit zurück zu verfolgen. Wo solche Versuche unternommen wurden, ging in der Regel das verloren, worauf es uns besonders ankommt: das historische Bewußtsein davon, daß der Staat als Name und als Wirklichkeit etwas geschichtlich durchaus Einzigartiges ist und in dieser seiner neuzeitlichen Individualität nicht in frühere Zeiten hineingeschmuggelt werden darf."[142]

Felix Rachfahl (1867-1925),[143] gleich Below als Lamprecht-Gegner exponiert und auch in staatsgeschichtliche Kontroversen mit Juristen, so mit dem Wiener Staats- und Verwaltungsrechtler Friedrich Tezner hervorgetreten,[144] hatte 1924 in einer Sammelstudie zu geschichtstheoretischen Fragen unter Berufung auf Heinrich Rickert den Fortschrittsbegriff des Historischen Materialismus bekämpft und die absolute Frontstellung der Staatsgeschichts-Schreibung gegen zu Hilfsdisziplinen degradierte kultur- und sozialgeschichtliche Ansätze begründen wollen, indem er gegen die Differenzierung von Staat und Gesellschaft, wie sie sich ihm bei Hegel, Marx oder Lorenz von Stein anzubahnen schien, anging.

---

141 Georg Below: Selbstdarstellung, in: Die Geschichtswissenschaft der Gegenwart in Selbstdarstellungen, hrg. v. Sigfrid Steinberg, Leipzig 1925, 1-49, hier 40. – Vgl. Hans Cymorek: Georg von Below und die deutsche Geschichtswissenschaft um 1900, Stuttgart 1998, 110f.

142 Hermann Heller: Staatslehre (wie Anm. 50), 221.

143 Vgl. Felix Rachfahl: Selbstdarstellung, in: Die Geschichtswissenschaft der Gegenwart in Selbstdarstellungen, hrg. v. Sigfrid Steinberg, Leipzig 1926, 199-222.

144 Rachfahl und Tezner warfen sich in einem zwischen 1899 und 1901 ausgetragenen Streit über den Charakter des landständischen Dualismus gegenseitig Verwendung von „modernisierenden" Begriffen vor. Otto Brunner sollte 1939 schreiben, daß beide Kontrahenten „die Unanwendbarkeit des der englischen Verfassungsgeschichte entnommenen Begriffs der Repräsentation" übersehen haben. Vgl. Otto Brunner: Moderner Verfassungsbegriff und mittelalterliche Verfassungsgeschichte, in: MIÖG-Ergänzungsband 14 (1939), 513-528, hier 526. – Felix Rachfahl: Der dualistische Ständestaat in Deutschland, in: Jahrbuch für Gesetzgebung, Verwaltung und Volkswirtschaft 26 (1902), 1063-1117. Vgl. dazu Friedrich Tezner: Technik und Geist des ständisch-monarchischen Staatsrechts. (=Staats- und socialwissenschaftliche Forschungen 19/3, hrg. v. Gustav Schmoller), Leipzig 1901.

Vor diesem Hintergrund schrieb Rachfahl, Ideen von Treitschke aufgreifend, gegen die aristotelische Staatstheorie und gegen die Leugnung der Uranfänglichkeit des Staates in der naturrechtlichen Tradition. Ferdinand Tönnies' These vom Staat als sekundärem Phänomen gesellschaftlichen „Kürwillens" lehnte Rachfahl beleidigt mit dem Hinweis, daß der Staat weder ein Orchesterverein noch eine Aktiengesellschaft ist, ab, indem er unter Berufung auf den Althistoriker Eduard Meyer schrieb: „Der Staat steht an der Wiege der Menschheit und des menschlichen Gemeinlebens und wird dauern bis zu ihrem Aufhören, solange es eine menschliche Gesellschaft überhaupt noch gibt."[145]

In seinem Antipoden Carl Schmitt fand Heller einen späten Verbündeten gegen das Konzept der Belowschen oder Rachfahlschen Staats-Betrachtung. Schmitt, hierin von Otto Brunner beeinflußt, stimmte in einem Nachtrag zu seinem 1941 veröffentlichten Aufsatz „Der Staat als ein konkreter, an eine geschichtliche Epoche gebundener Begriff" Hermann Hellers in dessen in der „Staatslehre" vorgetragenen Kritik an Below so bei: „Bei dem Ausdruck 'mittelalterlicher Staat' haben Juristen schon früh die Begriffsverwischung empfunden, so Hermann Heller in seiner Staatslehre 1934 und Ernst Forsthoff in seiner Verfassungsgeschichte 1941." Heller und Forsthoff dienten Schmitt 1958 als Kronzeugen für die These von der historischen Epochengebundenheit des Staats – Schmitt 1941: „Diese Erhebung des Staatsbegriffes zum allgemeinen Normalbegriff der politischen Organisationsform aller Zeiten und Völker wird wahrscheinlich mit dem Zeitalter der Staatlichkeit selbst bald ein Ende nehmen."

Im Nachtrag 1958 beklagte Schmitt – Heller folgend – neuerlich die Inflationierung des Staatsbegriffs durch die deutsche Geschichtsschreibung des 19. Jahrhunderts. Schmitt erklärte Sohms und Belows Kategorien-Welt für anachronistisch.

Lob spendet Schmitt dem „geschichtlich-konkreten" Staatsbegriff Max Webers, der den Staat als „Bestandteil des occidentalen Rationalismus" analysiert hatte, und insbesondere dem Wiener Historiker Otto Brunner.[146]

Im Vorwort zur Neuauflage des „Begriffs des Politischen" von 1963 verwies Carl Schmitt auf Otto Brunner, der „in seinem bahnbrechenden Werk 'Land und Herrschaft' (1. Aufl. 1939)" den Übergang von der Epoche des mittelalterlich-feudalen Fehdesystems zum souveränen Flächenstaat, zur „Epoche der europäischen Staatlichkeit" auf neue Grundlagen gestellt habe und damit sein – Schmitts – dezisionistisch-existentialistisches, über die Vorstellungswelt des liberalen

145 Felix Rachfahl: Staat, Gesellschaft, Kultur und Geschichte, Jena 1924, 31f., 63-67, 77, 89.

146 Carl Schmitt: Staat als ein konkreter, an eine geschichtliche Epoche gebundener Begriff (1941), in: ders.: Verfassungsrechtliche Aufsätze aus den Jahren 1924-1954, Berlin 1958, 375-385, hier 380.

Rechtsstaats hinausweisendes „Kriterium des Politischen", das Feind/Freund-Prinzip, verifiziert habe.[147]

Otto Brunner hatte die Kritik an der (nationalliberalen) Verfassungs-Geschichtsschreibung des 19. Jahrhunderts – vor allem Georg Belows und Rudolf Sohms – seinerseits unter Rückgriff auf die juristische Methodendiskussion der 1920er und 1930er Jahre vorgetragen. Schmitts antipositivistische „Verfassungslehre" (1928), Ernst Rudolf Hubers Polemik gegen das „positivistische Trennungsdenken" (1935), gelegentlich auch Hermann Hellers historisch-politische Analyse der „Souveränität" (1927) und Rudolf Smends „Integrationslehre" (1928) dienten Brunner dazu, diese ältere staatshistoriographische Methode der unzulässigen Rückprojizierung des liberalen Konstitutionalismus zu bezichtigen. Kelsens reiner Normativismus schien Brunner für mediävistische Zwecke unnütz.[148]

2.3. Heller und Johann Gustav Droysen

Johann Gustav Droysen (1808-1884), dessen Denken von Heller unter anderem nach Otto Hintzes Droysen-Nekrolog und nach der Droysen Biographie des jüngeren Gustav Droysen referiert wurde, ist gleich Treitschke und Ranke in die Hegelsche Linie gestellt. Heller griff 1920 aus Droysen dessen zu Hegel analoge Ablehnung des „abstrakten" Vertragsmodells aus Naturrechtszeiten auf: "Wieviel er (Droysen – Anm.) der Hegelschen Anschauung von Recht und Staat verdankt, geht schon aus seiner Meinung hervor, 'daß das wahre Vernunftrecht nichts gemein hat mit jenem faden Radikalismus, der in jedem Augenblick den Staat und das Recht von neuem anfangen und aus utopischer Abstraktion ableiten zu können meint, sondern daß in dem Gewordenen selbst und in dem Wege, wie es geworden, dem forschenden Auge sich die ewige Vernunft jenes Werdens offenbart.'" Droysens Ablehnung des individualistischen Vertragsgedankens deckt sich nach Heller mit Hegels „Rechtsphilosophie". Heller zeichnete nach,

---

147 Carl Schmitt: Der Begriff des Politischen (Text von 1932), Berlin 1963, Vorwort aus 1963, 14. – Vgl. Willi Oberkrome: Volksgeschichte. Methodische Innovation und völkische Ideologisierung in der deutschen Geschichtswissenschaft 1918-1945. (=Kritische Studien zur Geschichtswissenschaft 101), Göttingen 1993, 147f., 202.

148 Zu Brunners Schmitt Rezeption, aber auch zur Rezeption anderer staatsrechtlicher Literatur des 20. Jahrhunderts vgl. Otto Brunner: Moderner Verfassungsbegriff und mittelalterliche Verfassungsgeschichte (wie Anm. 144) und Otto Brunner: Land und Herrschaft, 2. erg. Auflage, Brünn-Wien 1942. – Ergänzend Helmut Quaritsch: Otto Brunner. Werk und Wirkungen, in: Staat und Recht. Festschrift für Günther Winkler, hrg. von Herbert Haller, Wien 1997, 826-853.

wie Droysen in der „Historik" – gleich Hegel – die Macht als das entscheidende Staatskriterium herausgearbeitet hat. Allerdings deutete Heller Droysen als von Hegels Machtapotheose abgegrenzt, für Droysen handelte es sich bloß um einen real-historischen und nicht um einen idealen Zustand wie bei Hegel, bei Droysen mutiere der Staat nicht zum Asyl der Vernunft schlechthin: "Aus der Differenz seiner Weltanschauung mit der Hegelschen ergibt sich auch, daß er dessen Macht=Recht-Theorie nicht ohne weiteres mitmachen will und viel mehr geneigt ist, 'etwas Trostloses darin zu finden, daß es in dem Verhältnis von Macht und Recht keine festeren Garantien gäbe.'"[149] Hegels Ideen zum Gleichklang von „Herrschaft – Staat – Vernunft" wurden von Heller über Droysen rezipiert. Heller interessierte sich über die parallele Kritik am ahistorischen Naturrechts-Rationalismus hinaus für die analoge Theorie der Freiheit aus geschichtlicher Vernunft bei Hegel und Droysen, für das bei Droysen ähnlich wie bei Hegel konstruierte Spannungsfeld von Vernunft, Subjektivität und Wirklichkeit. Droysen stand dem idealistisch-hegelschen Erbe durchaus nahe. Droysen war dementsprechend für Hellers Staatslehre interessant, wenn dieser in Hegels Sinn sowohl Kritik an der ungeschichtlich universalistischen, formalistischen und imperativistischen Moralphilosophie Kants als auch Kritik am Volksgeist-Traditionalismus der (romantisch-irrational und restaurativ ausgelegten) Savigny-Schule übte.[150]

Droysens Reserve gegen Hegel aus philologisch-historischer, also quellenkritischer Perspektive war aber auch für Heller – wie im Fall von Ranke – nicht zu übersehen, auch wenn Hegel Droysen zur Abwehr eines rein antiquarischen Historismus diente. Droysens Historismus war nämlich noch nicht von der geschichts-philosophischen Blindheit der bürgerlich akademischen Universitäts-Historiographie nach 1850 geschlagen, vielmehr war Droysens „Historik", die Heller studiert hat, Hegels geschichtlicher Theorie der „sittlichen Mächte" verpflichtet.

Droysen stellte – wenngleich auch schon von Burckhardt'scher Skepsis angehaucht – die Frage nach dem Fortschritt in der Geschichte, nach Geschichte als dialektischem Prozeß von Rationalität und Irrationalität. Droysen übte im Geiste Hegels Kapitalismuskritik, deutete Geschichte aber trotzdem noch optimistisch als Emanzipationsprozeß (in primär nationalstaatlichen Kategorien).[151] Zu

149 Hermann Heller: Hegel und der nationale Machtstaatsgedanke (wie Anm. 90), 205-209.

150 Vgl. Friedrich Jäger: Bürgerliche Modernisierungskrise und historische Sinnbildung. Kulturgeschichte bei Droysen, Burckhardt und Max Weber, Göttingen 1994, 43-63.

151 Vgl. Jörn Rüsen: Begriffene Geschichte. Genesis und Begründung der Geschichtstheorie J.G. Droysens, Paderborn 1969 und ders.: Die sittliche Macht der Ge-

Droysens zehn Jahre jüngerem Basler Historikerkollegen Jakob Burckhardt (geboren 1818), dem Skeptiker des bürgerlichen National- und Machtstaats angesichts des Reichseinigungsjubels deutscher Historiker 1871,[152] aber auch dem Skeptiker der ihm für den kulturellen Prozeß bedrohlich scheinenden „Massendemokratie" im Licht der zeitgleichen Pariser Kommune, dem bildungsbürgerlich elitären Wahrer kultureller Kontinuität gegen (liberalen) Fortschrittsoptimismus, hat Heller nicht näher Stellung bezogen, obwohl er Burckhardts „Kultur der Renaissance in Italien" und dessen „Weltgeschichtliche Betrachtungen" konsultierte. Dies mag an Burckhardts Hegel-Ferne gelegen haben, auch wenn es in den „Weltgeschichtlichen Betrachtungen" – wie Karl Löwith in seiner Burckhardt-Biographie 1936 ausführte – durchaus hegelianische Motive zu Fragen von Macht und Krieg gab. Löwith betonte aber auch die Differenzen, Burckhardts völlige Ablehnung der Hegelschen Geschichtsphilosophie, Burckhardts ständiges Abwägen von bellizistischen und pazifistischen Argumenten, das Dunkle der Macht bedenkend, Burckhardts Auffassung vom Staat als dem gerade nicht „vernünftigen Ganzen der Sittlichkeit".[153]

Burckhardts Studien zur Staaten- und Kulturgeschichte wurden außer von Heller auch von seinen Juristenkollegen zitiert, so von Carl Schmitt im „Begriff des Politischen", vor allem aber im zwischen 1947 und 1951 entstandenen „Glossarium", in dem Schmitt Burckhardt für Reflexionen über die Ambivalenzen von Recht und Macht heranzog,[154] während der Staatsrechtler Rudolf Smend in einer völligen Fehlinterpretation im Herbst 1945 in seinem Göttinger Universitätsvortrag „Staat und Politik" Burckhardt mit Treitschke als Machtstaats-Anhänger, der dem Nazifaschismus „wesentlichen Vorschub geleistet" habe, hingestellt hatte.[155]

---

schichte – Johann Gustav Droysen, in: ders.: Konfigurationen des Historismus, Frankfurt 1993, 226-275.

152 Vgl. Werner Kaegi: Jacob Burckhardt. Eine Biographie V, Basel-Stuttgart 1973, 468-502.

153 Vgl. Karl Löwith: Jacob Burckhardt. Der Mensch inmitten der Geschichte, Stuttgart 1966, 97-133.

154 Vgl. Carl Schmitt: Der Begriff des Politischen (wie Anm. 147), 25. – Vgl. Carl Schmitt: Glossarium. Aufzeichnungen der Jahre 1947-1951, hrg. von Eberhard Medem, Berlin 1991, 139, 169 – Vgl. zu Schmitts Anmerkungen zum „Bösen" der Macht bei Burckhardt oder Nietzsche auch Heinrich Meier: Carl Schmitt, Leo Strauss und „Der Begriff des Politischen". Zu einem Dialog unter Abwesenden, Stuttgart-Weimar 1998, 67, 147.

155 Vgl. Rudolf Smend: Staat und Politik (1945), in: ders.: Staatsrechtliche Abhandlungen und andere Aufsätze, Berlin 1955, 363-379.

In der Einleitung zur Habilitationsschrift bekannte sich Heller 1919 zu Otto Gierke „Althusius" (1880) und dessen vierbändigem Großwerk „Deutsches Genossenschaftsrecht" (1868ff.). Heller schrieb im Vorwort Gierke huldigend: Dieser Arbeit „schwebt als weitere Aufgabe vor, Gierkes Johannes Althusius, der den politischen Gedankengehalt eben bis zu Hegels Zeiten in unerreichter Meisterschaft ausschöpft, in aller bescheidenstem Umfange und in einer ganz bestimmten Richtung fortzusetzen. Notwendig erscheint dieses letztere Unternehmen vor allem deshalb, weil es in der heutigen Staatslehre so gut wie unbekannt ist, daß die meisten unserer grundlegenden modernen Begriffe über den Staat und die Gesellschaft, eben jene, die Gierke in der Literatur bis 1800 vermißt, von Hegel geprägt worden sind."[156]

In Gierke sieht Heller den Rechtshistoriker und Juristen, der die vor Hegel liegende, bis zu Kant und Fichte reichende naturrechtlich kontraktualistische Staatsauffassung personal-individualistischen Charakters zwecks Überwindung aufgearbeitet hat. Heller würdigte Gierke als den Restitutor des Staats als organischer Persönlichkeit, als Erbe Hegels, als Überwinder des naturrechtlichen Vertragsgedankens bis einschließlich Kant und Fichte aber auch als Gegner einer bloß lebensphilosophisch-romantischen rechtshistorischen Volksgeist-Mystik.

Heller schreibt Gierke das Verdienst zu, im letzten Drittel des 19. Jahrhunderts wieder – implizit – an Hegels Staatstheorie angeknüpft zu haben, nachdem diese sowohl vom privatrechtlichen Zweig der historischen Rechtsschule um Savigny und Puchta als auch der staatsrechtspositivistischen Schule um Gerber und Laband übergangen worden war: „Mit dem Erfassen des Staates als eines transpersonalen Machtganzen war in der Staatslehre auch die Beseitigung des bis auf Hegel noch recht unerschütterten Dogmas vom Staatsvertrag als eines ideellen Maßstabes der Rechtmäßigkeit der Macht verbunden, und an die Stelle der Staatsvertragsidee tritt nun, und zwar meist unmittelbar unter dem Einflusse Hegels, der Gedanke der überindividuellen Staatspersönlichkeit, bei vielen auch das Bild vom Staat als Organismus. Merkwürdigerweise ist Hegel, soweit ich sehe, als Schöpfer dieser Staatsauffassung so gut wie unbekannt geblieben."[157]

Heller verband die Konzeption seines Hegel-Buchs aber nicht nur direkt mit Gierke, sondern auch mit Meineckes „Weltbürgertum und Nationalstaat" vom Jahr 1907/08.

156 Hermann Heller im mit Mai 1919 datierten Vorwort zu „Hegel und der nationale Machtstaatsgedanke" (wie Anm. 90), 24.

157 Ebenda, 189-192.

In der rezensierenden Kritik wurde Hellers Hegel-Buch deshalb auch einem zeitgleich veröffentlichten Werk gegenübergestellt, Franz Rosenzweigs (1886-1929) zweibändiger Monographie „Hegel und der Staat". Rosenzweig widmete diese seinem Lehrer Friedrich Meinecke. Rosenzweig stellte sein Buch in den Zusammenhang der "deutschen Katastrophe" von 1918, initiiert vom Hegel-Kapitel in Meineckes "Weltbürgertum und Nationalstaat". Rosenzweig, der sich in die Linie der zerstrittenen Hegel-Biographik seit Karl Rosenkranz, Rudolf Haym und Wilhelm Dilthey einordnete, lobte in seiner Einleitung vom Jahr 1920, daß Meinecke Hegels Werk, das von Dilthey ins metaphysisch-kulturgeschichtliche verzeichnet worden sei, wieder als politisch-machtstaatliches System zurechtgerückt hat. Wo Dilthey bloß „kulturnationale" Wünsche bei Hegel gesehen habe, da habe Meinecke wieder das „Politische in Hegel" und den „machtstaatlichen" Sinn hervorgehoben – so Rosenzweig 1920.

In einem Epilog ordnete Rosenzweig die Vollendung von Hegels Staatsphilosophie im Lichte von 1871 – Bismarck -, 1914 und der lyrisch verklärten Niederlage Deutschlands im imperialistischen Ersten Weltkrieg unter Ausblendung der soeben von den reaktionären Kräften mit Hilfe von Freikorps und Sozialdemokratie niedergeschlagenen sozialen Revolution paradoxerweise unter Berufung auf den "Weg, den Friedrich Meinecke gewiesen hat", einer schulfremden Richtung zu: Während nach Rosenzweigs Auffassung die Hegelschen Schüler – namentlich Marx – "auf Seitenwege" abirrten, seien die "rüstigsten Wanderer" auf der Hegelschen Straße in der Regel "in mehr oder minder scharfem Gegensatz" zu Hegel gestanden, so ein Dahlmann, ein Stahl oder ein Treitschke. Heinrich Treitschke hat nach Rosenzweig das Verdienst, den Hegelschen Staatsgedanken dem "nationalen Gedanken" geöffnet zu haben: "Hier (bei Treitschke – Anm.) aber erhellt, wo und wie das Jahrhundert über Hegels Staatsgedanken entschlossen hinausgegangen ist und hinausgehen konnte."[158]

Der Historiker Otto Hintze nahm 1921 die beiden Hegel-Bücher von Rosenzweig und Heller in einer vergleichenden Rezension zur Kenntnis. Hintze besprach wiederholt in der „Historischen Zeitschrift", dem Flaggschiff der bürgerlichen Geschichtszunft, Schriften aus dem Umfeld des staatsrechtlichen Methodenstreits. So lobte er Hermann Hellers Buch über die „Souveränität" (1927) als „gedankenreich", so übte er dann aber Kritik sowohl an Franz Oppenheimers historisch-soziologischer, an Ludwig Gumplowicz anknüpfender Staatsauffassung (1926),[159] an Hans Kelsens reinem Normativismus (1927) und insbesondere

158 Franz Rosenzweig: Hegel und der Staat, 2 Bände, München-Berlin 1920 [Nachdruck Aalen 1962], Band 2, 241-243.

159 Otto Hintze: Soziologische und geschichtliche Staatsauffassung. Zu Franz Oppenheimers System der Soziologie, in: ders: Soziologie und Geschichte. Gesammelte

auch an der als „anti-neukantisch“ markierten, Georg Jellineks „Staatslehre“ als einer verflossenen liberalen Epoche angehörende Position verabschiedenden „Integrationstheorie“ Rudolf Smends (1929).[160]

Hintze sah Heller und Rosenzweig auf der Spur von Meineckes "Weltbürgertum und Nationalstaat". Hintze billigte der Rosenzweigschen Arbeit gegenüber der Hellerschen ein höheres Maß an Hegel-Philologie zu. Hellers Textinterpretation sei aber ungleich kräftiger als bei Rosenzweig. In der Sache stelle Heller Hegel unzulässig in die Linie der kleindeutschen Historiker mit ihrer intellektuellen Fixierung am Reichseinigungsjubel von 1871: "Rosenzweig ist meiner Ansicht nach durchaus im Recht mit der Behauptung, daß Hegel niemals die Gleichung national = staatlich vollzogen habe. Das haben freilich auch die Kleindeutschen nicht in vollem Umfange getan; aber die Kluft, die in dieser Beziehung zwischen Haym und Hegel vorhanden ist, braucht nur angedeutet zu werden. Den Machtstaatsgedanken hat allerdings der Verfasser (Heller – Anm.) ganz richtig herausgearbeitet und viel wirksamer als Rosenzweig zur Darstellung gebracht." Die politischen Schlußfolgerungen, die Heller angesichts der sog. "Deutschen Katastrophe von 1918" zog, griff Hintze von links an, indem er der Machtapologetik den Rechtsgedanken entgegen stellte: "Am Ende seiner Vorrede erklärt er (Heller – Anm.), zu der Überzeugung gelangt zu sein, daß vieles in Hegels Machtpolitik als doktrinäre Überspannung abzulehnen sei, daß aber auch sehr vieles davon zur öffentlichen Meinung Deutschlands werden müsse, wenn die deutsche Nation sich in eine bessere Zukunft retten wolle. Mir scheint, daß es heute für uns realpolitisch richtiger sein würde, an das Recht als an die Macht zu appellieren und bei aller nüchternen Einsicht in die Tatsache, daß der Staat seinem Wesen nach Macht ist, doch die idealistische Apotheose der Macht, wie sie Hegel unternommen hat, einer kritischen Revision zu unterziehen."[161]

Der 1933 von den Nazis amtsenthobene Hermann Ulrich Kantorowicz (1877-1940), der nach 1918 wegen seines Kampfes gegen den Bismarck-Kult und gegen die rechte Kriegspropaganda von deutschnationalen Universitätskreisen

---

Abhandlungen zur Soziologie, Politik und Theorie der Geschichte, Göttingen 1964, 239-305.

160 Vgl. Otto Hintze: Staatslehre und Staatstheorie. I. Kelsens Staatslehre – II. Rudolf Smend, Verfassung und Verfassungsrecht, in: ders.: Soziologie und Geschichte (wie Anm. 159), 223-238. So äußerte Hintze gegen Smends Neigung, „einen Edel-Individualismus“ zu verlästern: „Der Verfasser ist ein abgesagter Feind des Liberalismus, den er gern mit dem Epitheton ′staatsfremd′ brandmarkt; seine Neigungen gehen mehr nach der faschistischen Seite.“

161 Otto Hintze: Rezension von Franz Rosenzweig: Hegel und der Staat (1920) und Hermann Heller: Hegel und der nationale Machtstaatsgedanke (1921), in: [Schmollers] Jahrbuch für Gesetzgebung, Verwaltung und Volkswirtschaft im Deutschen Reiche 45 (1921), 592-596.

massiv angefeindet und in der Laufbahn behindert wurde, besprach gleich Hintze die Hegel-Schriften von Rosenzweig und Heller in Einheit. Rosenzweig billigte er höhere historisch-philologische Feinheit zu, politisch schätzte er Hellers Schrift – im Unterschied zu Hintze – als „antimilitaristisch", Rosenzweigs eher als „militaristisch" ein. Beiden Hegel-Studien brachte Kantorowicz sowohl methodologisch als auch politisch Skepsis entgegen. So lehnte Kantorowicz Hegels dialektischen Idealismus ab und bedauerte, daß dessen Methode durch eine Flut von Arbeiten wie jene von Heller und Rosenzweig aufgewertet wird: „Ich habe den Mut, allen Hegelianern zum Trotz genau das zu sagen, was von 1840-1900 alle Welt sagte, bis dann die neue (übrigens schon wieder abflauende) Hegelschwärmerei begann: die dialektische Methode erweist sich, hier wie so oft, als Werkzeug der Erschleichung!" Vor allem bedauerte Kantorowicz, der Gegner der deutsch revanchistischen „Dolchstoßlegende", die Wiederaufwertung der Machtstaatsideologie auf den Spuren Hegels, Hegels Instrumentalisierung für den „Geist von Potsdam" und für die „Moltkesche Stahlbadtheorie".[162]

Franz Rosenzweig besprach dann 1923 selbst Hellers Hegelbuch für die „Historische Zeitschrift". Zutreffend beobachtete Rosenzweig, daß Heller die wichtige linke Wirkung von Hegel im Grunde ignoriert hat. Rosenzweig warf Heller vor, das „labile Gleichgewicht" der „realistischen und idealistischen Elemente" bei Hegel nicht adäquat gewichtet zu haben. Heller würde Hegel als eine Art „nationalliberalen Hegelianer der Bismarckschen Ära" betrachten: „Heller weiß sehr wohl, daß für Hegel die Gleichung von Macht und Geist gilt; aber in der Darstellung verschiebt sich ihm der Akzent ganz auf die Macht; charakteristischerweise spricht er nur von Hegels 'Machtmonismus', nicht (was ganz genau so richtig – und fast genau so falsch – wäre) von Hegels Geistmonismus."[163]

Die Hellersche Kommentierung zu Humboldts oder Schellings Stehenbleiben auf dem Niveau des „Kulturnationgedankens" im Stadium vor-machtstaatlich universalistischer Ideen war Meineckes „Weltbürgertum" genau so verbunden, wie Hellers Ausführungen zu den romantischen Zirkeln um Adam Müller. Meinecke seinerseits nahm Hellers Hegel-Schrift für die späteren Auflagen des

162 Hans Ulrich Kantorowicz: Rezension von Franz Rosenzweig: Hegel und der Staat (1920) und Hermann Heller: Hegel und der nationale Machtstaatsgedanke (1921), in: Archiv des öffentlichen Rechts 43 (1922), 133-137. Vgl. Monika Frommel: Hermann Ulrich Kantorowicz (1877-1940). Ein streitbarer Relativist, in: Streitbare Juristen. Eine andere Tradition, hrg. von Kritische Justiz, Baden-Baden 1988, 243-252.

163 Franz Rosenzweig: Rezension von Friedrich Bülow: Die Entwicklung der Hegelschen Sozialphilosophie (Leipzig 1920) und von Hermann Heller: Hegel und der nationale Machtstaatsgedanke in Deutschland (1921), in: Historische Zeitschrift 127 (1923), 305-308.

„Weltbürgertums" mit der Einschränkung, "Heller nicht in allen Auffassungen" zu folgen, zur Kenntnis.

Hegels Stellung gegen einen naturrechtlichen Universalismus, gegen den kantischen Rechtstaatsgedanken, Hegels Hinausgehen über den Vernunft- und Bildungsgedanken hin zur Machtstaatsidee, Hegels These von den Völkern, die ohne Staat auf das Niveau geschichts- und zugleich zukunftsloser Nationen zurückfallen, Hegels Enttarnung der kantischen Idee vom „ewigen Frieden" als Illusion, ferner Rankes nationalstaatlichen Antiuniversalismus und dessen Auffassung von der dialektischen Vermittlung von Staats- und Kulturnation interpretierte Heller als Meinecke-Kenner. In der Deutung der geschichtsphilosophischen Differenzen zwischen Hegels Identitätsphilosophie, Hegels „bewußtlosen Werkzeugen und Funktionären des Weltgeistes" auf der einen Seite und Rankes geschichtlichen „Individualitäten" sowie Rankes Auffassung, wonach „jede Epoche unmittelbar zu Gott" ist, folgt Heller gleichfalls Meinecke.[164]

Als junger Leipziger Privatgelehrter und Volkshochschuldozent besprach Heller in den Tagen seiner bei Gustav Radbruch erfolgten Kieler Habilitation Meineckes "Nach der Revolution" (1919), einer pastoral geratenen Zeitdiagnose nach Krieg und liquidierter Spartakus-Revolution. Heller lobte Meinecke als „mit dem ehernen Gang der Geschichte tief Vertrauten", der angesichts deutscher „Hoffnungslosigkeit" Mut, Trost zuspricht und Orientierung bietet.[165]

Heller lobte ein Meinecke-Buch, dem es 1918/19 in ausführlichem Krisen-Lamento eigentlich nur um die Wiedergewinnung nationaler Machtpositionen ging, da nur über eine imperialistische Stellung die deutsche kulturelle und zivilisatorische Entwicklung garantiert, sowie die perhorreszierte Spartakus-Revolution ferngehalten werden könne. Meinecke gestand dabei als „Herzensmonarchist" zu, daß der Weg zur „Vernunft-Republik" unausweichlich war.

Heller lobte mit Meineckes „Nach der Revolution" einen politischen Essay voller geschichtsmetaphysischer Vergleiche mit Rückgriff auf den Untergang des antiken Rom oder auf Preußens Niederlage gegen Napoleon (1806/07). Meinecke verklärte weiterhin den Krieg von 1870/71 und die „Kriegs-Stimmung" von 1914, während Meinecke allenfalls die „Annexionsziele 1915" kritisierte. Unter dem Druck des mandarinengelehrt diskriminierten Bolschewismus stimmte Meinecke einer partiellen Demokratisierung zu. Ohne Blick für die Brutalität des eben im Hungerelend beendeten Weltkriegs und für die konterre-

164 Friedrich Meinecke: Weltbürgertum und Nationalstaat (1. Auflage 1907, 5. Auflage 1918, 7. Auflage 1927), hrg. und eingeleitet von Hans Herzfeld. (=Friedrich Meinecke-Werke 5), München 1962, 238, 241, 260.

165 Hermann Heller: Rezension von Friedrich Meinecke: Nach der Revolution. Geschichtliche Betrachtungen über unsere Lage (1919), in: ders.: Gesammelte Schriften I, Leiden 1971, 726f.

volutionäre Barbarei der „Freikorps" denunzierte Meinecke aber Rosa Luxemburg und Karl Liebknecht als „trüben Bodensatz unter uns". Die Revolution galt Meinecke bloß als Folge verfehlter Kriegsplanung, überzogener Annexionsziele, ansonsten hätte es „einen gewiß nicht glänzenden, aber leidlichen Frieden, einen Hubertusburger Frieden" gegeben. Meinecke rechtfertigte immer noch den preußischen Militarismus, der nur von einer Ludendorffschen Militärkamarilla pervertiert worden sei. Kurz, Meinecke glaubte: Es fehlte 1914-1918 ein zeitgemäßer Bismarck, der wie der historische Bismarck 1871 den Militärs die Kriegsziele beschränkte. Die preußisch-deutsche Tradition lebte für Meinecke fort, nur deren „hybride" Ausläufer erklärte er für tot. 1914 hat für Meinecke den „nationalen Instinkt unserer (! – Anm.) Massen" demonstriert, die deutsche Junker- und Herrenkaste habe diesen aber nicht akzeptiert und an der Weiterentwicklung gehindert. Alle Kritik Meineckes geht also in die Richtung einer perfekteren nationalen Machtstaatsbildung, um diese Schlüssel-Kategorie kreist sein Denken auch 1919, hiefür wird er im Grunde von Hermann Heller gelobt.

Gerade einmal merkt Meinecke 1919 an, daß die „kapitalistische Bourgeoisie" die bürokratischen Eliten und die Militärkaste zu einer derartigen Kriegsaggression angestachelt hat, sodaß eine Reaktion der „radikalen Sozialisten" erfolgte. Naiv stellte sich Meinecke die Revolutionierung der Flottensoldaten vor, auch wenn er in einem aufleuchtenden Blick meinte, deren Schicksal „auf ihren finsteren eisernen Schiffen" ähnelt dem täglichen Los des Industrieproletariats: „Es war wie ein Symbol des seelischen Zustandes, in dem sich der Proletarier gegenüber den ungeheuren Maschinen des modernen Industrialismus befindet."

Weiters räsonierte Meinecke über einen Sozialismus in nationalem Rahmen, den er dem von ihm abgelehnten „internationalen Marxismus" als Art „Deutscher Sozialismus" gegenüberstellte, den er aber an der Unreife „unserer Massen" scheitern sah, einen Sozialismus als Klassenfriede von Bürgertum und Arbeiterschaft. In der Organisation eines „rationellen und lebensfähigen Sozialismus" auf der Basis des fortexistierenden Privateigentums an den Produktionsmitteln sah er die Möglichkeit, um Deutschland als imperialistischen Machtfaktor überleben zu lassen: „Denn das in sich zerrissene Deutschland bedarf heute des sozialen Friedens zwischen Bürgertum und Arbeiterschaft dringender denn je. Aber wir wissen auch heute, wie namenlos schwer dies Unternehmen ist, nicht nur wegen der ungeheuren Lasten, die der ausgemergelte deutsche Wirtschaftsorganismus fortan zu tragen hat, sondern vor allem wegen der furchtbaren moralischen Zerrüttung und Unreife unserer Massen." Dieses antimarxistische Sozialismus-Bild Meineckes hatte entsprechenden Einfluß auf Heller.

Besonders begeistert zeigte sich Heller von Meineckes nach Rankes Vorbild stilisiertem „Gespräch aus dem Herbst 1919" im Anhang zu „Nach der Revolution". Als „Eberhard" ließ Meinecke den Typus des national-imperialistisch, chauvinistisch, aristokratisch-feudal denkenden, an preußischen Offiziers- und Junkeridealen orientierten Reaktionär, einen Ludendorff- und Hindenburg-Anbeter, auftreten. Zugleich war „Eberhard" Hohenzollern-Monarchist, Siegfriedens-Anhänger, Massenverächter, kurz Gegner alles Demokratischen schlechthin, Exponent des sich neu organisierenden revanchistisch-völkischen Flügels.

Meineckes Position vertrat die Dialogfigur „Reinhold", auch er am preußischen Staats- und Kulturideal von „Völkerfreiheit" orientiert, als „Gesinnungsmonarchist" Bismarck, dem Jahr 1871 nachtrauernd, antisozialistisch, antibolschewistisch, von „Vertrauensdiktatur" schwärmend, aber angesichts der Verhältnisse Ebert und Noske „plus Studenten und [Freikorps- Anm.]Leutnants" verehrend, und deshalb eben „Vernunftrepublikaner", Anhänger des „Verständigungsfriedens", Gegner der These, daß Deutschland 1914 nur mehr die Option Krieg oder Untergang hatte, der angesichts der Kriegsdienstleistung der Massen an allgemeinem Wahlrecht, an Demokratisierung des Wilhelminischen Deutschland – in historischer Kontinuität stehend – nicht vorbeizukommen glaubt, der diese Demokratisierung aber nur als Vehikel zur Rückgewinnung deutscher „Größe" und „Völkerfreiheit" sieht: „Ich schwärme nicht für die Demokratie, aber sie ist unabwendbar." Schlußendlich könne das drohende „parlamentarische Regime" auch auf republikanischem Boden durch eine „Vertrauensdiktatur" in Schach gehalten werden. Auch als „Reinhold" spricht Meinecke vom Bolschewismus in der Kategorie der total zerstörten historischen Kontinuität, von „Chiliasmus" und „pathologischer Wucherung".[166] Heller fiel auf Meineckes Gestus „eines großen Sehers und Propheten" hinein, auf Meinecke, den historisierenden Hohepriester des durch die „deutschen Katastrophen" irritierten Bürgertums.

Heller war als Anti-Materialist anfällig für das hinter dem historistischen Individualitätsfetischismus verborgene Subjektiv-Irrationale bei Meinecke. Mit Meinecke optierte Heller für einen Historiker, der zwar völlig innerhalb der borussisch-wilhelminischen Historikerzunft stand, dort aber am gerade noch tolerierten „liberalen" Flügel agierte, der somit nach Mißerfolgen des deutschen Imperialismus als Seelentröster geeignet war.

Heller, der selbst über die deutsche und österreichische „Niederlage" 1918 enttäuscht war, nahm natürlich Meineckes Kritik an der extremen „Siegfriedens-Politik", an der extremen Annexionspolitik zustimmend zur Kenntnis, durch-

166 Friedrich Meinecke: Ein Gespräch aus dem Herbste 1919, in: ders.: Nach der Revolution. Geschichtliche Betrachtungen über unsere Lage, München-Berlin 1919, 8, 35f., 111. Hans Schleier: Die bürgerliche deutsche Geschichtsschreibung der Weimarer Republik, Berlin 1975, 39 zeigt, daß Meineckes „Nach der Revolution" durchaus der alldeutschen Fronde gegen den Sozialismus zugehörte, trotz aller Differenzen gegenüber einem Dietrich Schäfer etc.

schaute aber nicht, daß Meinecke – so dann auch im Zweiten Weltkrieg – zu den sogenannten „Laubfroschannexionisten“ zählte, das heißt zu jener Gruppe, die nach militärischen Siegen eine militante Kriegszielpolitik forderte, nach Niederlagen für den Verständigungsfrieden eintrat, – also je nach Kriegskonjunktur zwischen Bethmann-Hollweg und Ludendorff schwankte.

Heller erkannte nicht, daß Meineckes „Nach der Revolution“ ein „metaphysisch gestimmtes Klagelied“ eines „historisierenden Schamanen seiner Klasse“ war: „In seiner hohepriesterlichen Gebärde gleitet Meinecke nun vollends in reine Geschichtsmagie ab. Seine und seiner Zunftgenossen Geschichtstheologie gerät zum Opium für das deutsche Volk, anfangs, um es zum weltpolitischen Trip aufzuputschen, nach dem Kollaps, um die wahre Verantwortlichkeit für die jeweilige 'deutsche Katastrophe' zu vertuschen.“[167]

Es war durchaus kein Zufall, wenn Heller 1925 in den „Politischen Ideenkreisen der Gegenwart“ den Marxismus soweit akzeptierte, als dieser auch für die bürgerliche Welt der Historiker und Soziologen akzeptabel schien: „Das Fluidum marxistischer Gedanken hat wohl auf alle kulturwissenschaftlichen Leistungen der letzten Generation gewirkt. Unter dem bewußten und betonten Eindrucke von Marx stehen so hervorragende Gelehrte wie Ferdinand Tönnies, Max Weber, Ernst Troeltsch. Hervorgehoben zu werden verdient, daß ein liberaler Historiker vom Range Meineckes 1925 den Klassenkampf für eine nicht zu beseitigende Tatsache erklärt.“[168]

Heller bezog sich auf Meineckes Vortrag „Republik, Bürgertum und Jugend“ – gehalten im Demokratischen Studentenbund zu Berlin im Jänner 1925, in dem Meinecke wieder an die „schwarzweißroten“ Rechtsparteien appellierte, vom gewalttätigen Freikorps-Radikalismus, von einem Übermaß irrationaler Gewaltkultivierung und von der rabiaten antisemitischen Hetze abzulassen, sowie daran, im Interesse deutscher nationaler Machtstaatlichkeit die Weimarer Republik – das „Schwarzrotgold“ als Farbe gegen das „Spartakus-Rot“ – zu akzeptieren, nicht zuletzt da Meinecke unter Berufung auf ein Argument Georg Jellineks der Ausweg in Richtung antiparlamentarischer, temporärer „Vertrauensdiktatur“ gegeben schien.[169]

Den Klassenkampf anerkannte Meinecke nicht, wie Hermann Heller fälschlich annahm. Meinecke deutete ihn nur als Ausdruck des von Agitatoren wie August Bebel angestachelten Ressentiments Zukurzgekommener.

---

167 So richtig Imanuel Geiss: Kritischer Rückblick auf Friedrich Meinecke, in: ders.: Studien über Geschichte und Geschichtswissenschaft, Frankfurt 1972, 89-107.

168 Hermann Heller: Die politischen Ideenkreise der Gegenwart (wie Anm. 112), 391f.

169 Vgl. Harm Klueting: „Vernunftrepublikanismus“ und „Vernunftdiktatur“: Friedrich Meinecke in der Weimarer Republik, in: Historische Zeitschrift 242 (1986), 69-98.

Die Republik von 1918/19 diente Meinecke – er wiederholte dies auch 1925 unablässig – nur zur Stillegung des Klassenkampfs, eben dazu, „daß wir durch die Aufrichtung der demokratischen Republik die Arbeiterschaft von den Utopien des Marxismus loszulösen begonnen und uns alle dadurch vor dem Chaos des Bolschewismus bewahrt haben".[170]

Friedrich Meineckes „Weltbürgertum" (1908) und die 1924 veröffentlichte „Idee der Staatsräson" – mit der 1936 erschienenen „Entstehung des Historismus" als Trilogie angesehen – strahlten als Sinnstiftungsschriften über die engere Zunft hinaus, indem sie auch Teil rechtsphilosophischer Auseinandersetzung wurden. „Staatsräson" war für Meinecke die das Optimum staatlicher Entwicklung ermöglichende Brücke „zwischen Kratos und Ethos, zwischen dem Handeln nach Machttrieb und dem Handeln nach sittlicher Verantwortung". Die Staatsräson fand Meinecke angesiedelt im Spannungsfeld von „Naturhaftem und Geistigem": „So fließt das Handeln nach Staatsräson zwischen Licht und Finsternis andauernd hin und her."

Meinecke entfaltete sein Buch entlang der Linie des von ihm konstruierten Widerspruchs von naturrechtlich normativem Denken des idealen Staats gegen die Orientiertheit am wirklichen, geschichtlich-singulären Einzelstaat im Weltbild des Historismus. Weg vom rationalistischen Normativismus hin zum Geschichtlichen mit seinem Oszillieren zwischen den Polen von „Natur und Geist", „gesetzlicher Kausalität und schöpferischer Spontaneität" wollte Meinecke gelangen. Diffus, gläubig, irrational sprach Meinecke von Staatsräson als einem Begriff „geschichtlicher Individualität". Die Staatsräson als Kategorie konnte für Meinecke nur im Verbund des entstehenden deutschen Historismus seit der Zeit Mösers, Herders und Goethes nach 1750 neu aufblühen. Die Staatsräson wurde von Meinecke zu einem zentralen Schlüssel historischer Analyse angehoben: „Dieses Gesetz, das Gemeinschaft und Egoismus, Krieg und Frieden, Tod und Leben, Dissonanz und Harmonie ineinander schlingt, ist in seinen letzten metaphysischen Tiefen überhaupt nicht zu erkennen, in seinem Vordergrunde aber trägt es die Züge der Staatsräson."

Wie Heller unmittelbar nach 1918 dem Problem der Macht im Lichte der Niederlage des imperialistischen Deutschland nachgehen zu müssen glaubte, so wollte auch Meinecke, der Bismarck nach wie vor in den Rang einer Verkörperung wahrhaftig „guter" Staatsräson rückte, dem „Kultus der Macht und der Staatsräson", den man von seiten der westlichen Kriegsgegner Deutschland vorwerfe, nachspüren. Meinecke hielt an der deutschen „raison d'état" gerade im

---

170 Friedrich Meinecke: Republik, Bürgertum und Jugend (Vortrag 1925), in: Friedrich Meinecke: Politische Schriften und Reden, hrg. v. Georg Kotowski. (=Friedrich Meinecke Werke), Darmstadt 1958, 369-383, hier 370, 376.

Vergleich zur englischen „Herrschaft des Gesetzes“, die er als Ideologie abtat, fest.

Wie Heller lobte auch Meinecke dementsprechend den Transpersonalismus Hegels, wonach Weltvernunft mehr ist als summierte Individualvernunft im Sinne des Aufklärungs-Rationalismus.

Mit Blick auf die von Meinecke als „menschliche Bestie“, als „Rausch der Macht“ gezeichnete, aus Rousseauschem Kontraktualismus resultierende Französische Revolution habe Hegel den im „stoischen, christlichen und weltlichen Naturrecht“ herrschenden „Zwiespalt zwischen den absoluten Normen der Vernunft und den tatsächlichen Gesetzen und Hergängen des geschichtlichen Lebens“ überwunden.

Gleich Heller spricht auch Meinecke 1924 in der „Staatsräson“ in höchsten Tönen von Hegels „Sanktionierung des Machiavellismus“. Heller und Meinecke sind sich unabhängig einig, daß Hegels revolutionärer Gedanke darin bestand, den Machiavellismus „in den Zusammenhang einer idealistischen, alle sittlichen Werte zugleich umfassenden und stützenden Weltanschauung“ übergeführt zu haben, „während er früher sein Dasein immer nur neben dem sittlichen Kosmos, (...), geführt hatte“.

Gleich Heller rückte Meinecke Hegels Fragment „Freiheit und Schicksal“ und Hegels „Verfassung Deutschlands“ (1801/02) als Schlüsseldokumente über dessen Machiavellismus und Machtstaatslehre eingebunden in ein System spekulativer Vernunft ins Licht. Heller und Meinecke schreiben Hegel das Verdienst zu, den anrüchigen Machiavelli für den Zweck der deutschen nationalen Einheitsstaatsbildung „sittlich“ gemacht zu haben. Was Heller als Hegels Machtstaatsdenken ausführt, findet sich bei Meinecke als Hegelsche Restitution der Lehre von der Staatsräson: „Während die frühere schärfere Lehre von der Staatsräson einen Konflikt der Politik mit dem Rechte und der Moral zugegeben und nur den Primat und Sieg der Politik in diesem Konflikte behauptet hatte, war Hegel so kühn, die Tatsache eines Konfliktes überhaupt zu leugnen, denn ′jene wichtigste Rücksicht kann nicht als mit den Rechten und Pflichten oder der Moralität in Widerspruch stehend betrachtet werden′; ′der Staat hat keine höhere Pflicht, als sich selbst zu erhalten′.“

Meinecke, der den Historismus im Unterschied zu Ernst Troeltsch oder Benedetto Croce als deutsches Phänomen, als die zweite deutsche Revolution nach der Reformation deutete, stellte die Idee der Staatsräson und den auf „Individualität“ abstellenden Historismus als wahlverwandte Phänomene im Kampf gegen eine abstrakt-normative, Universalität beanspruchende Vernunft hin. Die Idee der Staatsräson sei untergegangen im Kontext des aufklärerischen Naturrechts, der Konstruktion des Staats auf der Basis des individualistischen Vertragsrechts, der überhistorischen Konstruktion eines Staates. Der Historismus als revolutionärer Bruch mit der Ideologie einer abstrakten Vernunft habe auch mit der rationalistischen Vorstellung vom Staat als „Maschinenwerk“ gebrochen. Den Historismus würdigte Meinecke als die „ewige Neugeburt des eigenartig Unvergleichlichen“ gegen die „ewige Wiederkehr des Gleichen“ im Naturrecht. Die Analyse der Staatsräson band Meinecke an eine angeblich notwendig mit einem irrationalistischen Minimum operierende, diffuse historistische Einfühlungsmethodologie. Meinecke stellt an sich die rhetorische Frage:[171] „Hängen nicht Geist und Natur so untrennbar zusammen, daß alle Kultur eines gewissen Nährbodens von Barbarei, alles Rationale des Irrationalen bedarf? Ist denn die volle Rationalisierung des Völker- und Staatslebens überhaupt ein Glück?“ Und dies, obwohl Meinecke im einleitenden Vorspann unter dem Titel der „Veredlung und Humanisierung der Machtpolitik“ vor der Gefahr der irrationalisierenden Überwucherung der Machtpolitik gewarnt hatte.

Der Historismus und sein identitätsphilosophischer Hegelscher Seitenweg finden bei Heller und Meinecke nachdrückliche Anerkennung, bei Heller eher der Hegelsche, bei Meinecke mehr der Rankesche Zweig: „Der alte Dualismus zwischen dem individuellen, dem wirklichen und dem besten, dem vernünftigen Staate hörte auf. Der wirkliche Staat war der vernünftige Staat.“

Hegels angebliche „Staatsvergötterung“, die Fänge von Hegels „Identitätsdenken“ stehen auf der Abschußliste Meineckes. Meinecke griff für die 1924 veröffentlichte „Staatsräson“ direkt auf Hellers Hegel-Buch zurück. Teils distanzierte sich Meinecke von Hegels Machtstaatspolitik, teils warf er Heller vor, Hegel einseitig ins Machtpolitische verzogen zu haben, so wie Heller dann 1927 nach dem Erscheinen des Buches über die „Souveränität“ angesichts der These von einer das Recht brechenden staatlichen Herrschaft von Seite sozialistischer Juristen ein latentes Überlaufen auf Schmittsche Positionen vorgeworfen werden sollte.[172] Meinecke formulierte seine Kritik an Hellers Deutung von Hegels

171 Über Meineckes – sich u.a. von Ernst Troeltsch abhebendes – Verständnis von Historismus als spezifisch deutscher „Anti-Aufklärung“, als gegen den rationalistischen Normativismus gerichteter Bewegung, als Wissenschaft mit individualisierendem Methodenanspruch vgl. Gerhard Oexle: Meineckes Historismus. Über Kontext und Folgen einer Definition, in: ders.: Geschichtswissenschaft im Zeichen des Historismus, Göttingen 1996, 95-136.

172 Vgl. Hermann Heller: Die Souveränität. Ein Beitrag zur Theorie des Staats- und Völkerrechts (1927), in: ders.: Gesammelte Schriften II, Leiden 1971, 31-202, hier 185 mit dem bekannt umstrittenen Leitsatz: „Das Resultat dieser Arbeit bildet die These: Souveränität ist die Eigenschaft einer universalen Gebietsentscheidungs- und Wirkungseinheit, kraft welcher sie um des Rechtes willen sich gegebenenfalls auch gegen das Recht absolut behauptet.“ – Vgl. Michael W. Hebeisen: Souveränität in Frage gestellt. Die Souveränitätslehren von Hans Kelsen, Carl Schmitt und Hermann Heller im Vergleich, Baden-Baden 1995, 432-435.

Staatstheorie so: „Derjenige Forscher (d.i. Heller – Anm.), der bisher am eingehendsten den Hegelschen Machtstaatsgedanken untersuchte, kam zu der Meinung, daß für ihn 'nationale Macht höchstes Ziel' war und daß sein Weltgeist nichts anderes sei als 'der Ausdruck für die sittliche Berechtigung der nationalistischen Weltmacht'. Darin kann man nur eine arge Vergröberung der Hegelschen Machtstaatslehre sehen, die das Mittel zum Selbstzwecke macht. Wohl gab Hegel der Staatsräson und dem Machtstaate freiesten Spielraum und sah in der äußeren Macht eines Volkes das Korrelat seiner inneren Tüchtigkeit. Aber das höchste, was er von ihrer Entfaltung erwartete, war nicht die nationale Macht an sich, sondern die nationale Kultur, die aus ihr, nicht unmittelbar bezweckt, aber organisch emporblühend, hervorgehen sollte." Man könne Hegel nicht – wie dies Meinecke bei Heller vorzuliegen schien – ein „grobes Machtziel" unterstellen, zumal dies Hegels These von der Weltgeschichte als dem „Fortschritt im Bewußtsein der Freiheit" widerspricht. Daß Heller selbst rechte Interpretationen Hegels – etwa jene des Völkerrechtlers Erich Kaufmann – als Instrumente im Dienste des Wilhelminischen Imperialismus abgelehnt hatte, übersah Meinecke, der festhielt, daß Hellers Darstellung von Hegel als Philosophen der nationalen und staatlichen Macht „übertreibend" ist.[173]

Ein Stück weit wollte Meinecke die „Staatsräson" als „Anti-Hegel", als „Anti-Machiavell", als „Anti-Ranke'" und „Anti-Treitschke" mit deren optimistisch harmonisierenden, bei Treitschke ins militante gesteigerten Nationalstaatsgedanken verstanden wissen. Meinecke verklärte dabei noch 1924 den preußisch-wilhelminischen Machtkultus Treitschkes, erklärte aber nunmehr – 1924 – unter explizitem Bezug auf die Folgen des Weltkriegs, daß gerade Treitschke im Machtstaatsdenken von 1871 regressiv verkommen ist, daß Treitschke zu Recht die „Macht" als „unentbehrlichsten und dauerhaftesten Wesensfaktor des Staates" in den Mittelpunkt gerückt hat, daß er aber übersehen hat, daß das „Wesen des Staates" nicht „schlechthin die Macht sei", sondern auch die Reproduktion der kulturellen, rechtlichen und sittlichen Sphäre. Treitschke hat – so Meinecke unter dem Eindruck des Weltkriegsausgangs – zu einem „starr werdenden Glauben an den Segen der preußischen Militärmonarchie" ohne die nach 1871 notwendigen politischen und sozialen Reformen beigetragen. Andererseits wurde Treitschke von Meinecke auch 1924 ungebrochen in den Schein idealistischer Illusion hochgehoben: „Die Welt der Macht und die Welt der Ideen zu vereini-

173 Heller zeigte sich überdies 1922 in einer Rezension des „Handbuchs der Politik" unzufrieden damit, daß die Behandlung der Kriegsschuld, des Kriegsausbruchs 1914 in Anschütz' Handbuch rechten Historikern wie Dietrich Schäfer, Otto Hoetzsch und Adalbert Wahl überlassen wurde. – Hermann Heller: Rezension von Handbuch der Politik, 3. Auflage, hrg. von Gerhard Anschütz, 4 Bände, Berlin 1920-22, in: H. Heller: Ges. Schriften I, 724-726.

gen unter dem Primate der Ideen, das war und bleibt der höhere Sinn des Treitschkeschen Patriotismus." Gegen die exzessiv machtapotheotische Seite bei Treitschke wandte sich Meinecke, übte aber vor allem Kritik, daß ihm diese – nicht zuletzt vom englischen Kriegsfeind – unterschoben wurde. Eine Unterstellung, die allerdings Dietrich Schäfer, einem 1922 mit dem Buch „Staat und Welt" hervorgetretenen „Treitschke Epigonen" gebührte – so Meinecke.

Meinecke wollte 1924 im Lichte von 1918 die bei Heller zuvor 1920 behandelte „Idee der Staatsräson" respektive den „Machtstaatsgedanken" revidieren, aber ohne die deutsche Tradition im Umfeld von Ranke und Treitschke, den er als „tiefsittlichen Menschen" mit skeptischem Blick auf das „Frivole" der Macht und mit Blick für die „tragische Schuld" ausgestattet hinstellte, auch nur im Ansatz in Frage zu stellen. Natürlich habe Treitschke auf den Spuren Hegels – und hier weicht Meinecke in der Einschätzung von Hermann Heller ab – die „Staatsräson", den „Machtstaat" mit dem „Prädikate sittlich" vernebelt. Zum Unterschied von Heller betonte Meinecke auch die Differenz zwischen Hegels objektivem Idealismus des Vernünftig-Sittlichen und Treitschkes ambivalenter Deutung des Staats als teils sittlicher, teils elementar-dämonischer, leidenschaftlich derber Ordnungseinrichtung: „So lehnte [Treitschke] denn nicht nur die Hegelsche Vergottung des ganzen Geschichtsprozesses, sondern auch seine Staatsvergötterung ab. Man darf, erklärte er, nicht wie er im Staate die verwirklichte sittliche Idee sehen, der Staat sei eine hohe Naturnotwendigkeit, seine Natur sei grob, derb, ganz der äußeren Ordnung des Menschenlebens angehörig."

Kritik in Meineckes Augen verdienten schlußendlich nur Treitschkes alldeutsche Epigonen wie eben Dietrich Schäfer, die Treitschkes, von Meinecke als differenziert charakterisierten, gleichfalls von „tiefem sittlichen Ernst" getragenen Antisozialismus in das Reich eines stumpfen „darwinistischen Naturalismus" hinabgestoßen hätten. In der Verbindung der „Trias" Friedrich von Bernhardi (1849-1930, alldeutsch gesinnter General), der in seinem Buch „Deutschland und der nächste Krieg" 1912 die These von der Unvermeidlichkeit des Kriegs verfocht, es sei „die sittliche und politische Pflicht des Staatsmannes (...) einen Krieg herbeizuführen",[174] des „penetranten Einflusses Nietzsches" und eben Treitschkes sah Meinecke die „sinistre" Entwicklung und Perversion der Idee

174 Zur Kritik an Bernhardis bellizistischer Staatsphilosophie auf den fernen Spuren Hegels vgl. Hermann Heller: Hegel und der nationale Machtstaatsgedanke (wie Anm. 90), 232-235, wo Heller auch Heinrich Gomperz' Kriegsphilosophie auf eine Stufe mit der von Bernhardi stellt. – Zu des Wiener Philosophen Gomperz' Kriegsschriften vgl. Otto Pfersmann: Rechts- und Sozialphilosophie bei Heinrich Gomperz, in: Heinrich Gomperz, Karl Popper und die Österreichische Philosophie, hrg. von Martin Seiler und Friedrich Stadler. (=Studien zur Österreichischen Philosophie 22), Amsterdam 1994, 95-118.

von der Staatsräson: „Vor denjenigen Epigonen dieses Irrtums (schrankenloser, rechtsunabhängiger staatlicher Machtausübung – Anm.) freilich, die [Treitschkes] idealistische Grundlagen durch einen groben Naturalismus und Biologismus ersetzten, will die Ehrfurcht nicht aufkommen."

Meineckes als geschichtsphilosophisch idealistisches Surrogat eingesetzte, an das Nicht-Rationale des Geschichtlichen appellierende, vom antiaufklärerischen Ressentiment lebende Individualitätsideologie erlaubte es ihm fernab der Reproduktionsrealitäten der bürgerlich-kapitalistischen Gesellschaft eine ahistorische Mystifikation vom „Wesen des Staats" aufrechtzuerhalten, an der „Staatsräson" als unhistorischer Kategorie festzuhalten und den nationalen „Machtstaat – wenngleich durch „weltbürgerliche" Attitude gemildert – als fixe, gleichsam ewig überhistorische Größe vorauszusetzen.[175]

Militarismus, Nationalismus, Industrialismus und Kapitalismus blieben wegen Meineckes idealistisch-historisierender Grundeinstellung im Hintergrund, auch wenn sich Meinecke nicht mehr auf die „vertrauensvolle Stimmung" des Jahres 1871, auf eine im Geist der Staatsräson rechtlich und zivilisatorisch gezügelte Art der Kriegsführung verlassen wollte, auch wenn er Jakob Burckhardt für dessen früh nach 1850 einsetzende Warnung vor der „Hypertrophie der Macht" lobte.

Meinecke konnte sich ferner des Eindrucks von einem gewissen Elend der „Staatsräson" nach 1918 nicht vollends erwehren bzw. der Einsicht, daß die an der Kabinettspolitik des aufgeklärten Absolutismus orientierte Kategorie „Staatsräson" im demokratischen „Massenzeitalter" anachronistisch zu werden drohte, obwohl er sich im Gegenzug die Novemberrevolution des Jahres 1918, den Übergang von Monarchie zu Republik wieder nur als Frage der in die Hände einer nach Weimarer Verfassung antiparlamentarisch „plebiszitären Präsidentschaft" geretteten „Staatsräson" erklären konnte. So wie sich Heller gegen machtorientierte Hegel-Auslegungen der Gegenwart wandte, so begann auch Meinecke unter gleichzeitiger Ablehnung pazifistischer Völkerbundideen – wie sie von Friedrich Förster entwickelt worden waren – die „dunkle Nachtseite" an der „Staatsräson" herauszuarbeiten, wie sie in den maßlosen „Annexions"-Zielen des deutschen Imperialismus und in der Brutalisierung der Kriegsführung sichtbar geworden ist. Rankes Optimismus von der Staatsräson als „Leiterin und Ordnerin des Staatslebens" galt Meinecke als zerfallen, deren „zerstörende Wirkungen" drohen zum Tragen zu kommen: „Die geschichtliche Welt liegt dunkler und in dem Charakter ihres ferneren Verlaufes ungewisser und gefährlicher vor

175 Vgl. Michael Stolleis: Friedrich Meineckes „Die Idee der Staatsräson" und die neuere Forschung, in: ders.: Staat und Staatsräson in der frühen Neuzeit. Studien zur Geschichte des öffentlichen Rechts, Frankfurt 1990, 134-164.

uns, als [Ranke] und die Generationen, die an den Sieg der Vernunft in der Geschichte glaubten, sie sahen." – meinte Meinecke 1924 pessimistisch.

Unter Berufung auf Benedetto Croces „Randbemerkungen eines Philosophen zum Weltkrieg", die auf dem Konstrukt beruhten, der Krieg habe das geistige Leben der Sieger und Besiegten angehoben, kam Meinecke in der Linie der von ihm marginal ablehnend markierten historistischen Staatsanbetung wieder ins Grübeln über die „Dämonie der Macht", den „dunklen und ursächlichen Zusammenhang zwischen Geist und Natur" und „die furchtbare Antinomie zwischen den Idealen der sittlichen Vernunft und den tatsächlichen Hergängen und Kausalzusammenhängen der Geschichte"; geriet Meinecke in die Klage über den Verlust des „tröstenden Glaubens an die Eindeutigkeit und Absolutheit der menschlichen Ideale" in Folge der „relativierenden Wirkungen des Historismus und die skeptisch stimmenden Erfahrungen des modernen Geschichtsverlaufs", alles Hoffnungen, die der über die Niederlage des deutschen Imperialismus enttäuschte Meinecke nur mehr durch Flucht ins reine Sittengesetz und die Sphäre des Ästhetischen zu verwirklichen hoffte: „Aber das Absolute offenbart sich dem modernen Menschen innerhalb des Horizontes, den er beherrscht, nur an zwei Punkten unverhüllt, im reinen Sittengesetz einerseits, in den höchsten Leistungen der Kunst andererseits."

Meinecke plädierte für eine – wenn auch schier unerreichbare – Zusammenführung von „Idealismus und Historismus, Himmel und Hölle, Wirklichkeit und Ideal im geschichtlichen Leben". Von Ernst Troeltsch entlehnt Meinecke die Idee einer Zusammenführung des abstrakt-naturrechtlichen „westlichen" Denkens mit dem deutschen Entwicklungs- und Individualitätsgedanken, da letztere Linien als „Mangel (...) die beschönigende Idealisierung der Machtpolitik" an sich trügen und dadurch unter der Kulisse „sittlicher und idealistischer Vorbehalte" einer „grob naturalistischen und biologischen Gewaltethik" zuarbeiten würden.

Im Kontext des Weimarer staatsrechtlichen Methodenstreits appellierte Meinecke in der „Staatsräson" an die Juristen, das normative Konstruieren im Sinne des antipositivistisch orientierten Staatsrechtler-Lagers in eine historische Betrachtung umzubiegen: „Die Lehre von der Staatsräson ist also eine Schlüsselwissenschaft für Geschichte und Staatslehre überhaupt. Die moderne Geschichtswissenschaft hat von ihr bisher einen reicheren Gebrauch gemacht als die Staatslehre, die noch immer vielfach unter den Nachwirkungen der alten absolutierenden Methode steht, nach dem besten, dem idealen und normalen Staate, statt nach dem konkreten und individuellen Staate zu fragen. Die individuellen Gebilde der geschichtlichen Menschheit, gleichzeitig aber auch ihren zeitlosen Kern, das Generelle in ihren Lebensgesetzen, das Universale in ihren Zusammenhängen zu erfassen, ist Wesen und Aufgabe des modernen Historismus.

Damit tritt nun ein wichtiger Zusammenhang zwischen der Idee der Staatsräson und dem modernen Historismus hervor. Das Handeln nach Staatsräson hat nämlich dem modernen Historismus den Weg bahnen helfen. Es hat zu einer Zeit, deren Denken über den Staat noch befangen war von dem naturrechtlichen Ideale des besten Staates, gewissermaßen schon praktische Historie treiben gelehrt."

Meinecke rückte – von Carl Schmitt belächelt – das „Sittengesetz" als Kriterium staatlichen Handelns ins Blickfeld: „Der moderne Staatsmann muß sein zwiespältiges Verantwortungsgefühl gegenüber Staat und Sittengesetz um so stärker anspannen, je furchtbarer und gefährlicher gerade die moderne Zivilisation, wie wir sahen, für das Handeln nach Staatsräson geworden ist."[176]

Carl Schmitt lehnte 1926 die historistische Staatskonzeption aus Anlaß des Erscheinens der Meineckeschen „Staatsräson" ab. Meineckes Rede von den „Antinomien von Geist und Macht, Recht oder Ethik und Macht, Kratos und Ethos" galt in Schmitts Augen wenig. Konkret warf Schmitt Meinecke vor, er könne Staat und Staatsräson nur in den abstrakten Kategorien eines dualistischen Gegensatzes von Sein und Sollen, „von Macht und Sittlichkeit" erfassen. Vor allem bestritt Schmitt Meineckes Ausgangspunkt von einer Art Staatsnormalität, die keine Vorstellung vom entscheidenden Punkt des Staatslebens, dem Ausnahmezustand, hat: "Aus der Annahme der abnormen Situation ergeben sich besonders geartete, dezisionistische Konsequenzen, ergibt sich ein Sinn für Durchbrechungen, für eine, oberflächlicherweise sogenannte 'Irrationalität' (im Religiösen z.B. für die Lehre von der Prädestination), Anerkennung außerordentlichen Handelns und Eingreifens, wie des a deo excitatus, ferner Diktatur, aber auch Begriffe wie Souveränität und Absolutismus, also Vorstellungen, die Meinecke mit seiner schlagwortartig erweiterten Staatsräson in Verbindung bringen will, die er aber in ihrer Besonderheit nicht beachtet." Meineckes moralischer, rechtlicher und metaphysischer Dualismus entsprach im Sinne der Schmittschen Denunziation dem System von Weimar, Versailles und Genf. Meineckes Warnung vor der "Dämonie der Macht" entsprang nach Schmitt einem überholten historischen Individualitätsdenken: "Für Meinecke dürfte das Bild von der Pendelschwingung seine Grundeinstellung am besten verdeutlichen. Nach ihm stehen wir heute in einer Zeit, in welcher der Pendel von dem Machtgedanken und dem Monismus der deutschen Identitäts- und Individualitätsauffassung weg zu einem starken Dualismus von Politik und Moral schwingt." Meineckes Denken sei an die Kategorien „allgemeiner Moralgebote und [des] Völkerrecht[s], dessen

176 Friedrich Meinecke: Die Idee der Staatsräson in der neueren Geschichte, hrg. v. Walther Hofer. (=Friedrich Meinecke-Werke 1), 2. Auflage, Stuttgart 1960, 5, 7, 17, 22, 409, 411, 415, 419, 425-431, 465f., 474f., 479f., 498-502, 506, 509f.

Normen die Staatsräson unterworfen werden soll", gebunden und schon allein deshalb konnte Meinecke nach Schmitts Auffassung die Zentralfrage neuzeitlicher Staatsphilosophie nicht fassen: „Das Problem liegt nämlich gar nicht in der inhaltlichen Normativität eines Moral- oder Rechtsgebotes, sondern in der Frage: Wer entscheidet? Die große staatsphilosophische Literatur des 17. Jahrhunderts, insbesondere Hobbes und Pufendorff, haben dieses quis judicabit? immer betont. Meinecke spricht wohl davon, daß es über den Staaten keinen Richter gibt, aber das Problem als solches ignoriert er, vielleicht aus Antipathie gegen alles, was an etwas Juristisches erinnert."[177]

In der österreichischen „Zeitschrift für öffentliches Recht" besprach der an der Wiener Universität lehrende Staatsrechtsordinarius Adolf Menzel (1857-1938) Meineckes „Staatsräson" umfassend als für den Juristen relevant. Menzel zeichnete Meineckes Gegenüberstellung von westlichem, die „Staatsräson" theoretisch bekämpfenden und praktisch duldenden Naturrecht im Gegensatz zur deutschen spekulativen Philosophie, die die Staatsräson in Verbindung von Historismus und Machiavellismus auf idealistisches Niveau sublimiert hat. Menzel beschrieb Meineckes historische „Lehre von der reinen Staatsräson, losgelöst von Recht, Moral und Sittlichkeit" hin zu einer dem diplomatischen Gleichgewicht und der Friedenspolitik dienenden, das kulturelle Niveau steigernden Staatsräson – kurz die Spannung zwischen der „naturhaft" machtbesessenen und der „rationalen" Seite der Staatsräson.[178]

Der im deutschnational revanchistischen Umfeld angesiedelte neuhegelianische Göttinger Rechtsphilosoph Julius Binder (1870-1939)[179] rückte hingegen Meineckes „Staatsräson" mit denunzierender Absicht in ein verfemtes „liberalistisches" Licht. Der vom Stammlerschen Neukantianismus zum Rechtshegelianismus konvertierte Binder[180] interpretierte das Hegelsche Machtstaatsdenken im Zeichen des Vertrages von Versailles besonders militant. Seinem imperialistischen Hegel-Bild entsprechend schrieb Binder in seiner Abrechnung mit Mei-

---

177 Carl Schmitt: Zu Friedrich Meineckes „Idee der Staatsräson" (1926), in: ders.: Positionen und Begriffe im Kampf mit Weimar – Genf – Versailles, Hamburg 1939, 45-52. – Vgl. Helmut Quaritsch: Positionen und Begriffe Carl Schmitts, Berlin 1989, 21.

178 Adolf Menzel: Rezension von Friedrich Meinecke: Die Idee der Staatsräson in der neueren Geschichte (München 1924), in: Zeitschrift für öffentliches Recht 5 (1926), 124-131.

179 Vgl. Ralf Dreier: Julius Binder (1870-1939). Ein Rechtsphilosoph zwischen Kaiserreich und Nationalsozialismus, in: Rechtswissenschaft in Göttingen. Göttinger Juristen aus 250 Jahren, hrg. von Friz Loos, Göttingen 1987, 435-455.

180 Vgl. zu Binders Übergang von neukantischer zu neuhegelianischer Auffassung Ekkart Jacob: Grundzüge der Rechtsphilosophie Julius Binders. (=Studien zur Rechtsphilosophie und Rechtstheorie 12), Baden-Baden 1969, 16-47.

necke: „Was das Ergebnis einer solchen Politik ohne Machtmittel sein muß, das haben wir Deutschen bei Gelegenheit unseres unbewaffneten und deshalb notwendig 'passiven' Widerstandes gegen die Vollstreckung des Versailler Schuldurteils erfahren. Der Traum Nietzsches, daß nur einer der Gegner die Waffen mit großer Geste von sich zu werfen brauche, damit sie sich gerührt in die Arme sinken und ein wirklicher Friede ohne bewaffnete Unmoralität anbrechen werde, hat sich als Traum erwiesen, (...)."

Mit seinem Dualismus von Macht und Ethik verlasse Meinecke das Denken des Deutschen Idealismus, stelle er doch das „Handeln nach Staatsraison" in Gegensatz „zum Handeln in den Grenzen von Sittlichkeit und Recht", wogegen Binder unter autoritativer Berufung auf Hegel meinte: „Wäre der Trieb nach Macht bloß Natur, bloß Unvernunft, und die Sorge um das Wohl des Staates bloß Vernunft, so wüßte ich freilich nicht, wie beide überhaupt zusammen kommen könnten."

Dort, wo Meinecke Binder als Gegner liberal-rationalistischer Staatsvorstellungen erschien, als Gegner der von Binder bekämpften „Finsternis einer neuen Aufklärung" und als Gegner der „Fesseln des Positivismus", dort lobte Binder Meinecke – mit der Einschränkung, Meineckes Denken sei zu stark von Rationalismus und Individualismus affiziert, zu stark in Abhängigkeit vom formalistischen Dualismus der Neukantianer Windelband und Rickert: „Denn wenn sich Meinecke auf das Wort Sprangers beruft, daß für die Politik der Mensch ein Mittel sei, so ist dagegen zu sagen, daß dieser Satz den politischen Individualismus zur Voraussetzung hat, der noch immer das europäische Denken beherrscht und der die eigentliche geistige Krankheit unseres Säkulums ist." Binder anerkannte Meineckes Hochhaltung von Macht und staatlicher Gewalt, kritisierte ihn aber trotzdem wegen gelegentlicher Reflexionen über das „Böse", „Dämonische" der Macht.[181]

Meinecke verteidigte sich gegen Angriffe Julius Binder in einer in der „Historischen Zeitschrift" veröffentlichten Anti-Rezension. Binder wolle ihn, Meinecke, überreden von Ranke abzulassen und ganz auf Hegel einzuschwenken, auf einen der deutschen Rechten adäquaten Hegel, auch von der Heidelberger neukantischen Infiltrierung (Windelband, Rickert, Troeltsch) solle er, Meinecke, sich befreien: "Das dualistische Denken, das er (Binder – Anm.) mir vorwirft, findet er mit Recht, meinem Nachweise darin folgend, auch schon bei Ranke in dessen Bemerkung, daß es ein gefährlicher Grundsatz sei, 'daß jemand um einer welthistorischen Aufgabe willen berechtigt sein will, Unrecht gegen Dritte zu tun'. Er sieht darin einen Rückfall auf den falschen ethischen Standpunkt, der durch Hegel überwunden sei, (...)." Die idealistische Geschichtsschreibung hat –

181 Julius Binder: Staatsraison und Sittlichkeit, Berlin 1929, 18, 25, 27, 30.

nach Meinecke 1929 – aus dem Lamprecht-Streit der Jahrhundertwende aber immerhin gelernt, daß man sich den Kausalitäten von Macht, Gewalt und Natur nicht entziehen kann, und nicht vollends dem "blauen Dunst" der Identität von Sittlichkeit und Staat aufsitzen darf.

Die Hegel-Renaissance, den Neuhegelianismus, lehnte Meinecke ab, obwohl diese Erneuerung "rechtshegelianisch" rückschrittlich orientiert war. Meinecke mißfiel aber ihre zunehmende faschistische Orientierung. Meinecke notierte 1929 bemerkenswert: "Ich kann mir deshalb von der Hegelrenaissance nicht viel Gutes für unsere Wissenschaft versprechen, und am wenigsten von einer Erneuerung seiner Staatslehre, die durch ihr schönes Wunschbild vom Staat von der Erkenntnis der staatlichen Wirklichkeit ablenkt und wieder blauen Dunst über Dinge verbreitet, die nackt angesehen werden wollen, um verstanden zu werden."[182]

Widersprüchlich zu Meineckes Historismus, zu Meineckes Staatsräson äußerte sich einer der „antipositivistischen" Exponenten des staatsrechtlichen Methodenstreits, der dem neo-geisteswissenschaftlichen Jargon der „Werttotalität" Theodor Litts folgende Rudolf Smend (1882-1975)[183] in seiner 1928 veröffentlichten, von Kelsen zynischem Spott preisgegebenen Schrift „Verfassung und Verfassungsrecht".

Die Schriften der Historiker „Troeltsch, Max Weber und Meinecke" stellte Smend 1928 zwar als Leitschriften vor den Staatsrechtler hin. Smends "Integrationslehre", die sich einer rational begrifflichen Formulierung bewußt als Merkmal radikaler Kritik an jeder sogenannten rational-kausalen Ontologie entziehen wollte, erklärte sich aus ihrer negativen Abgrenzung als jenseits staatssoziologischer Mechanik, jenseits konventioneller organischer Theorien mit naturalistischem Anstrich, jenseits von Jellineks "Zweiseitenlehre" und jenseits von Kelsens Normativismus stehend: "So ist insbesondere der Staat nicht ein ruhendes Ganzes, das einzelne Lebensäußerungen, Gesetze, diplomatische Akte, Urteile, Verwaltungshandlungen von sich ausgehen läßt."

Smends Geschichtsauffassung verkam im Abwehrkampf gegen die mit den Attributen „dualistisch, formalistisch, mechanistisch" bedachte, dem Neukantianismus zugeschobene Staats- und Gesellschaftslehre eines Georg Jellinek oder Max Weber zu einer geheimniskrämerischen „Geschichtstheologie" auf den Spuren von Friedrich Schleiermachers „Polaritäts- und Oszillations-Philosophie".

Hermann Heller, in seinem Bemühen, den positivistischen Staatsrechtskonstitutionalismus des Wilhelminischen Deutschland in Richtung einer auf „Tota-

182 Vgl. Friedrich Meinecke: Rezension von Julius Binder: Staatsraison und Sittlichkeit (Berlin 1929), in: Historische Zeitschrift 140 (1929), 565-568.

183 Vgl. Karl-Hermann Kästner: Rudolf Smend 1882-1975. Recht im Staat und in der Kirche, in: Lebensbilder zur Geschichte der Tübinger Juristenfakultät, hrg. von Ferdinand Elsener, Tübingen 1977, 135-152.

lität“ orientierten Staatslehre zu überwinden, durchaus Bündnispartner von Smend, deutete an, daß Smends Pathos des Irrationalen antiliberale und präfaschistische Konsequenzen zeigt. Hellers „normlogischer“ Antipode Kelsen hat dies in seiner 1930 unter dem Titel „Der Staat als Integration“ verfaßten Polemik gegen Smend explizit ausgesprochen, indem er Smend vorwarf, unter Denunziation des Liberalismus offen eine mit dem Faschismus sympathisierende „Staatstheologie“ aufgebaut zu haben, einen inhaltsleeren Jargon der "Werttotalität" zu kultivieren. Smends Integrationstheorie verfällt – so Kelsens Vorwurf – der "Metaphysik der Zeit", die auch das Erlebnis des Weltkriegs, des Kasernendrills, des Schützengrabens, des Trommelfeuers und Sturmangriffs auf das theoretische Niveau der Staatslehre anhebt, Hohenzollern-Nostalgie verbreitet und antisemitische Bemerkungen über das „Ostjudentum“ als theoretische Erkenntnis verkauft. Der von Smend herbeigezerrte geisteswissenschaftliche „Dunst“ dient nach Kelsen bloß zur Zerstörung der dem Juristen allein möglichen normativen Betrachtung.[184]

Die Einschätzung von Smend als einem Klassenantagonismen und gesellschaftliche Konflikte harmonisierenden Ideologen teilte Heller mit Kelsen. Smends Staatslehre – so Hellers, aber auch Kelsens Vorwurf – ist in der Linie der Litt-Rezeption zu einer Ideologie der idyllischen Vergeistigung des Sozialen verkommen. Das sozial Widersprüchliche, der Klassengegensatz, wurde bei Smend in ein Reich des mit den rationalen Erkenntnismethoden von Induktion und Deduktion nicht faßbaren Juristisch-Geistigen hinein harmonisiert.

Litt und Smend gingen von einer Art Identität von sozialem und geistigem Aufbau der Wirklichkeit aus, sahen in ihrer hermeneutischen Theorie den Widerspruch von Individualismus und Kollektivismus, sowie die positivistische Zerstörung einer aprioristischen Wert- und (Verfassungs-) Rechtsordnung aufgehoben. Smend orientierte mit seiner juristischen Litt-Rezeption auf die Erkenntnis von Verfassung als einer "Totalstruktur".[185]

Die Staatsbetrachtung des Historismus fand bei Smend deshalb nur in ihrer antipositivistischen Richtung Akzeptanz. Gerade Meineckes Staatsräson warf Smend "ästhetisierenden Agnostizismus" vor, wie dies – so Smend expressis verbis – Carl Schmitt in seiner Abrechnung mit Meinecke dargelegt hat, was Smend nicht hinderte, auch Schmitt mit der bei Smend inflationär auftretenden Kritik zu versehen, dessen Staatsrechtsdenken versinke in aristotelisch-scholastischer Ontologie.

---

184 Hans Kelsen: Der Staat als Integration. Eine prinzipielle Auseinandersetzung, Wien 1930, 30, 40, 51, 59, 62.

185 Vgl. zu Heller/Smend Wolfgang Schluchter: Entscheidung für den sozialen Rechtsstaat (wie Anm. 88), 67-81.

Die historisch-hermeneutischen Geisteswissenschaften, die verstehend-historische Soziologie Max Webers, der Rückgriff auf die Schriften von Otto Gierke – auch wenn dieser „methodisch naiv“ gewesen sei -, von Ernst Troeltsch und Friedrich Meinecke verdeutlicht dem Öffentlichrechtler nach Smends Einschätzung die außerjuristischen Wurzeln seiner Disziplin. Diese Schriften der bürgerlichen Sozial- und Geschichtswissenschaft – böten dem Juristen bei aller Schwäche Orientierungshilfe in einem von den Folgen der Weltkriegs-Niederlage geplagten imperialistischen Deutschland: "Hier (gemeint ist bei Max Weber, Troeltsch oder Meinecke – Anm.) wird wenigstens eine wirkliche, positive Staatstheorie entwickelt – vom Staat als 'Betrieb', dessen immanente Teleologie den Einzelnen heteronom in sich hinein, unter die Dämonie seiner Mittel, in die unentrinnbare sittliche Verschuldung zwingt – vom Staat als Naturkraft und Schicksal, von der Lebensidee seiner 'Staatsräson', die in die unlösliche Antinomie von Kratos und Ethos hineinführt – beide Male in sich geschlossen, eigengesetzliche Schicksalsmächte, denen der einzelne mehr oder weniger als Objekt und Opfer gegenübersteht." „Integration“ spielt sich für Smend in der Sphäre einer übersinnlichen „Wertgesetzlichkeit des Geistes“, in einem „Reich des ideell-zeitlosen Sinns“ ab. Den neuzeitlichen Prozeß deutet Smend metaphysisch als Verfalls-Prozeß Richtung „Aufklärung“. Am Ende der heraufziehenden Moderne stand für Smend das Schreckgespenst des ´geistig atomisierten, entsubstantialisierten, funktionalisierten, neuzeitlichen Menschen“. Von dieser historischen Grundauffassung ausgehend verlangte Smend, der gleich Günther Holstein dem kulturprotestantischen Historikermilieu verpflichtet war, eine fundamentale Umstellung der bürgerlichen Grundrechtstheorie von einem System liberaler Abwehrrechte auf eines von Gemeinschaftswerten.

Die (historisch)-geisteswissenschaftliche Methode dient Smend also stets zur Bekämpfung von Aufklärung, Individualismus und Liberalismus. Nicht der fachprofessionalisierte, an der bloß konventionellen Staats-Machtidee orientierte Historismus, sondern die hermeneutisch philosophischen und geschichtsspekulativen Geisteswissenschaften – profiliert von Diltheys „Kritik der historischen Vernunft“ im dann auch für Heideggers „Sein und Zeit“ wichtigen Briefwechsel Diltheys mit dem Grafen Paul Yorck von Wartenburg 1877-1897 und profiliert von den zeitgenössischen „Neu-Diltheyanern“ wie Litt, Rothacker, Spranger – sollen Vorbild für die Integrationslehre, eine Staatslehre neuen Typs, sein. Nicht die Geschichte der kausalen Ereignisverkettungen, die Geschichte als geistige Totalität in "ideeller Zeitlosigkeit" hatte Smend im Blick: "Geschichte und Zukunftsidee sind als dialektische Momente in der Sinnwirklichkeit der Gegenwart enthalten, und deshalb wirken sie als stärkste integrierende Kräfte – (...). Die Würdigung der Geschichte als der kausalen Grundlage der Gegenwart oder als

Gegenstand einer fortdauernden Zurechnung verkennt zugleich die Bedeutung und die Grenzen ihrer wirkenden, insbesondere ihrer integrierenden Kraft."

Smend warf Meinecke vom Standpunkt seiner „geisteswissenschaftlichen Dialektik“ vor, dessen Staatsdenken leide unter dem Innen-/Außendualismus, d.h. an der Theorie vom "Primat der Außenpolitik". Unter Bezug auf Meineckes Staatsräson schreibt der 1928 an der Universität Berlin lehrende Staatsrechtler Smend als "Integrations-Theoretiker": "Innenpolitischer Gehalt und außenpolitische Relation des Staats sind nicht zwei Teile, sondern nur zwei Momente seiner Wirklichkeit und Individualität. Die Verkennung dieser Wahrheit führt gleichmäßig theoretisch und praktisch in die Irre – so etwa wenn Meinecke das Problem von Ethik und Politik nur an der Außenpolitik sieht, statt an der Einheit des Politischen, (...).“

Insgesamt schätzte Smend Meineckes Staatstheorie als eklektizistisch ein. Bei Meinecke finden sich in Smends Sicht Metaphern aus dem Schatz des „mechanisierenden Denkens“, der „Substanzialisierung und Isolierung“ der Individuen, kurz die ganze "naive Ontologie" von "unklaren Raumbildern".[186]

---

186 Rudolf Smend: Verfassung und Verfassungsrecht (1928), in: ders.: Staatsrechtliche Abhandlungen und andere Aufsätze, Berlin 1955, 119-276, hier 122, 136-138, 164-167, 179f., 183f. – Zu Smends „Integrations-Theorie“ vgl. zustimmend Peter Badura: Staat, Recht und Verfassung in der Integrationslehre. Zum Tode von Rudolf Smend (15. Januar 1882 – 5. Juli 1975), in: Der Staat 16 (1977), 305-325 und ablehnend Jürgen Meinck: Weimarer Staatslehre und Nationalsozialismus. Eine Studie zum Problem der Kontinuität im staatsrechtlichen Denken in Deutschland 1928 bis 1936, Frankfurt-New York 1978, 52-62. – Ferner zu Smends Antirationalismus, Kritik des „Cartesianismus“ etc. Thomas Vesting: Politische Einheitsbildung und technische Realisation. Über die Expansion der Technik und die Grenzen der Demokratie, Baden-Baden 1990, 58-67. – Sowie die These, Smends „Integration“ ist der Hochgesang auf den versunkenen preußischen Beamten- und Militärstaat, ist romantisch-ideologischer „Ausdruck der Reaktion auf die bürgerlich-kapitalistische Zerstörung der Gemeinschaftswerte“, in der nach wie vor aktuellen Arbeit von Han[n]s Mayer: Die Krisis der deutschen Staatslehre und die Staatsauffassung Rudolf Smends, jur. Inauguraldissertation, Köln 1931, hier zur Geschichtsauffassung Smends im Lichte seiner „überzeitlichen“ Sinnstrukturen 72f., 92.

3. Heller: Marx, Engels, Historischer Materialismus

Der Marxismus wurde von Heller nicht zuletzt auf den Spuren von Ernst Troeltsch als Naturrechtserbe, als Erbe vernunftrechtlicher Illusionen über eine Harmonisierung von Vernunft und widerspenstiger Realität (Macht, gesellschaftlicher Antagonismus) aufgefaßt.

Hellers Marxismus-Bild ähnelt der Deutung von Troeltsch, so in der begrenzten Akzeptanz der Marxschen Dialektik als Kampfmittel gegen einen als flach markierten Positivismus in bürgerlicher Wissenschaft und in der Theorie der Zweiten Internationale, ferner in der Ablehnung alles sogenannten ökonomistischen Kausalitätsdenken, wie es in der bürgerlichen Historikerzunft im Rahmen des Karl Lamprecht-Streits attackiert worden war.

Die materialistische Grundlegung des Marxismus galt Heller und Troeltsch als „schlechte Metaphysik", als „geist-los". Der Historische Materialismus als politische Theorie des sozialistischen Klassenkampfs erschreckte nicht nur einen Troeltsch, sondern auch den nach 1918 der SPD beigetretenen Heller.

Den Historischen Materialismus beschuldigte Heller konstant über ein gutes Jahrzehnt bis hin zur späten „Staatslehre" des ökonomistischen Reduktionismus: "Die historischen Materialisten wie Idealisten verzichten schließlich darauf, der Wirklichkeit eine Idee, dem Sein ein Sollen entgegenzustellen."[187]

Die universalistisch historische Perspektive des Marxismus markierte Heller durchgängig negativ als abstrakte, eschatologische, geschichtsfern den kulturellen, juristischen und ästhetischen „Überbau" ignorierende Theorie. Die Geschichte der Klassenkämpfe ist nach Heller nicht materialistisch und ökonomisch, sondern geistig ethisch zu deuten. Den Historischen Materialismus wollte Heller allenfalls im Rahmen einer pluralistischen Forschungsmethodologie anerkennen. Als Theorie des sozialistischen Handelns erklärte ihn Heller 1925 für ungeeignet: „So sicher der historische Materialismus eine relativ berechtigte Methode des Forschens ist, so sicher die kritisch verwandten Ergebnisse dieser Forschung dem sozialistischen Arbeiter zum Verständnis der gesellschaftlichen Gegenwart helfen können, ebenso sicher ist diese Theorie absolut unbrauchbar als Grundsatz des Handelns, (...)."[188]

187 Hermann Heller: Staatslehre (wie Anm. 50), 112.

188 Hermann Heller: Sozialismus und Nation (1. Auflage 1925, 2. Auflage 1931 verändert, liegt hier zugrunde!), in: ders.: Gesammelte Schriften I, Leiden 1971, 439-

Auf der Linie bürgerlicher Marx-Philologie (u.a. Werner Sombart, Hans Freyer) beklagte Heller einen vermeintlichen Grundwiderspruch im Historischen Materialismus als Schwanken zwischen der reinen Theorie des auf den Schultern von Hegel stehenden „großen Wirtschaftshistorikers Marx des Kapital“ und Marxens praktischem „Voluntarismus“, des „anderen Marx, des revolutionären Politikers und ethischen Propheten des Kommunistischen Manifests“.

Heller akzeptierte den Marxismus soweit, als dieser für die bürgerliche Geschichts- und Sozialwissenschaft brauchbar schien, so 1926 in den „Politischen Ideenkreisen“, wo er Marx zum Ahnvater von Max Weber, Ernst Troeltsch oder Ferdinand Toennies erklärte.[189]

Heller lehnte grundlegende marxistische Positionen ab. Geschichte war für Heller nie eine Geschichte von Klassenkämpfen, die anerkannten Klassenwidersprüche transformierte Heller in eine geschichtlich ewig unaufhebbare anthropologische Konstante. Im Sinn eines rechten sozialdemokratischen Reformismus stellte Heller die Frage des Übergangs zum Sozialismus unter Ausblendung der Frage der Vergesellschaftung der Produktionsmittel. Heller schien der Punkt der Eigentumsverhältnisse sekundär, in vielem erinnert Hellers Reformismus an Rudolf Hilferdings Theorie von der sukzessiven Übernahme der Staatsmacht durch die Arbeiterklasse im Wege des allgemeinen Wahlrechts, an Hilferdings Theorie vom organischen Hineinwachsen in den Sozialismus.[190]

So bestritt Heller neben der Theorie vom Absterben des bürgerlichen Klassenstaats unter sozialistischen Bedingungen die These vom notwendig antagonistischen Charakter der bürgerlichen Klassengesellschaft und damit die Relevanz des revolutionären Klassenkampfs. Heller war als Jurist vor allem am Problem der Einheit des Staates jenseits von Klassenspaltungen interessiert und lieferte hiermit – in der Tradition von Georg Jellinek stehend – keine „Theorie des bürgerlichen Staates im Kreislauf von Akkumulation und Verwertung des Kapitals“. Das gegen pluralistische (Harold Laski), genossenschaftliche (Otto Gierke), gegen normative (Hans Kelsen), besonders aber gegen dezisionistische (Carl Schmitt) Ansätze entwickelte Souveränitätsdenken Hellers war deshalb nicht nur gegen die Staatstheorie der Historischen Materialisten, sondern auch gegen bürgerliche Thesen vom Ende des Staats, gegen eine „Refeudalisierung“ des Staats zugunsten mächtiger Kapitalgruppen – von Feudaljunkern und von Industriekapitänen – gerichtet. Heller war – trotz aller Distanz zur marxistischen Theorie – geläufig, daß die liberale und formaldemokratische „Herrschaft des Gesetzes“ –

526, hier 465f. – Vgl. dazu Joachim Blau: Sozialdemokratische Staatslehre in der Weimarer Republik (wie Anm. 66), 74-81.

189 Hermann Heller: Die politischen Ideenkreise der Gegenwart (wie Anm. 112), 391f.

190 Vgl. Joachim Blau: Hermann Heller – Zu einer sozialdemokratischen Staatsrechtslehre der Weimarer Republik, in: Demokratie und Recht 4 (1976), 120-142.

vor 1848 als ideologischer Ausdruck fingiert einheitlicher bourgeoiser Interessen entstanden – unter der Bedingung fehlender sozialer Homogenität, d.h. extremer sozialer Ungleichheit zu realer Klassendiktatur führt, woraus Heller einen sozial rechtsstaatlichen Ausweg suchte, während ein Carl Schmitt in gleicher Lage unter Berufung auf den Widerspruch von demokratischer Identität und parlamentarischer Repräsentation einen autoritär-faschistischen Ausweg forcierte oder ein Rudolf Smend im Zeichen der „Integration" die normative Verfassung für erodiert erklärte.[191]

Aus Heller sprach einerseits der unter vorfaschistischen Bedingungen im Unterschied zu Schmitt und Smend an den Restbeständen des vernünftig Normativen festhaltende Staatsrechtler und andererseits der den Marxismus ablehnende Leipziger Arbeiterbildner, der an der sittlichen und intellektuellen Bildung des Proletariats arbeiten zu müssen glaubte.

Der von Heller als strenge Basis-Überbau-Determinierung karikierte Historische Materialismus operiert nach seiner Einschätzung auf der Basis einer „Verelendungstheorie", die sich Heller aus antimarxistischer Kampfliteratur vereinfacht zurechtgelegt hatte, und auf der unzulässigen Annahme „historischer Notwendigkeiten".[192]

Der Historische Materialismus schien Heller jede „selbständige politische Idee" zu absorbieren: "Es gibt nur zwei Möglichkeiten: entweder man glaubt an die Verelendungstheorie und an das Wunder vom Kopfsprung des kulturfremden Arbeiters in die Kultur, oder aber man sieht, daß der Arbeiter auch heute schon an dem Dasein, wenn auch gewiß nicht an dem dauernden Sosein des Staates, auf das stärkste interessiert ist." Heller zeichnete ein Bild von einem resignativ-dumpf verelendeten Proletariat – konträr zur marxistischen Sicht vom Klassenbewußtsein. Heller war darin von der gelehrtenmandarinen Massenverachtung im bürgerlichen Universitätsdiskurs geprägt. Hellers Bildungsideologie führte ihn zur Annahme, mit den kapitalistisch degradierten Arbeitern könne ohne massive Bildungsanstrengung kein Sozialismus aufgebaut werden.[193]

---

191 Vgl. Eike Hennig: Hermann Heller. Anmerkungen zum Versuch einer Synthese von Nationalismus und Sozialismus, in: Neue Politische Literatur 16 (1971), 507-519, hier 513.

192 Vgl. Stephan Albrecht: Zwischen Bewunderung und schroffer Ablehnung. Hermann Hellers Auseinandersetzung mit Marx und dem Marxismus, in: Der soziale Rechtsstaat. Gedächtnisschrift für Hermann Heller 1891-1933, hrg. von Christoph Müller u. Ilse Staff, Baden-Baden 1984, 503-520. Ausführlicher dazu Stephan Albrecht: Hermann Hellers Staats- und Demokratieauffassung. Zum Zusammenhang von Demokratie und Sozialismus, Hamburg 1980.

193 Vgl. Ruedi Waser: Nationaler Kultursozialismus oder Aufhebung der bürgerlichen Gesellschaft: in: Der soziale Rechtsstaat. Gedächtnisschrift für Hermann Heller 1891-1933, hrg. von Christoph Müller u. Ilse Staff, Baden-Baden 1984, 521-552.

Hellers historisch-politisches Denken war in Kenntnis des Anarchosyndikalismus von Georges Sorel auch von einer – Elemente der späteren „Totalitarismus-Theorie“ vorwegnehmenden – Gleichsetzung von rechter faschistischer „Gewaltästhetik“ und sozialistischer „Revolutionsromantik“ durchzogen. Vor dem Hintergrund der Identifizierung eines „Revolutionspathos von links und rechts“ glaubte Heller das kulturell zivilisatorische Erbe und die von ihm als Allheilmittel gegen heraufziehende Barbarei beschworene geschichtliche Kontinuität auch gegen die Revolutionstheorie des Historischen Materialismus retten zu müssen, drohte doch die sozialistische Revolution nach Hellers Einschätzung mit dem Erwürgen der geschichtlichen Tradition automatisch in „kulturzerstörende“ Barbarei umzukippen: „Auch derjenige, der durch eine radikale Umwälzung eine kollektivistische Stufe der europäischen Kultur kommen sieht, vermag in ihr nicht die Verleugnung aller bürgerlichen Lebensformen zu erblicken, sondern nur ihre Hegelsche Aufhebung, das heißt sowohl ihre Beseitigung wie zugleich ihre Bewahrung und Höherentwicklung.“[194]

Der Mitte der zwanziger Jahre für den national-romantisch und „kultursozialistisch“ orientierten „Hofgeismar-Kreis“ am rechten Rand der Sozialdemokratie wirkende Heller,[195] der befangen in bildungsbürgerlichen Traditionen an der deutschen Nations- und Staatsidee im Sinne Ferdinand Lassalles festhielt, der der Sozialdemokratie im Sinn offenen Reformismus eine begeisterte Zustimmung zur bürgerlich-parlamentarischen Demokratie und zu einer nationalen Kulturgemeinschaft – unter Ablehnung der Marx-Engelsschen Diktatur des Proletariats – abverlangte, agitierte für einen aus ethisch-idealistischen Quellen gespeisten Sozialismus im Rahmen des deutschen Nationalstaats jenseits des von ihm nicht zuletzt unter Berufung auf Otto Bauers „Nationalitätenfrage“ bekämpften marxistischen Internationalismus. Dementsprechend heißt es 1925 in Hellers „Sozialismus und Nation“: „Die Arbeiterklasse will Nation werden.“ und: „Sozialismus ist nicht Aufhebung, sondern Veredelung des Staates.“[196]

Wiederum ausführlicher Ruedi Waser: Die sozialistische Idee im Denken Hermann Hellers. Zur politischen Theorie und Praxis eines Demokratischen Sozialismus, Basel-Frankfurt 1985.

194 Hermann Heller: Bürger und Bourgeois (1932), in: ders.: Gesammelte Schriften II, Leiden 1971, 625-641, hier 640f.

195 Vgl. Franz Osterroth: Der Hofgeismar-Kreis der Jungsozialisten, in: Archiv für Sozialgeschichte 4 (1964), 525-569 und über Hellers Wirken im Hofgeismar-Kreis Heinrich August Winkler: Der Schein der Normalität. Arbeiter und Arbeiterbewegung in der Weimarer Republik 1924 bis 1930, Berlin 1985, 369-371.

196 Vgl. zu Hellers, unter Berufung auf Otto Bauer vorgetragene These, daß im Zuge der sozialistischen Revolution weder Staat noch Nation aufgehoben werden könnten, Hermann Heller: Sozialismus und Nation (wie Anm. 188), 481, 496.

Heller gab sich im Vorfeld des heraufziehenden Faschismus Illusionen über das demokratische Entwicklungspotential der bürgerlichen Klassengesellschaft hin, auch wenn er deren Charakter an einigen Stellen präzis diagnostizierte. So sprach Heller 1926 abschließend zu den „politischen Ideenkreisen" vom notwendig weltweit Hungerelend und Kinderausbeutung reproduzierenden Kapitalismus, von der drohenden weltweiten Hegemonie des Kapital. Heller sah auch die Gefahr der Zerschlagung der Organisationen der Arbeiterklasse durch den europäischen Faschismus: „Die internationale Kartellierung der Industrie wie die internationale Zusammenarbeit des Kapitals überhaupt sind heute zweifellos mächtigere Tatsachen als die Partei-, Gewerkschafts- und Genossenschaftsinternationale der Arbeiterschaft."[197]

Hellers Kritik des Kapitalismus als Maschinerie der Verelendung, als kulturhemmender und kulturzerstörender Gesellschaftsform des „Vandalismus" rührt von Hegels Kritik der heraufziehenden bürgerlichen Gesellschaft her. Heller unterlag allerdings der Fehlprognose, daß der bürgerlich-nationale Staat selbst bei aller imperialistischen und machttechnischen Aktivität nur dann überleben kann, wenn er im Eigeninteresse die Arbeiterklasse anhebt, integriert und emanzipiert. Heller vertrat die Illusion von der notwendigen Transformation des wilhelminischen Imperialismus in einen mächtigen demokratischen, nationalen und sozialistischen Staat, verfocht die Theorie von der wechselseitigen Bedingtheit von nationaler Machtposition und sozialistischer Emanzipation, also von der Quasi-Identität von Nation, deutschen Imperialinteressen und Sozialismus. „Klasse muß Nation werden!" – so Heller 1925. Durchgehend findet sich auch Hellers antimaterialistisches Pathos des Sittlichen, so auch wieder 1925 in „Sozialismus und Nation": „Sittliche Überzeugungen sind gewaltige Mächte."[198]

Wolfgang Abendroth (1906-1985), antifaschistischer Kämpfer und sozialistischer Staatsrechtstheoretiker der Bundesrepublik Deutschland nach 1945, der im restaurativen Nachkriegsklima Hellers Staatslehre vor der Verdrängung bewahrend für den Zweck einer fortschrittlichen Rechtspolitik wiederentdeckte,[199] übersah nicht die rechts- und sozialstaatlichen Illusionen, den unhaltbaren Verfassungsoptimismus Hellers angesichts der faschistischen Gewalt vor dem Hintergrund kapitalistischer Krisen. Heller, der verdiente Kämpfer gegen den preußischen Verfassungsputsch, hatte sich noch 1932 irrealer Hoffnung auf ein Scheitern des Nazifaschismus hingegeben und geglaubt, der formal-liberale und soziale Rechtsstaat könnte in einer Art „Klassengleichgewicht" (Otto Bauer) ei-

---

197 Hermann Heller: Die politischen Ideenkreise der Gegenwart (wie Anm. 112), 408f.

198 Hermann Heller: Sozialismus und Nation (wie Anm. 188), hier 441.

199 Vgl. Wolfgang Abendroth: Ein Leben in der Arbeiterbewegung, hrg. von Barbara Dietrich und Joachim Perels, Frankfurt 1981, 145f.

nen Damm gegen den Nazi-Faschismus bilden. Heller hielt gegen die Marxsche Theorie an der geschichtlich unüberschreitbaren Notwendigkeit des demokratischen und sozialen Rechtsstaates fest.

Abendroth hielt es für mehr als Zufall, daß Heller jene jungen sozialistischen Juristen der späten Weimarer Republik wie Ernst Fraenkel, Franz Neumann oder Otto Kirchheimer[200] mit ihrem ungleich materialistischeren Blick für die verschärften Klassenwidersprüche und für die Gefahr des Faschismus ignorierte, nicht zuletzt da Heller an der Legalitätsillusion unbeirrt festgehalten hatte.[201]

Fernab von der Klassenkampftheorie des Historischen Materialismus und unter fast vollständiger Ignorierung jeder materialistischen Dialektik von Produktionsverhältnissen und Produktivkräften glaubte Heller bis zur Nazi-Machtergreifung 1933 an einen den Klassenkompromiß rechtsstaatlich realisierenden, reformistischen, über Sozialisierungen fortschreitenden Weg in den Sozialismus auf Grundlage der geistig-sittlichen Tat.

Heller setzte noch 1932 Hoffnung auf das altliberale Bürgerideal, d.h. auf den um die öffentlichen Angelegenheiten rational und rechtsstaatlich bemühten Citoyen, der sich vom eigennützig agierenden Bourgeois abhebt, obwohl Heller in „Bürger und Bourgeois“ (1932) zugleich die Flucht des Bürgertums in den Faschismus und die Bemühungen des Kapitals zur endgültigen Revision der „Novemberrevolution“ von 1918 konstatieren mußte: „Die Umwälzung von 1918 bedeutete aber eine so weitgehende Demokratisierung der rechtsstaatlichen Gesetzgebungsgewalt, daß die wirtschaftliche Sekurität des Besitzbürgers durch sie bedroht wurde. Er erwartet nunmehr die Sicherung seines privaten Besitzstandes von der fascistischen Diktatur, die ihm um so vertrauter ist, als sie sich als Gegnerin erweist aller jener Gefahren, die mit der Autonomie im Geistigen, Sittlichen und Politischen immer verbunden sind.“ Heller, der trotzdem in einer hilflosen Kapitalismusanalyse im Sinn von Kritik an einer vandalistischen „Geldsackmentalität“ und eines „Mammonismus“ hängen blieb, und glaubte, an die moralisch-vernünftige, kulturelle und liberal-konstitutionelle Geschichtstradition des Bürgertums appellieren zu können, hielt am rechtsstaatlichen Opti-

200 Vgl. über Fraenkel, Neumann, Kirchheimer biographische Artikel von Alexander Brünneck, Ulrich K. Preuß und Joachim Perels, in: Streitbare Juristen, hrg. von Kritische Justiz, Baden-Baden 1988, 390-426 und Joachim Blau: Sozialdemokratische Staatslehre in der Weimarer Republik. Darstellung und Untersuchung der staatstheoretischen Konzeptionen von Hermann Heller, Ernst Fraenkel und Otto Kirchheimer. (=Schriftenreihe für Sozialgeschichte und Arbeiterbewegung 21), Marburg 1980.

201 Wolfgang Abendroth: Die Funktion des Politikwissenschaftlers und Staatsrechtslehrers Hermann Heller in der Weimarer Republik und in der Bundesrepublik Deutschland, in: Der soziale Rechtsstaat. Gedächtnisschrift für Hermann Heller 1891-1933, hrg. von Christoph Müller u. Ilse Staff, Baden-Baden 1984, 214-233.

mismus fest, obwohl er selbst den Aufschwung der nach seiner Einschätzung weitgehend „zu Unrecht“ von Nietzsche, Bergson, Sorel und Pareto entlehnten „heroisierenden Verhüllungsideologien“, den Niedergang der liberalen Vernunftideale des Bürgertums und die Zerstörung der (bürgerlichen) Vernunft hinter einer „heroisierenden Maske“ der Denunziation von Ansprüchen der Arbeiterklasse diagnostizierte: „Der heldische Bourgeois hält selbst das Palais Rothschild für eine weit legitimere Erscheinung als die 'Paläste' der Krankenkassen.“ Heller beklagte den Verrat der Bourgeoisie an den Idealen des Bürgertums, indem er an die mögliche, 1938 von Max Horkheimer in „Die Juden und Europa“[202] mit Blick auf die bürgerlich-humanistische Emigration lächerlich gemachte Wiederbelebung der revolutionär demokratischen Prinzipien des frühen Bürgertums glaubte: „Nun sind aber die Träger der fascistischen Konterrevolution gezwungen, ihr eigenständiges Bürgerethos, die Ideen des Vernunftnaturrechts, als 'bourgeoisen' Rationalismus, Atomismus und Individualismus zu verleugnen. Als Surrogat verfügen sie nur über eine antibürgerliche, ästhetisierende Gewaltethik, die das rationale Mittel der Revolution zu ihrem irrationalen Zweck macht.“[203]

Die Ferne von Hellers Staatslehre zum Historischen Materialismus läßt aber nicht übersehen, daß Heller die Klassenanalyse von Marx der Staatslehre zugrunde legen wollte, so heißt es im nicht vollendeten Hauptwerk „Staatslehre“: "Die leitende Hypothese dieser Staatslehre ist die Annahme von der Unhaltbarkeit der Klassenstruktur des heutigen Staates und von der Gültigkeit der gegen sie gerichteten Entwicklungstendenzen. Gerade weil diese Entwicklungstendenzen in der Gegenwart die Wirklichkeit und Einheit des heutigen Staates fragwürdig machen, eben deshalb hat die Kardinalfrage der Staatslehre zu lauten: Ist und wie ist der gegenwärtige Staat als eine in der gesellschaftlich-geschichtlichen Wirklichkeit tätige Einheit, als ein wirkliches historisches Gebilde möglich?"[204]

Marx und Engels, deren Staatstheorie Heller konsequent ablehnte, deren Materialismus Heller in grober Weise zu einem von ihm bekämpften „Ökonomismus“ „wirtschaftlicher Bewegungsgesetze“ vulgarisiert präsentierte, fanden bei Heller dort Anerkennung, wo er deren Theorie als geschichtliches Modell „humaner Entwicklung“ deuten zu können glaubte.

Dies zeigt weiters, daß sozialistische Tendenzen in der Philosophie des Deutschen Idealismus, deren eigentlicher Erbe nach Hellers Andeutungen Ferdinand

202 Vgl. Max Horkheimer: Die Juden und Europa, in: Zeitschrift für Sozialforschung 8 (1939), 115-135.
203 Hermann Heller: Bürger und Bourgeois (wie Anm. 194), 632-635.
204 Hermann Heller: Staatslehre (wie Anm. 50), 155.

Lassalle war, für Hellers bildungshumanistischen Sozialismus wichtiger sind als der Historische Materialismus.

Lassalle, von Heller als der eigentliche „politische Kopf der deutschen Sozialdemokratie" aufgefaßt, galt ihm zugleich als der Vollender von Hegels idealistischer Auffassung der Geschichte und des Staats als Reich der sittlichen Vernunft in Form des Produktionsgenossenschaften stützenden „freien Volksstaats".

Heller spielte auch Fichtes idealistischen Sozialismus, den er u.a. aus der Lassalle-Lektüre kannte, gegen Marx' Materialismus aus. Öfters zitierte Heller im Sinn seines „Kultursozialismus" aus Fichtes „Der geschlossene Handelsstaat" (1800) dessen sozialistische Geschichtsperspektive vom „sittlichen Vernunftreich" und der „gerechten Gemeinschaft": „Der Mensch soll arbeiten, aber nicht wie ein Lasttier, das unter seiner Bürde in den Schlaf sinkt, und nach der notdürftigsten Erholung der erschöpften Kraft zum Tragen derselben Bürde wieder aufgestört wird. Er soll angstlos, mit Lust und Freudigkeit arbeiten, und Zeit übrig halten, seinen Geist und seine Augen zum Himmel zu erheben, zu dessen Anblick er gebildet ist."[205] Fichtes Werk glaubte Heller auch die These von der Identität von Sozialismus und Nation entnehmen zu können: „Man erkennt, wie innig sich in Fichtes Denken Sozialismus und Nationalidee umschlangen."

Der historische Materialismus schien Heller nur als Korrekturgewicht gegen Fichtes, aber auch Humboldts Kultur- und Bildungssozialismus bedeutsam: „Im 'Idealismus' wurde der Gegensatz Natur und Geist, Notwendigkeit und Freiheit in der 'Idee' überwunden, (...). Der Marxismus löst die Spannung nach der Seite von Natur und Gesetz hin und begreift die menschliche Kraft als einen Teil der totalen Geschichtswirklichkeit, als eine von Natur und Gesellschaft determinierte Determinante."[206]

Ferner hinterließ Marianne Webers Dissertation über Fichtes Sozialismus-Bild im Vorfeld von Marx bei Heller deutliche Rezeptionsspuren im Hinblick auf einen ethischen Sozialismus, so wenn Weber zwischen der Zustimmung zu Marxens theoretischer Analyse und zu Marxens gesellschaftlicher Prognose bzw. politischem Kampf unterscheidet, beide Momente als abgrundtief getrennt hinstellte.

Wenn Marianne Weber den Historischen Materialismus in die Linie eines theoretisch unbegründbaren eschatologischen Chiliasmus rückte, wenn sie die Möglichkeit eines wissenschaftlichen Sozialismus unabhängig von ethischen Prämissen und moralischen Postulaten bestritt, indem sie unter Rückgriff auf Eugen Böhm-Bawerks Kritik an Marx' Arbeitswert- und Mehrwerttheorie dem

---

205 J.G. Fichte 1800, zit.n. Hermann Heller: Sozialismus und Nation (wie Anm. 188), 442, im folgenden 449f.

206 Hermann Heller: Die politischen Ideenkreise der Gegenwart (wie Anm. 112), 381.

Historischen Materialismus „utopistischen Charakter“ zuschrieb und behauptete, Marx sei nicht der „leidenschaftslose Naturforscher“ gewesen, als der er sich präsentiert hat, ihm hätten sich „bei der ökonomischen Kritik ethische Voraussetzungen unterschoben“, so trifft sich diese Sicht mit Hellers Histomat-Kritik.

Marianne Webers plumpe, im bürgerlichen Wissenschaftsbetrieb geläufige Erklärung von Marxens Materialismus – sie leitete ihn aus dem Einfluß von Rousseaus pessimistischer Anthropologie her, Marx geriet ihr zum verzweifelten Kritiker einer dekadenten bürgerlichen Kultur, zum Propheten mit „ethischem Pathos“ – richtete sich gegen die ihr in Friedrich Engels′ „Entwicklung des Sozialismus von der Utopie zur Wissenschaft“ (1882) kanonisiert erscheinende materialistische Geschichtsauffassung als eine „im schärfsten Gegensatz zu Fichtes idealistischer Welterklärung“ stehende, alles Ideelle als Reflex der materiellen Reproduktion degradierende Theorie. Ähnliche (Vor-) Urteile über den Historischen Materialismus wurden von dem – im Weg über Lassalle – auf Fichte geprägten Hermann Heller verbreitet.

Marianne Webers Attacke auf den Historischen Materialismus u.a. unter Rückgriff auf Heinrich Rickerts „Grenzen der naturwissenschaftlichen Begriffsbildung“ (1896), worin die „Anwendung der naturwissenschaftlich-dialektischen Methode zur Darstellung höchst komplizierter historischer Vorgänge“, zur Beschreibung des historisch „Einzelnen, Anschaulichen und Individuellen“ als unzulänglich erwiesen worden sei, verfehlte den Eindruck auf Heller nicht.

Hielt Marianne Weber Marx und Engels auch zugute, daß sie das historisch Anachronistische an Fichtes „Zunftsozialismus“ erkannt hatten, so folgte sie gerade in der Staatstheorie dem dann auch bei Heller omnipräsenten Gedankenkonstrukt vom vernünftigen Staat bei Lassalle, dem Fichte- und Hegel-Schüler, im Kontrast zum Marx-Engelsschen Klassenstaat: „Fichtes und Marx′ Staatsbegriffe stehen einander gegenüber wie Thesis und Antithesis. Fichtes Vernunftstaat, der als notwendige Bewußtseinsthatsache logisch deduziert und teleologisch bewertet wurde, hat als Wächter des unbedingt notwendigen Gemeinschaftsverhältnisses vernünftig-sinnlicher Wesen normative, zeitlose Gültigkeit.“ Dagegen erkläre Marx „den Staat als rein empirisches Gebilde“ zur „Organisation der ausbeutenden Klassen zur Aufrechterhaltung ihrer äußern Produktionsbedingungen“.

Folgende Kritik Marianne Webers am Marxschen Staatsbegriff könnte deshalb aus Heller zitiert sein: „Durch diese rein ökonomisch motivierten Definitionen, die lediglich den historisch bedingten Inhalt des Staatsbegriffs widerspiegeln sollen, hat der Marxismus den Staat selbst jeder normativen, zeitlosen Gültigkeit entkleidet und ihm nur eine temporäre Daseinsberechtigung zuerkannt.“

Wie Heller Marx und Engels vorwarf, als Internationalisten – im Unterschied zu Lassalle – keinen Blick für die Nation, für die nationalstaatlichen Erfordernisse des Jahres 1871 zu haben, galt auch Marianne Weber Marx-Engels' „Proletarier aller Länder vereinigt euch!" als Blindheit gegenüber „der Zeit des herrlichen Kampfes um das höchste politische Gut: die Freiheit und Einheit unserer Nation".

Für die Gegenwart der Jahrhundertwende 1900 schien Marianne Weber Fichtes Vernunftstaat, der auch Heller beeindruckte, relevanter als Marx' Theorie von der klassenlosen Gesellschaft, als Marx' wissenschaftlicher Sozialismus. Marx' „Zukunftsgesellschaft" müsse „weit eher als Utopie bezeichnet werden als Fichtes Vernunftstaat": „Alle Zeichen der Zeit deuten darauf hin, daß die gegenwärtige Gesellschaftsordnung – die Herrschaft der freien Konkurrenz – weit eher durch eine Annäherung an Fichtes Vernunftstaat, als an Marx' kommunistische Zukunftsgesellschaft abgelöst werden wird."[207]

Für Heller ist Marx' Historischer Materialismus allenfalls aus der Linie des Deutschen Idealismus, aus Fichte, vor allem aber aus Hegel zu verstehen. Im Denken von Heller – so 1924 in einem Hegel-Essay – gab es zwei legitime, für Heller nicht apriori widersprüchliche Erben des Hegelschen Idealismus, die „nationale Machtmetaphysik" einerseits und die sozialistische Linie andererseits und hier wiederum Marx und Lassalle, wobei Heller die Marxsche Linie zurückdrängend Lassalle als den wahren Hegel-Nachfahren ausweisen wollte: „Gleichsam wie eine Bestätigung ihrer eigenen Logik des zeugenden Widerspruchs nimmt sich die Tatsache aus, daß die Hegelsche Philosophie nicht nur den Ursprung der nationalen Machtmetaphysik darstellt, sondern auch den von Marx, Engels und Lassalle getragenen Sozialismus aus sich geboren hat." Das von Heller Marx zugebilligte Verdienst war es, Hegel hochgehalten zu haben, als dieser nach 1848 als „toter Hund" gehandelt wurde. Der Marxismus schien Heller nur dann lebensfähig, wenn „neben den ökonomischen Hegelianer Marx der politische Hegelianer Lassalle" tritt.

Der Hegel des nationalen Machtstaatsgedanken und der Hegel eines lassalleanisch reformistischen Staats-Sozialismus genoß bei Heller Priorität gegenüber allen Ableitungen aus dem Historischen Materialismus.

Am Hegel-Erbe Marx' beklagte Heller, daß der Historische Materialismus dem Evolutionismus und positivistischen Gesetzesglauben eines (naturwissenschaftlichen) Sozialismus aufgesessen und zu den als abstrakt vernunftrechtlich bemängelten Konstrukten Kants zurückgekehrt sei, während Lassalle Hegels (Macht-) Staatsdenken in die Sozialdemokratie hineingerettet hätte, das – wie

---

207 Marianne Weber: Fichte's Sozialismus und sein Verhältnis zur Marx'schen Doktrin. (=Volkswirtschaftliche Abhandlungen 4/3), Tübingen 1900, 76, 96f., 99, 104, 110-112, 118.

Heller als „Staatsbejaher“ zustimmend feststellt – trotz der Bismarckschen Sozialistenverfolgung nicht zerstört werden konnte.

Hellers Bild von Hegels Geschichtswirksamkeit ließ ihn die beiden von Hegel ausgehenden Strömungen in ihrer jeweiligen Isoliertheit als Irrtümer erscheinen, rechts die imperialistische Machtstaatsideologie, links die revolutionäre Marxsche Diktatur des Proletariats. Nur in einem Gleichgewicht beider Richtungen, also einer Vermittlung von Nation und Klasse wollte Heller den wahren Hegel für die Gegenwart der Weimarer Republik aufgehoben finden: „Deutscher Nationalstaatsgedanke und deutscher Sozialismus führen beide ihren Stammbaum auf Hegel zurück. Kein würdigeres Denkmal vermögen sie ihrem Ahnherrn zu errichten, als wenn sie den gemeinsamen Weg finden zur Verwirklichung des durch Marx und Lassalle vertieften Gedankens eines zu neuer nationaler Macht organisierten deutschen Gesamtvolkes.“

Während ein Carl Schmitt am Ende der Weimarer Republik bedauerte, daß Hegels Geist aus Berlin über Marx zu Lenin und Lukács nach Moskau abgewandert ist, und sich Schmitt um die Restauration einer rechtshegelianischen Linie bemühte, galten Heller 1924 zwei Hegel-Linien in einem eigenartigen Vergleich als in Einheit legitim, die Machtstaatsapologetik von 1914 als auch die linke, in die Novemberrevolution von 1918 mündende Hegellinie zwecks Erlangung eines demokratischen, sozialen und nationalen Rechtsstaats zur Versöhnung der Klassen – so Heller 1924: „Nicht nur der Marxismus hat sich einer einseitigen Überwertung der äußeren Mächte schuldig gemacht. Auch die nationale Machtideologie hat weit mehr an die Größe und Zahl der Kanonen geglaubt, (...).“

Hellers Hegel-Arbeit von 1924 unterschied sich von seiner 1919/20 verfaßten Habilitations-Schrift über Hegel insofern, als Heller nun auch die über die bürgerliche Gesellschaft hinausweisende geschichtliche Perspektive Hegels betonte, so wenn er auf die §§ 243-246 in Hegels „Rechtsphilosophie“ hinwies, in denen die historisch unlösbaren Widersprüche der bürgerlichen Eigentumsverfassung abgehandelt waren, und in denen Hegel ausgehend von der Verelendung des „Pöbels“ und der Unfähigkeit der bürgerlichen Gesellschaft, „dem Übermaße der Armut und der Erzeugung des Pöbels zu steuern“, in § 246 schlußfolgerte, daß diese Gesellschaft über sich „durch diese ihre Dialektik“ hinausgetrieben wird, wobei Hegel allerdings weniger an die klassenlose Gesellschaft als an die imperiale Kolonialisierung dachte.[208]

Hellers Marxismus-Kritik war in der Regel ein Angriff auf die Kautskysche Marx-Exegese, wobei Heller nicht konsequent erkennen läßt, ob er diese Interpretation für authentisch hielt. Jedenfalls galt Heller der Historische Materialis-

208 Hermann Heller: Hegel und die deutsche Politik (1924), in: ders.: Gesammelte Schriften I, Leiden 1971, 241-255.

mus zumeist als (Kautskyscher) Naturalismus und Evolutionismus: "Metaphysik ist auch der historische Materialismus von Marx und Engels, wenn er alles politische Geschehen letztlich durch ökonomisch-technische Veränderungen erklären will." Die „monistische Explikation" der Marxschen Geschichtstheorie galt Heller als Frage „nach einem ens realissimum, nach einem unbewegten Beweger des politischen Geschehens", mündend in „Theologie".[209]

Heller, der ethische Kultursozialist, attackierte Karl Kautskys "sozialdarwinistischen Marxismus", wie er im Erfurter Programm der deutschen Sozialdemokratie von 1891 niedergeschrieben war. Heller zählte dabei ohne politische Differenzierung den „Renegaten" Kautsky, den mit Karl Liebknecht und Rosa Luxemburg auf Seite der Spartakisten kämpfenden Franz Mehring und den Leninismus zu den „geistlosen" Marxisten.[210]

Hellers bürgerlich kulturkritischer „Antiökonomismus" führte ihn 1925 dazu, zwischen einem brauchbaren und unbrauchbaren Histomat zu differenzieren, vor allem Friedrich Engels und Karl Kautsky auf die negative Seite zu schlagen, wobei sich die unbrauchbare Variante „als eine mechanisch-naturgesetzliche Selbstentwicklung der ökonomischen Verhältnisse unter Ausschaltung des wollenden und des zweckmäßig und sittlich urteilenden Menschen" profilieren wollte: „Es gibt nämlich einen geisterfüllten und einen geistlosen historischen Materialismus. (...) Dieser Mystik der 'ökonomischen Verhältnisse', die menschliche Marionetten als bewußtlose Werkzeuge gebraucht, haben gewisse Äußerungen, insbesonders von Engels, Vorschub geleistet. In Wahrheit war aber wohl auch Engels der Meinung: 'Wir machen unsere Geschichte selbst.'" Heller sah die „sittliche Vernunft" durch den Historischen Materialismus im Sinne einer „sich selbst entwickelnden Wirtschaft" fatalistisch stranguliert.

In „Sozialismus und Nation" schrieb Heller 1925 weitläufig gegen den sogenannten „Ökonomismus", das angebliche Schema der „einstufigen Horizontale des ökonomischen Geschichtsverlaufs" im Histomat an: „Hier soll nur die theoretische Unmöglichkeit aufgezeigt werden, von einer einseitig ökonomischen Geschichtsauffassung und einem einseitig ökonomischen Klassenbegriff überhaupt zu einem Wirklichkeitssozialismus zu gelangen."

Heller insistierte auf einem (trivialen) Ökonomismus-Vorwurf gegen den Historischen Materialismus und verfocht eine selbständige Entwicklungslogik des „Überbaus": „Das Gesetz des religiösen Verhaltens ist ein durchaus anderes wie das Gesetz des wirtschaftlichen, politischen und sonstigen Verhaltens. Weil aber

209 Hermann Heller: Staatslehre (wie Anm. 50), 154.

210 Vgl. zu Hellers Sozialismus-Konzept (ohne Marx) Wolfgang Schluchter: Entscheidung für den sozialen Rechtsstaat. Hermann Heller und die staatstheoretische Diskussion in der Weimarer Republik, 2. Auflage, Baden-Baden 1983, 122-135.

Marx und Engels als Wirtschaftswissenschaftler immer nur die Gesetzlichkeit der Wirtschaft sehen, können sie nie zur Eigengesetzlichkeit der anderen Lebenssphären, insbesonders nicht zur Eigengesetzlichkeit der Politik kommen." Der Histomat so Heller unablässig – versinkt in einem Monismus des „ökonomischen Bewegungsgesetzes".[211]

Heller lobte Friedrich Engels in der „Staatslehre" dort, wo er in Engels' historischen Analysen Akzeptanz für die „Staatsmaschine", die nicht im „Museum der Altertümer" verschwinden wird, zu finden glaubte. Engels hat die im „Kommunistischen Manifest" festgeschriebene Theorie vom Staat als Herrschaftsinstrument der Bourgeoisie im „Ursprung der Familie" richtig revidiert, mutmaßte der Marx und Engels freihändig adaptierende Heller 1933: Engels habe nämlich als Beispiele für einen fortschrittlichen, neutralen, klassenunabhängigen Staat die absolute Monarchie des 17. und 18. Jahrhunderts, den Bonapartismus benannt.[212]

Auch wenn Heller zubilligt, daß der Historische Materialismus verdienstvoll auf der Spur von Hegels Diktum „Die Weltgeschichte ist nicht der Boden des Glücks!" den liberal harmonischen Konzeptionen von geschichtlichem Fortschritt, von einer nicht-antagonistischen Entwicklung der bürgerlichen Gesellschaft widerspricht, unhaltbare, bloß „wohlgemeinte pazifistische" Geschichtsideologien enttarnt und als Ansporn für den „sittlichen Protest gegen die unmenschliche kapitalistische Lebensform" dient, propagierte Heller insgesamt doch die bürgerlich-akademische Histomat-Einschätzung von der „kultur-feindlichen" Marxschen Gesellschaftsphilosophie, die Kultur oder Recht im Rahmen der Basis-Überbau-Theorie zum Reflexphänomen marginalisiert: Die Grundposition „der materialistischen Geschichtsauffassung, auch in ihrer weniger krassen Form, die besagt, daß die auf den Verlauf der Geschichte einwirkenden geistigen Gestaltungen, daß der 'Überbau' nur Reflex der ökonomischen Klassenkämpfe im Gehirn der Beteiligten sei, diese Auffassung ist deshalb so gefährlich, weil der Arbeiter dadurch notwendig zu der Meinung verleitet wird, das Wesentliche und Wertvolle seien die Klassenkämpfe, alle Kultur sei aber 'nur' Reflex." Heller deutete den Historischen Materialismus samt Klassentheorie im Sinne von Rudolf Jherings „Kampf um's Recht" (1872): „Der Kampf der Arbeiterklasse ist ein Kampf ums Recht!"[213] Alle Hellersche Histomat-Kritik kulminierte in der Kritik der Karl Kautskyschen Variante „materialistischer Geschichtsschreibung" als einer Art „Milieutheorie", damit also in der Kritik des halboffiziösen Programms der Zweiten Sozialistischen Internationale, besonders des „zentristi-

211 Hermann Heller: Sozialismus und Nation (wie Anm. 112), 463, 477, 484, 488.
212 Hermann Heller: Staatslehre (wie Anm. 50), 275.
213 Hermann Heller: Sozialismus und Nation (wie Anm. 112), 467, 469.

schen" Flügels der deutschen Vorkriegs-Sozialdemokratie. Für den Heller der „Staatslehre" war Kautskys Theorie der Inbegriff einer „ökonomischen Vereinseitigung" der gesellschaftlichen Wirklichkeit mit „naturalistischen" Auswüchsen.

So argumentierte Heller gegen neukantisch bürgerliche Verkürzungen des Marxismus, voran aber gegen dessen positivistisch evolutionistische und antidialektische Aufbereitung. Unter Berufung auf die Rekonstruktion einer materialistischen Dialektik im Sinn Hegels durch Georg Lukács und Karl Korsch (1923) notierte Heller am Ende seines Lebens gegen Kautsky mit einem Querschlag gegen den neukantischen Sozialismus: "Als aber seine (Marx'- Anm.) Nachfolger – in Übereinstimmung mit dem bürgerlichen Positivismus ihrer Zeit – Hegel als 'toten Hund' behandelten, seine Dialektik als Unsinn über Bord warfen und Marx auf neukantisch zu interpretieren begannen, da wurde erst aus dem ökonomisch-dialektischen Moment eine Art Ding an sich, aus der revolutionär ökonomischen Praxis gegenüber der kapitalistischen Totalität eine für alle Wirtschafts- und Gesellschaftsordnungen gültige, wenn auch praktisch nicht verpflichtende Theorie und aus der historischen Totalitätsauffassung der gesellschaftlichen Wirklichkeit als menschlicher Wirksamkeit die positivistische Milieutheorie eines Karl Kautsky."

Für seine Staatslehre reklamierte Heller aus dem Hegel-Marxschen Erbe die Kategorie der "Totalität" und die „Verdinglichungskritik" als theoretische Waffen sowohl gegen Kautskys Geschichtsmaterialismus als auch gegen den Rechts-Normativismus.

Im Anschluß an die Kritik an Kautsky heißt es anspielend auf Lukács' Rehabilitation der Hegelschen Dialektik im Zeichen der Totalitätskategorie und der Kritik der „Verdinglichung": „Denn daß die methodische epochemachende Tat des historischen Materialismus gerade die dialektische Totalitätsanalyse der gesellschaftlichen Wirklichkeit war, konnte nur im Zusammenhang mit der Hegelschen Philosophie begriffen werden. Diesen Zusammenhang wiederhergestellt zu haben, ist das große, von den Bolschewisten allerdings am wenigsten begriffene Verdienst von Georg Lukács, dem Karl Korsch darin gefolgt ist."

Lukács hat nach Heller, der dies auch als Troeltsch-Kenner zur Kenntnis nahm, klargelegt, daß „den Marxismus von der bürgerlichen Wissenschaft wesentlich nicht die Vorherrschaft der ökonomischen Motive in der Geschichtserklärung, sondern der Gesichtspunkt der Totalität" unterscheidet. In der Tat paraphrasiert Heller nach „Geschichte und Klassenbewußtsein", wenn es bei Lukács wörtlich heißt: „Nicht die Vorherrschaft der ökonomischen Motive in der Geschichtserklärung unterscheidet den Marxismus von der bürgerlichen Wissenschaft, sondern der Gesichtspunkt der Totalität. Die Kategorie der Totalität, die allseitige, bestimmende Herrschaft des Ganzen über die Teile ist das Wesen der

Methode, die Marx von Hegel übernommen und originell zur Grundlage einer ganz neuen Wissenschaft umgestaltet hat."

Lukács' Argumentation gegen die einzelwissenschaftliche Abstraktion im Sinn eines positivistischen Wissenschafts-Verständnisses benützte Heller für sein Konzept einer auf Erfassung der gesellschaftlichen Totalität orientierenden „wirklichkeits-wissenschaftlichen" Staatslehre, konkret gegen Kelsen. Es waren Lukács-Sätze wie diese, denen Heller zustimmte: „Für den Marxismus gibt es also letzten Endes keine selbständige Rechtswissenschaft, Nationalökonomie, Geschichte usw., sondern nur eine einzige, einheitliche – geschichtlich-dialektische – Wissenschaft von der Entwicklung der Gesellschaft als Totalität." – oder Lukács' Folgesatz: „Die bürgerliche Wissenschaft betrachtet die Erscheinungen der Gesellschaft – bewußt oder unbewußt, naiv oder sublimiert – stets vom Standpunkt des Individuums. Und vom Standpunkt des Individuums kann sich keine Totalität ergeben, höchstens Aspekte eines Teilgebietes, meistens aber nur Fragmentarisches: zusammenhanglose 'Tatsachen' oder abstrakte Teilgesetze."

Es war nicht die leninistische Haltung, die Heller an Georg Lukács und an Karl Korsch interessierte, sondern deren „rehegelianisierter", in den Augen Hellers damit re-idealisierter, anti-materialistischer (von Kautsky abgehobener) Marxismus, der zugleich seitens der Kommunistischen Internationale abgelehnt wurde. So hatte Heller für Lukács' Konzept der Hegelschen Dialektik und Totalität als „Träger des revolutionären Prinzips in der Wissenschaft" ebenso wenig Verwendung wie für Lukács' Auffassung, daß Hegels Dialektik bei Marx zur „Algebra der Revolution" mutiert.

Lukács' „Totalität" – in der Auseinandersetzung mit einem methodologischen Individualismus entstanden – wurde von Heller losgelöst von der politischen Kritik rezipiert. Lukács hatte „Geschichte und Klassenbewußtsein" gegen den ökonomischen Fatalismus der „legalen Marxisten", gegen die verbürgerlichte Ethik und gegen den sozialen Optimismus der II. Internationale mit ihrer harmonisch „vulgärökonomischen", von den imperialistischen Widersprüchen und Kriegen losgelöster Deutung der kapitalistischen Akkumulation – bekannt als zwischen Rudolf Hilferding, Michael Tugan-Baranowsky oder Otto Bauer einerseits und Rosa Luxemburg geführtem Streit um die Interpretation der „Reproduktionsschemata" im Marxschen „Kapital" – geschrieben. Diese eigentliche Grundintention bei Lukács überging Heller, der „Geschichte und Klassenbewußtsein" als antimaterialistisches Werk las. Lukács' „Totalität" wurde bei Heller Instrument gegen den positivistischen Normativismus im staatsrechtlichen Methodenstreit. Gleiches gilt für Hellers Rezeption von Lukács' Analyse von „Verdinglichung" und „Warenfetischismus", sowie für das Hellersche Interesse an Lukács' – später zurückgenommener – Hochschätzung des subjektiven Bewußtseinsfaktors. Dialektik war bei Heller nur als antipositivistisches Leitmotiv in den juristischen Methodenkonflikten relevant.

So erklärte sich Heller die Ausblendung des Historisch-Politischen aus der Staatsrechtslehre seit Laband mit der Mechanik "unhistorischer Verdinglichung": "Man hat die Grenzpfähle, welche die Linie zwischen wertender Politik und wertfreier Staatslehre abstecken sollten, gewonnen durch unhistorische Verdinglichung und durch die geisteswissenschaftliche Entwirklichung des Staates. So wäre es nach Bluntschli, Georg Jellinek und vielen andern die Aufgabe der theoretischen Staatslehre und der Staatsrechtslehre, die 'ruhende Staatsordnung', den Staat 'in seinem geregelten Bestand' zu untersuchen; der Politik aber fiele zu der Staat 'in seinem Leben'." Das historische Denken durchbricht die Verdinglichung gesellschaftlicher Verhältnisse und der daraus auf Überbauebene resultierenden ehernen juristischen Verabsolutierungen, weshalb Heller wieder Lukács referierend schreibt: "Sobald aber die historische Kritik dieses naive Bewußtsein verdrängt, lösen sich die fetischistisch verdinglichten Formen, alle gesellschaftlichen Gebilde erscheinen als Lebensprozesse zwischen Menschen, und die Tatsachen, die in der statischen Anschauung völlig geschichts- und gesellschaftstranszendent und aller menschlichen Einwirkung gegenüber undurchdringlich schienen, enthüllen sich als geschichtliche Formen menschlicher Tätigkeit."[214]

Analog Lukács machte sich Heller Karl Korschs Plädoyer für einen „philosophischen" Marxismus zugute. Korsch polemisierte 1923 in „Marxismus und Philosophie" gegen szientistische Illusionen unter den Theoretikern der Zweiten Internationale, die – so wie der auch von Heller abgelehnte Franz Mehring – mehr an Ernst Haeckel, Charles Darwin oder Hermann Helmholtz als an Hegel orientiert gewesen sind. So habe neben Kautsky auch Mehring gegen die „philosophischen Hirnwebereien" polemisiert und damit Marx auf das Niveau einer „Kantischen, Dietzgenschen, Machschen oder irgendeiner sonstigen Philosophie" gebracht.[215]

---

214 Vgl. zu Hellers Reaktion auf Lukács Hermann Heller: Staatslehre (wie Anm. 50), 143f. 148f., 198, 219. – Heller bezog sich in seinen Schriften auf folgende Passagen über „Totalität" und „Verdinglichungskritik" in Georg Lukács: Geschichte und Klassenbewußtsein. Studien über marxistische Dialektik, Darmstadt 1981, [jeweils nach ursprünglicher Paginierung der Erstausgabe im Malik-Verlag, Berlin 1923] zu „Totalität": 39-41, 178, 179, 204f., 236ff. – zur „Verdinglichungskritik": 57, 94, 198. – Vgl. Werner Jung: Georg Lukács, Stuttgart 1989, 95-106.

215 Vgl. dazu Lukács' spätere – 1934 – Moskauer Kritik an Mehring, der politisch als Mitkämpfer von Luxemburg und Liebknecht revolutionär geworden, theoretisch aber Lassalleaner geblieben sei. – Georg Lukács: Franz Mehring (1846-1919), in: ders.: Probleme der Ästhetik. (=Georg Lukács Werke 10), Neuwied-Berlin 1961, 341-432.

Auch hier war Heller wieder nicht am Kern der Korsch'schen Argumentation, an dessen Kritik an einer nach Fall der bismarckschen Sozialistengesetze „versöhnlerisch“ wirkenden Marx-Orthodoxie mit ihren revisionistischen und „neu-lassalleanischen“ Begleiteffekten interessiert. Wie Lukács übernahm Heller auch Korsch politisch für die Zwecke eines idealistischen Sozialismus auf den Kopf gestellt.

Korschs „Marxismus und Philosophie“ wirkte auf Heller nur als Verteidigung Hegels und nicht als Dokument der kommunistischen Linken. Korschs Kampf gegen die Denunziation der Hegelschen Philosophie lag auf Hellers Linie. Wenn Karl Korsch (1886-1961) die Leugnung des dialektischen Zusammenhangs von philosophischer Idee und gesellschaftlicher Praxis aber als ideologischen Ausdruck eines sich nach 1848 reaktionär rekonstituierenden Bürgertums und revisionistischer Tendenzen in der Sozialdemokratie deutete, so war das nicht Hellers Anliegen. Dem Protest von Korsch gegen marxistische Theoretiker wie Rudolf Hilferding, Marx' dialektischen und historischen Materialismus als „reine Theorie“ unter Loslösung vom „revolutionären Willen“ in ein „theoretisches System der klassischen Nationalökonomie“ einreihen zu wollen, trat Heller als Reformist, der sich nur in der methodischen, nicht aber in der politischen Konzeption von „Renegaten“ und Apologeten der bürgerlich demokratischen Republik – wie Kautsky oder Hilferding – unterschied, nicht bei. Dort wo Korsch kritisierte, die opportunistischen Ideologen der Zweiten Internationale würden den Historischen Materialismus als ein heuristisches Prinzip, „als einen 'subjektiven Grundsatz bloß für die reflektierende Urteilskraft' im Sinne Kants“, als „Soziologie“ behandeln, stieg Heller nicht auf den eklektizistisch rezipierten Korsch-Text ein, galt doch ihm der Marxismus auch nur als ein Forschungsprogramm.

Heller teilte nur Korschs Kritik am „antiphilosophischen“ positivistisch naturalistischen Histomat-Bild der Theoretiker der II. Internationale, das einem Rückfall in den Aufklärungsmaterialismus im Vorfeld der bürgerlichen französischen Revolution und in den „abstrakt naturwissenschaftlichen Materialismus Feuerbachs“ ähnelt. Korschs Rückführung dieser Entwicklung auf die unterschiedliche Konjunktur klassenkämpferischer Auseinandersetzungen vollzog Heller nicht mit.

Nur dort, wo Korsch unter Berufung auf Marx' Kritik an Proudhon und am Anarchosyndikalismus das Politische, die Autonomie des kulturellen, juristischen Überbaus, m.a.W die „Wirklichkeit der Ideologie“ gegen den „ökonomistischen Vulgärmarxismus“ zu rehabilitieren schien, paßte ihn Heller in seine Staatslehre ein. Korsch erschien Heller als willkommener Verteidiger der Sphäre des Staatlichen und Politischen, das bei Heller immer auch den Status einer „objektiven Sinnfunktion“ jenseits irrationaler Machtkämpfe hatte.

Korschs Hinweis, daß die „Behandlung der ideologischen Wirklichkeit" im Sinn von Marx liegt, Korschs Polemik gegen eine vulgäre Ideologiekritik – unter Berufung auf Marx' These, daß es „in der Tat viel leichter [ist] durch Analyse den irdischen Kern der religiösen Nebelbildungen zu finden, als umgekehrt aus den jedesmaligen wirklichen Lebensverhältnissen ihre verhimmelten Formen zu entwickeln", und daß nur das letztere „die einzig materialistische und daher wissenschaftliche Methode" ist, lag – paradoxerweise – auf der Linie von Hellers Materialismus-Kritik. Korschs sich auf Marx und Engels stützende Verteidigung der „geistigen (ideologischen) Struktur der Gesellschaft" gegen ihre Degradierung zu „Irrtum, Einbildung, Illusion in den Köpfen", die „sich nach der Umwälzung der ökonomischen Struktur der Gesellschaft und der Aufhebung ihres juristischen und politischen Überbaus von selbst in das Nichts auflösen würden", machte ihn für Hellers rechte sozialdemokratische Staatsauffassung attraktiv.[216]

Zuletzt floß auch Karl Korschs 1929 veröffentlichte „Auseinandersetzung" mit der zweibändigen, 1927 erstpublizierten „materialistischen Geschichtsauffassung" Karl Kautskys in Hellers Spätwerk ein, so wenn Korsch Kautskys Geschichtskonzept für undialektisch und unmaterialistisch erklärte und Kautskys Geschichtsmaterialismus etwa mit Blick auf dessen Staatstheorie als eine simple „Wiederholung der vulgärsten Dühring-, Gumplowicz-, Oppenheimerschen 'Eroberungstheorie'" – u.a. auf einer Sigmund Freud naiv kritisierenden, „ganz vorwissenschaftlichen Trieb-Psychologie" beruhend – bezeichnete.

Korschs Kritik an einer nichtdialektischen Geschichtsauffassung, am bloß monistisch „naturwissenschaftlichen Materialismus" Kautskys, den Korsch historisch als nicht über die bürgerliche Aufklärungsperiode hinausreichend einstufte, traf Hellers Intention. Korschs ironische und spöttische Bemerkungen über Kautskys „naive Entwickelungsmetaphysik" vulgärdarwinistischen Zuschnitts traf Hellers Kritik evolutionistischer Sozial- und Geschichtsphilosophie, wenn Korsch formuliert: „Kautsky geht in all seinen Untersuchungen von der selbstverständlichen Voraussetzung aus, daß die natürliche Entwickelungsgeschichte der Arten von den Protozoen bis zu den Menschenaffen und den Menschen den Schlüssel bilde zum Verständnis der menschlichen Gesellschaft in allen Phasen ihrer geschichtlichen Entwicklung von der staatenlosen und sogen. Urgesellschaft bis zur heutigen 'bürgerlichen Gesellschaft' und ihrem Übergang in die künftige sozialistische und kommunistische Gesellschaft." Korschs zynische Polemik gegen einen als vor-marxistisch und sogar vor-feuerbachianisch

---

216 Karl Korsch: Marxismus und Philosophie (1923), jetzt in ders.: Marxismus und Philosophie, hrg. v. Erich Gerlach, Frankfurt 1966, 76, 82f., 86, 100f., 103-105, 117f., 121f., 134. Kautsky widersprach Korsch in einer Rezension, veröffentlicht in „Die Gesellschaft", Band 1, Berlin 1924, 306-314.

eingestuften Kautskyschen „naturalistischen Materialismus", der sich – so der 1926 aus der KPD ausgeschlossene, vormalige Jenaer Zivilrechtsprofessor Korsch[217] – auf „Brehms Tierleben" stützt, und der schlußendlich in einer „Hobbes-Malthus-Darwinschen Kampf-ums-Dasein-Theorie" aufgeht, sowie Korschs Polemik gegen Kautskys regressives Verharren auf dem geschichtsphilosophischen Standpunkt eines frühbürgerlichen Fortschrittsbegriff des 18. Jahrhunderts war es, was Heller zur Korsch-Lektüre bewogen hat.

Auch nun galt Hellers Interesse nicht den Passagen der politischen Kautsky-Kritik bei Korsch, dort wo Korsch feststellte, daß Kautskys metaphysischer Materialismus in idealistische „Flausen" umschlägt: „Von der Scylla des nur naturwissenschaftlichen Materialismus, der den geschichtlich-praktischen Prozeß der gesellschaftlichen Entwickelung nicht in seiner Besonderheit begreifen konnte, gelangte er zur Charybdis des philosophischen Idealismus, der diesen geschichtlich praktischen Prozeß nur in idealistischer Form begriffen hat."

Auch der Vorwurf, daß Kautskys später „Buchkoloß" über den Histomat mehr an den „bürgerlichen Ersatz-Theorien" der Sombart und Weber, also mehr an Max Webers Protestantismusthese als an Marxens Theorie der ursprünglichen Akkumulation orientiert war, Korschs Einsicht, daß Kautsky in seinen Wiener Spätjahren unter offener Preisgabe der marxistischen Theorie den Revisionismus-Streit mit Eduard Bernstein als erledigt und überholt bezeichnet hat, und insbesondere Korschs Kritik an Kautskys nunmehrigem Bekenntnis zum jenseits des Klassenantagonismus liegenden bürgerlich-demokratischen Staat, zum „demokratischen Klassengleichgewicht" und zur Ablehnung der proletarischen Klassengewalt wurden von Heller nicht geteilt. In diesen Punkten gab es kein Klagsbegehren Hellers gegen Kautsky.[218]

Abgesehen von Lukács und Korsch, die Heller – politisch auf den Kopf gestellt – für seine Kritik des Histomat benützte, kannte Heller die marxistische Theorie eingehend aus den Originalausgaben von Marx und Engels. So studierte Heller neben der Marxschen Kritik der „Hegelschen Rechtsphilosophie" (1843), der Marx-Engelsschen „Heiligen Familie oder Kritik der kritischen Kritik" (1845) – in der Franz Mehring-Ausgabe – die 1903 von Eduard Bernstein teil-

217 Vgl. Michael Buckmiller: Marxismus als Realität. Zur Rekonstruktion der theoretischen und politischen Entwicklung Karl Korschs, in: Über Karl Korsch, hrg. v. Claudio Pozzoli. (=Jahrbuch der Arbeiterbewegung 1), Frankfurt 1973, 15-106.

218 Karl Korsch: Die materialistische Geschichtsauffassung. Eine Auseinandersetzung mit Karl Kautsky (1929), in: ders.: Die materialistische Geschichtsauffassung und andere Schriften, hrg. von Erich Gerlach, Frankfurt 1971, 1-130. Vgl. zur Rezeption von Kautskys „materialistischer Geschichtsauffassung John H. Kautsky: Einleitung zu Karl Kautsky: Die materialistische Geschichtauffassung, gekürzte Ausgabe, hrg. von John H. Kautsky, Berlin-Bonn 1988, 19-74, hier 25.

veröffentlichte, 1926 im „Marx-Engels-Archiv“ von David Rjazanov besorgte, dann 1932 im Rahmen der Marx-Engels-Gesamtausgabe (MEGA) im überlieferten Text vollständig publizierte „Deutsche Ideologie“ von Marx und Engels aus dem Jahr 1846. Dies spiegelt sich in der Hellerschen Kapitelüberschrift: "Gesellschaftliche Wirklichkeit als menschliche Wirksamkeit (...) Gesellschaftliche Wirklichkeit läßt sich weder als subjektive Erlebniswirklichkeit noch als außersubjektive Realität bestimmen." Nach Heller hat die „Deutsche Ideologie“ nichts an Aktualität für eine sozialwissenschaftlich rational begründete Staatslehre in dem Sinn verloren, daß Marx und Engels auf das wirkliche, unter materiellen Bedingungen produzierende Individuum fernab von seinen falschen subjektiven Vorstellungen und Illusionen abstellten.

Die „Deutsche Ideologie“ mit ihrer Kritik von Feuerbachs Materialismus benützte Heller in der am Beispiel von Lukács und Korsch demonstrierten „linksrevisionistischen“ Wendung als Grundlage einer Polemik gegen die „naturalistische Metaphysik“ in den Staatswissenschaften, der er Blindheit gegenüber dem historisch-gesellschaftlichen Wandel vorwarf: „Die heute allgemein herrschende naturalistische Metaphysik verfällt dem entgegengesetzten Irrtum (der idealistischen Metaphysik – Anm.), wenn sie den Staat als unselbständigen Reflex naturgesetzlicher Ordnungen erklärt.“

Die Marxschen „Feuerbach-Thesen“ (1845) und die Marxsche Kritik an Proudhon ("Das Elend der Philosophie" – 1847) findet sich in Hellers „Staatslehre“ transformiert. Das gegen alle „entwicklungsmechanische“ Geschichtsbetrachtung hochgehaltene „subjektiv-tätige“ Element rekonstruierte Heller mit gelegentlichem Bezug auf die „Feuerbach-Thesen“, die bewiesen, daß eine von menschlicher Tätigkeit losgelöste gesellschaftliche Betrachtung allenfalls theologisch, nie aber soziologisch zu fassen ist. Entsprechend notierte Heller 1933/[34] gestützt auf die Proudhon-Kritik: "Im Begriff der gesellschaftlichen Wirklichkeit sind also die beiden Momente der subjektiven menschlichen Wirksamkeit und ihrer objektiven Bedingungen unlöslich miteinander verknüpft; denn die Menschen machen ihre Geschichte selbst und sind 'in Einem Verfasser und Schausteller ihres eigenen Dramas'"[219]

Wie ausgeführt stützte sich Heller nicht nur auf die „jungen“ Marx und Engels. Neben dem „Kommunistischen Manifest“ finden sich die politischen Revolutionsanalysen der 1850er-Reaktionsperiode (über die „Klassenkämpfe in Frankreich“), die Bücher zur „Kritik der politischen Ökonomie“ (1859) bis hin zum „Kapital“ (1867ff.), aber auch die Analysen zur Entwicklung der deutschen Sozialdemokratie, namentlich die Kritik des Gothaer Programms (1875) mit der von Heller nicht gebilligten Polemik gegen lassalleanische Vorurteile vom Staat,

---

219 Hermann Heller: Staatslehre (wie Anm. 50), 162f., 237.

von „gerechter Verteilung“, vom „unverkürzten Arbeitsertrag“, gegen Illusionen von der Funktion des autonom Normativen, d.h. des „gleichen Rechts“, das real aber für Marx bürgerliches Recht „der Ungleichheit, seinem Inhalt nach, wie alles Recht“ ist.

Aus Engels' späteren Werken war für Heller weniger dessen „Anti-Dühring“ (1878) als Engels' „Die Entwicklung des Sozialismus von der Utopie zur Wissenschaft“ (1880/82), „Der Ursprung der Familie, des Privateigentums und des Staates“ (1884) und Engels' „Ludwig Feuerbach und der Ausgang der Klassischen Philosophie“ (1886) wichtig.

Im Grunde folgte Heller in der Adaption respektive Ablehnung des Historischen Materialismus aber der Marx-Literatur, die zu den unterschiedlichen zentristischen und revisionistischen „staatsbejahenden“ Flügeln der österreichischen und deutschen Sozialdemokratie zu rechnen ist.

So bezog Heller seine Histomat-Kenntnisse neben den „orthodoxen“ Studien des abgelehnten Karl Kautsky, neben der teils zustimmend (K. Renner, O. Bauer, R. Hilferding), teils ablehnend (M. Adler) aufgenommenen austromarxistischen Theorie aus Heinrich Cunows, für sozialdemokratische Bildungszwecke viel verwendeten lehrbuchförmigen „Grundzügen der Marxschen Soziologie“ (1920/1923).

Der 1919 von der rechts-sozialdemokratischen preußischen Unterrichtsverwaltung mit einer Berliner Universitätsprofessur belohnte Heinrich Cunow (1862-1936) war vom linken anti-revisionistischen Flügel der Vorkriegs-SPD auf kriegspatriotische Positionen übergegangen, hatte 1915 den Imperialismus in opportunistischer Manier als Durchgangsstadium zum Sozialismus deklariert, den Weltkrieg in einen Kampf des deutschen Sozialismus gegen westlichen Imperialismus umgedeutet und schlußendlich wie Karl Renner in Österreich die staatskapitalistische Kriegsordnung zum Wegbereiter des Sozialismus erklärt.[220]

Hellers Intention entsprach Cunows Tendenz, den Marxismus in ein staatsbejahendes etatistisches Licht zu rücken. Daran änderte auch Cunows durchaus scharfe Polemik gegen zahlreiche bürgerliche Marx-Kritiker nichts, so gegen Rudolf Stammler, der befangen in „juristischen Einbildungen“ und in „seltsamen juristischen Formalkonstruktionen“ Marx als Rechtsphilosophen und nicht als Soziologen zur Kenntnis genommen hat und dessen Marx-Kritik mit ihrer konfusen Vermischung von Geltung, empirischer Realität, Kategorie, Verallgemeinerung, von Regel im normativen und empirischen Sinn ausgerechnet vom größten bürgerlichen Sozialphilosophen – von Max Weber – zurückgewiesen worden sei; – gegen Thomas Masaryk, der Marx' Histomat mit „Darwins Kampf

220 Vgl. über Cunow Predrag Vranicki: Geschichte des Marxismus I, Frankfurt 1983, 341-345.

ums Dasein" und dem „wirtschaftlichen Konkurrenzkampfe" durcheinander brachte, gegen Heinrich Rickert als einen idealistischen Geschichtsphilosophen, gegen den „[neu]-kantianischen Marxismus" mit seinem Versuch, „der marxistischen Moralauffassung die Kantsche Ethik aufzupfropfen", gegen Paul Barth, der als „Marxvernichter" den historischen Wandel naturrechtlich aus „ideologischen Gründen" erklärt wissen wollte, oder gegen Werner Sombart, der aus der materialistischen Geschichtstheorie eine „technologische Geschichtsauffassung" gemacht hatte.

Auch wenn Cunow weiters eingehend den Bernsteinschen Revisionismus als idealistisch in der historischen Interpretation kritisierte, oder Theorien von der „Klassensolidarität", wie er sie beim „legalen Marxisten" Tugan-Baranowsky vorfand, ablehnte, schrieb Cunow in seinem Buch über die marxistische Sozialphilosophie dieser doch die Auffassung von „einer gewissen beschränkten Interessensolidarität der Klassen" im Staat zu. Die Arbeiterklasse habe auch ein Interesse an der staatlichen Wirtschaftspolitik, an „der kulturellen Entwicklung des Staates".

Lukács umschrieb deshalb mit Recht Cunows Denken als das eines idealistischen, in Wirklichkeit neolassalleanischen Revisionismus in linker Sprache, d.h. mit Marxscher Diktion gegen Marx. Cunow verfiel trotz aller Kritik der bürgerlichen „Marxologie" in eine reformistische Marx-Adaption: Marx habe die Kraft der reformistischen Arbeiterbewegung unterschätzt, die Verelendungslogik aufzuheben, aus der Erfahrung der Jahre um 1850 habe Marx auch für die Zukunft angenommen, „daß der Gegendruck der Arbeiterschaft vorläufig kaum imstande sein werde, die Verelendungstendenz des mächtig aufblühenden Kapitalismus zu überwinden oder auch nur in erheblichem Maße zu dämpfen".

Heller kam die Cunowschen Transformation des Marxschen Histomat, der Marxschen Staats- und Revolutionstheorie entlang der Erfordernisse eines sozialdemokratischen „Opportunismus", eines staatsbejahenden, den leninistischen Bolschewismus scharf bekämpfenden Reformismus entgegen. Gleich Cunow versah Heller den Historischen Materialismus mit idealistischen Versatzstücken aus dem ideologischen Repertoire Lassalles, glaubte ihn um eine sogenannte ethische Dimension aufwerten zu müssen. Heller bedauerte immer wieder, daß die deutsche Mehrheits-Sozialdemokratie die letzten Reste antistaatlicher Ressentiments nicht radikal getilgt hat. Heller propagierte in diesem Zusammenhang eine Lassalle-Renaissance. Bei Cunow, der sich auf das – u.a. von Heller 1919 neu herausgegebene – Lassallesche „Arbeiterprogramm" (1862) bezog, fand sich diese Position folgendermaßen: „Freilich die alte Staatsfeindschaft (der Sozialdemokraten – Anm.) ist damit keineswegs völlig verschwunden. Noch immer gilt in manchen Arbeiterkreisen jeder Staat als eine feindliche Institution, als traditioneller Gegner, dessen Kraft gebrochen werden muß und dem daher in keinem Fall zur Stärkung 'Proviant' zugeführt werden darf, aber im ganzen setzt sich gegenüber der vulgärmarxistischen Staatsnegationstheorie doch immer mehr jene Auffassung von der Bedeutung des Staates als Entwicklungsfaktor durch, die der Hegelschüler Ferdinand Lassalle in seinem 'Arbeiterprogramm' in die Worte faßt."

Aber nicht nur die Polemik Cunows gegen den „Voluntaristen" und rückfällig gewordenen „Bakuninisten" Lenin und dessen angeblich illegitime Ableitung der proletarischen Rätediktatur aus der Marx-Engelsschen Theorie nahm Heller auf, wichtig war für ihn auch Cunows Kritik an Karl Kautskys „entwicklungsmechanischer" Geschichtsauffassung. Als Reformist, als Neo-Lassalleaner und eben als Anti-Kautskyaner war Cunow von Bedeutung für Heller: Wenig sei von der begrifflichen Schärfe Marxens auf Kautsky überkommen. Kautsky galt Cunow als Beförderer eines „Vulgärmarxismus". Cunows Kautsky-Kritik findet sich sinngemäß im Denken des späten Heller um 1930, so wenn Cunow schon 1920 formuliert hatte: „Besonders gilt das von seinem theoretischen Führer Karl Kautsky, der nicht bloß in seinen älteren Schriften, sondern auch noch in seinem 1906 erschienenen Werkchen 'Ethik und materialistische Geschichtsauffassung' nach alter Schablone jede beliebige Vereinigung, die kapitalistische Gesellschaft wie die Tier- und Menschenhorde, die Geschlechtsgenossenschaft wie den Staat, einfach als 'Gesellschaft' betrachtet und demnach auch zwischen Gesellschafts- und Staatsordnung gar nicht näher unterscheidet." Kautskys Gesellschafts- und Geschichtsbegriff galt Cunow – gleich Heller – als Rückfall auf die simplen Varianten der Naturrechtsphilosophie, auf einen vereinfachten Rousseauismus, „nicht nur eine lange Strecke hinter Marx und Hegel, sondern selbst hinter der englischen Sozialphilosophie des 18. Jahrhunderts zurück".

Cunows Beschreibung der durch das „Kriegserleben" beförderten Wende von der „Staatsnegation zum Staatssozialismus", die Transformation der sozialdemokratischen Staatstheorie im Licht von 1914, die Cunow auch unter Rückgriff auf Karl Renners 1917 in „Marxismus, Krieg und Internationale" formulierte Hochschätzung „des Staates für den weiteren Aufstieg der Arbeiterklasse und die gesamte kulturelle Entwicklung" dargelegt hatte, beeinflußte Hellers Versuch über einen sozialen Rechtsstaat offenkundig.[221]

1926 präsentierte Heller in den „politischen Ideenkreisen" neben Cunow weitere reformistische Marx-Literatur: „Während des Weltkrieges hat sich Karl Renner in gründlichen Ausführungen ('Marxismus, Krieg, Internationale' 1917 – Anm.) zum Etatismus bekannt; ihm ist Heinrich Cunow ('Die Marxsche Ge-

221 Heinrich Cunow: Die Marxsche Geschichts-, Gesellschafts- und Staatstheorie. Grundzüge der Marxschen Soziologie, 2 Bände, Berlin 1920 (1923), Band 1: 256, 262f., 274-277, 334f., 343. – Band 2: 76-79, 174, 228, 236, 258, 278f., 330.

schichts-, Gesellschafts- und Staatstheorie' 1920 – Anm.) gefolgt. Rudolf Hilferding hat eine neue Staatseinstellung verkündet und das Bedürfnis nach einer 'umfassenden Staatstheorie' ausgesprochen. Schließlich hat Otto Bauer (in 'Die österreichische Revolution', 1923 – Anm.) aus einigen Anhaltspunkten bei Marx eine neue Lehre vom 'Gleichgewicht der Klassenkräfte' entwickelt, die es ihm gestattet, die österreichische Republik unter der sozialistisch-christlichsozialen Regierungskoalition eine 'Volksrepublik und 'wirkliche Selbstregierung der Volksgesamtheit' zu nennen."[222]

Der „Sozialpatriot" Karl Renner, der Heller mit seinen Kriegsstudien (1917) – gipfelnd im Diktum vom „Der Staat wird zum Hebel des Sozialismus werden." – als Rehabilitator des Staats in der marxistischen Theorie erschien, hatte seit der Jahrhundertwende im Grunde den Marxismus als bloße Rechtssoziologie betrieben und von den ersten theoretischen Schriften an den Staat nicht-marxistisch als Organ des gesellschaftlichen Ausgleichs, als Vermittler zwischen Gruppeninteressen, als Stätte des sozialen Ausgleichs, als Agent allgemeiner gesellschaftlicher Funktionen aufgefaßt.

Renners – allenfalls in marxistischer Semantik – vollzogener methodischer Perspektivenwechsel, die gesellschaftlichen Ereignisse von den Polen „Staat und Recht" aus zu betrachten, während die „Ökonomie" dabei – so Renner 1917 – nur als „dienende Unterlage erscheint",[223] Renners Umdeutung von Marx' Histomat in einen Prozeß staatlicher Verrechtlichung, die Behandlung des Staates als sozialtechnischer Funktion, Renners These vom Kapital, das organisch sozial wird, wobei Renner gelegentlich durchblicken ließ, daß sein Revisionismus mit Marx in der Tat nichts mehr zu tun hat, Renners Thesen zur neutralen Position aller staatlichen Funktionen, Renners These, daß die von der Sozialdemokratie organisierte Arbeiterklasse der bessere, eigentliche Staatenlenker ist, Renners Sozialismus als staatlich organisierte Gesellschaft erschien Heller als richtige Marx-Adaption bzw. Abkehr von Marx.

Renners reformistische Theorie stand in einer Ebene mit Hellers Ziel des sozialen Rechtsstaats. Renners Umwandlung der Marxschen Rechtstheorie in eine empirische Rechtssoziologie, das Juristische – so Renners geschichtliche Prognose – stirbt im Sozialismus nicht ab, sondern gewinnt im Sozialismus als Steuerungselement sogar noch an Bedeutung, entsprach Hellers Hochschätzung des Normativen. Konsequenterweise widersprach Heller in der „Staatslehre" dem Renner-Kritiker Eugen Paschukanis, der als sowjetischer Rechtstheoretiker in der 1929 veröffentlichten „Allgemeinen Rechtslehre und Marxismus" unter

222 Hermann Heller: Die politischen Ideenkreise der Gegenwart (wie Anm. 112), 390f.

223 Vgl. Karl Renner: Marxismus, Krieg und Internationale (1917 – Auszug), in: ders.: Schriften, hrg. v. Anton Pelinka, Salzburg-Wien 1994, 59-101, hier 60f.

dem Titel des historisch notwendigen Absterbens aller juristischen Kategorien verkannt habe, daß selbst die „homogenste“ klassenlose Gesellschaft der rechtlichen Regelung bedarf. In diesem Punkt traf sich Heller mit seinem rechtstheoretischen Gegner Hans Kelsen, der seinerseits 1931 in einem „Anti-Paschukanis“ geglaubt hatte, die normative „Realität“ und rationale Geltung des Rechts gegen den materialistischen Verdacht von der juristischen – anfangs naturrechtlichen, dann rechtspositivistischen – Weltanschauung als Ideologie der Bourgeoisie verteidigen zu müssen.[224]

Heller war 1926 in den „politischen Ideenkreisen“ völlig Renners idealistischer Umkehr des Historischen Materialismus, Renners These vom angeblichen geschichtlichen Funktionswandel des Rechts im Verlauf der kapitalistischen Gesellschaft gefolgt. Auch für Heller zeigt sich die Tendenz, wonach das bürgerliche Vertragsrecht sozial-öffentliches Recht wird: „So ist (spätestens mit der Sozialgesetzgebung nach 1918 – Anm.) ein objektives Arbeitsvertragsrecht entstanden, das dem öffentlichen Recht angehört. Der Arbeitsvertrag hat die ′Sphäre der kapitalistischen Produktionsweise′ (Renner) verlassen, und die Arbeitsverhältnisse sind in hohem Maße als öffentliches Interesse anerkannt.“[225]

1925 hat Heller Renners Marx-Revisionismus, faktisch ein Bruch mit Marxens Histomat, mit Marxens „Kritik der politischen Ökonomie“ und allen Elementen der Marxschen Klassen- und Revolutionstheorie Anerkennung gezollt, indem er Renners Theorie vom organischen Hineinwachsen des Kapitalismus in den Sozialismus, von einer Tendenz zu einer harmonischen Interessenidentität antagonistischer Klassen so lobte: „In ausgezeichneter Weise hat Karl Renner (in ′Marxismus, Krieg und Internationale′, Stuttgart 1917 – Anm.) gezeigt, wie sich ein zur Zeit von Marx noch völlig unbekannter Zustand herausbildet, in welchem die Kapitalmacht als Einheit in einem staatlich organisierten Wirtschaftsgebiet organisiert ist. (...) Durch die weitgehende rechtliche Regelung der Wirtschaft war und wird die Ökonomie durchstaatlicht, sie wird im Rahmen des konkreten zentralisierten Staates vereinheitlicht. (...) Im Nationalstaat fällt bei der scharfen internationalen militärisch-wirtschaftlichen Konkurrenz die Selbstbehauptung der Nation zusammen mit der Selbstbehauptung der Staatsmacht und mit der Selbstbehauptung der Wirtschaftsmacht.“[226]

Renner war für Heller nicht nur als Epigone eines sich marginal mit Marx verknüpft fühlenden Revisionismus interessant, sondern auch – so 1926 in der „Krisis der Staatslehre“ – im Hinblick auf dessen Analyse der „sozialen Wirk-

224 Hermann Heller: Staatslehre (wie Anm. 50), 303. – Vgl. Hans Kelsen: Allgemeine Rechtslehre im Lichte materialistischer Geschichtsauffassung, in: Archiv für Sozialwissenschaft und Sozialpolitik 66 (1931), 449-521.

225 Hermann Heller: Die politischen Ideenkreise der Gegenwart (wie Anm. 112), 401.

226 Hermann Heller: Sozialismus und Nation (wie Anm. 188), 510.

samkeit" und „der sozialen Funktion der Rechtsinstitute" (1904). Heller rückte Renner in eine Linie mit der Kritik der am Dogma der Lückenlosigkeit orientierten Begriffsjurisprudenz, des bürgerlichen Rechtspositivismus, wie sie auch von Eugen Ehrlich, Erich Jung, den Freirechtlern und anderen „Interessenjuristen" wie Philipp Heck geboten wurde.

Renners Schriften haben nicht nur Heller beeinflußt, sondern – soweit mit der normativen Staatsauffassung kompatibel – auch Hellers staatsrechtsmethodologischen Widerpart Hans Kelsen, einen Renner-Schützling des Jahres 1918. In der Kritik der marxistischen Staatstheorie trafen sich Heller und Kelsen sowohl als Renner-Adepten wie auch als Lassalle-Anbeter.

Hellers Lassalle-Verehrung findet eine Parallele in Hans Kelsens „Marx oder Lassalle" vom Jahr 1925, wo Kelsen insbesondere Bauer als inkonsequenten Verfechter des „Marx-Engelsschen Dogmas vom Absterben des Staates" vorführte und den „Staatssozialismus" von Ferdinand Lassalle rehabilitiert wissen wollte. Kelsen diagnostizierte ein „Versagen" der marxistischen Theorie und mobilisierte im Zeichen des „Burgfriedens" von 1914 rechte Sozialdemokraten wie Heinrich Cunow, Rudolf Hilferding oder Karl Renner für ein „Zurück zu Lassalle".[227]

Heller reklamierte dann – im Unterschied zu Kelsen – Otto Bauer trotz aller Widersprüche eklektisch für seine Theorie. Mit Bauers antidialektischer, die Hegel-Marxsche Vermittlung des Besonderen und Allgemeinen ignorierenden Methode, der Ignoranz Bauers gegen die dialektische „Totalität" im Zeichen einer aus Ernst Mach entlehnten empirischen Methode der Denkökonomie hatte Heller nichts am Hut, auch Bauers deterministisch-mechanische, der Dialektik fernstehende „fatalistische" Histomat-Deutung war Hellers Sache nicht, auch wenn er zu analogen reformistischen Folgerungen wie Otto Bauer gelangte.

Zwei Elemente übernahm Heller aber isoliert aus Bauers „Austromarxismus", das sich für eine Theorie der „Staatsbejahung" eignende Konstrukt vom „Gleichgewicht der Klassenkräfte" und Bauers Nationsbegriff.

Unter Bezug auf Marx-Engels' Texte über den Staat in den bürgerlichen Revolutionen (1688 England), den Staat des mit der Rivalität von Feudal- und aufsteigender Bürgerklasse konfrontierten Absolutismus, den Staatsapparat zur Zeit

227 Hans Kelsen: Marx oder Lassalle. Wandlungen in der politischen Theorie des Marxismus, in: Grünbergs Archiv für die Geschichte des Sozialismus und der Arbeiterbewegung 11 (1925), 261-298. – Vgl. Johann J. Hagen: Reine Rechtslehre und marxistische Rechtssoziologie, in: Reine Rechtslehre und marxistische Rechtstheorie. (=Schriftenreihe des Hans Kelsen-Instituts 3), Wien 1978, 91-101.

der Pariser Februarrevolution 1848, und den „Bonapartismus“ hatte Bauer sein Modell des temporären Klassenkompromisses begründet.[228]

Bauers historische Begründung des „Gleichgewichts“ mit der daraus folgenden vorübergehenden „neutralen“ Verselbständigung der Staatsmaschine wurde von Heller als potentielles Dauerstadium aufgefaßt.

Heller adaptierte Otto Bauers insbesonders am Beispiel der „Österreichischen Revolution“ (1918-1923) entwickelte – von Hans Kelsen 1924 in der sozialdemokratischen Zeitschrift „Der Kampf“ als Preisgabe der Marxschen Staatstheorie wider Willen attackierte[229] – Annahme eines „Klassengleichgewichts“ für seine juristisch-politisch formulierte „Staatsbejahung“, dabei übersehend, daß selbst Otto Bauer dieses „Klassengleichgewicht“ nur als kurzfristig labiles, in historischen Ausnahmesituationen auftretendes, eine neuerliche Hegemonie des Bürgertums vorbereitendes Stadium beschrieben hatte.

Heller paßte Bauers „Gleichgewicht“ ferner für den Zweck der Ablehnung der historisch-materialistischen Revolutionstheorie in Verbindung mit der Sicht vom Staat als Agentur kapitalistischer Klassenherrschaft an. Der angestrebte soziale Rechtsstaat ist für Heller kein Staat des herrschenden Bürgertums mehr, so wie eben Otto Bauer die „Volksrepublik“ des Jahres 1918 als neutralen Staat bezeichnet hatte, der „kein Klassenstaat der Bourgeoisie“, keine „Bourgeoisrepublik“ gewesen sei, sondern eine Republik des täglichen „Klassenkompromisses“.

U.a. ausgehend von Bauers geschichtlicher Analyse von „Gleichgewichts“-Situationen schloß Heller auf die von ihm gegen den Historischen Materialismus hochgehaltene Autonomie des Staatlichen und Politischen. Heller knüpfte an Analysen, wie folgende Otto Bauers 1923 an, die sich mit Karl Renners Staatskult verbinden ließen: „Die (österreichische – Anm.) Republik (von 1918 – Anm.) war also weder eine Bourgeoisrepublik noch eine proletarische Republik. Sie war weder ein Instrument der Klassenherrschaft der Bourgeoisie über das Proletariat noch ein Instrument der Klassenherrschaft des Proletariats über die Bourgeoisie.“[230]

Vor allem aber Bauers idealistische und psychologisierende, 1907 vorgelegte „Nationalitätenfrage“ und dessen Nationsbegriff im Sinn einer historisch gewachsenen Schicksalsgemeinschaft unter Ausblendung einer Klassenanalyse der

---

228 Vgl. Otto Bauer: Das Gleichgewicht der Klassenkräfte (1924), jetzt in: ders.: Werkausgabe 9, Wien 1980, 55-71 mit Replik auf Kelsen – und Otto Bauer: Die österreichische Revolution (1923), in: ders.: Werkausgabe 2, Wien 1976, 489-865, hier Kapitel über die „Zeit des Gleichgewichts der Klassenkräfte“ (743-809).

229 Hans Kelsen: Otto Bauers politische Theorien, in: Der Kampf 17 (1924), 50-56.

230 Vgl. Peter Kulemann: Am Beispiel des Austromarxismus. Sozialdemokratische Arbeiterbewegung in Österreich von Hainfeld bis zur Dollfuß-Diktatur, 2. Auflage, Hamburg 1982, 238-242, hier zit.n. 239.

bürgerlichen Gesellschaft war für Hellers Ideal der Einheit von Staat, Nation und Klasse wichtig.

Den dem Historischen Materialismus fernstehenden Heller störte es nicht, wenn Bauer die Nation zu einer überhistorisch sprachlich, kulturell begründeten Kategorie losgelöst von der Entwicklung kapitalistischer Verwertungslogik imperialistischer Märkte verfestigte. Es lag in der Richtung Hellers, des Staatsrechtlers der Weimarer Republik, wenn Bauer 1907 in „Nationalitätenfrage und die Sozialdemokratie" die These verfochten hatte, daß die Nation auch im Sozialismus wegen der gemeinsamen Tradition an Arbeit, Erziehung und Kultur Bestand hat. Es entsprach in etwa Hellers späterer antimarxistischer Vorstellung von der zentralen Stellung der Nation im Prozeß des geschichtlichen Übergangs zum Sozialismus, wenn der soziale Kampf zu einem Mittel der nationalen Emanzipation herabgedrückt wurde, so wenn Otto Bauer 1907 von der „Verwirklichung der nationalen Kulturgemeinschaft durch den Sozialismus" gesprochen hatte und in einer zeitgleich 1907 veröffentlichten Nebenstudie über „Deutschtum und Sozialdemokratie" den Klassenkampf zu einem Instrument nationaler Ziele degradiert hatte: „Der internationale Klassenkampf ist das Mittel, dessen wir uns bedienen müssen, um unser nationales Ideal zu verwirklichen."[231]

Bauers Nationsbegriff wird von Heller nur dort relativiert, wo Bauer in den Augen Hellers in Verbindung mit der Klassentheorie des Histomat zu stehen scheint, dort wo Bauer annahm, daß die Arbeiterklasse angesichts der Spaltung der bürgerlichen Gesellschaft noch nicht Teil der (Kultur-) Nation ist, sondern dies erst zu erkämpfen hat.[232]

Die Auseinandersetzung Hellers mit Marx, Engels, Lassalle, mit Fragen von Sozialismus und Nation, Hellers Rehabilitation eines historischen Idealismus gegen den historischen Materialismus fand einen Höhepunkt in Hellers Streit mit Max Adler im April 1925 auf der Reichskonferenz der Jungsozialisten in Jena mit dem Konflikt „Hofgeismar-Kreis" gegen „Hannover-Kreis". Heller lobte Max Adler als Gegner des „weltanschaulichen Materialismus" eines Kautsky und Mehring: „'Das Ideelle', sagt einmal Adler, 'ohne das Materielle, ist wirkunglos, das Materielle, ohne das Ideelle, ist richtungslos.'"[233] In der faktischen

---

231 Otto Bauer: Deutschtum und Sozialdemokratie (1907), in: ders.: Werkausgabe 1, Wien 1975, 22-47, hier 47 und Otto Bauer: Die Nationalitätenfrage und die Sozialdemokratie (1907/1924), in: ders.: Werkausgabe 1, Wien 1975, 49-622, hier 156-170. – Vgl. Peter Kulemann: Am Beispiel des Austromarxismus (wie Anm. 230), 126-129.

232 Hermann Heller: Die politischen Ideenkreise der Gegenwart (wie Anm. 112), 477-479.

233 Hermann Heller: Sozialismus und Nation (wie Anm. 188), 463.

Umdeutung des Histomat zu einer „geistigen" Theorie, in der Umdeutung der Klassenkämpfe zu einer Art ewigen Kampf des Individuums mit gesellschaftlichen Strukturen kam Max Adler – von Trotzki als „der philosophische Lyriker der Passivität" charakterisiert – Heller faktisch gleich![234]

Trotz des Lobes Hellers für Adler, den im Gefolge Kants auf ein „Sozial-Apriori" von der transzendental-subjektiven Vergesellschaftung abstellenden Marxisten, trotz gewisser gemeinsamer, unter dem Stichwort vom „geisterfüllten Materialismus" laufender idealistischer „Flausen" und trotz eines teils frappant ähnlichen Ansatzes in der Arbeiterbildung griff Heller in Adler aber den vermeintlichen linkssozialistischen Apologeten der Diktatur des Proletariats – von Lenins „Staat und Revolution" – an. Adler schien Heller – trotz dessen faktischem Mittragen der reformistischen Politik der Sozialdemokratie – zu sehr dem Theoriearsenal der Marx-Engelsschen Geschichts- und Staatsphilosophie verpflichtet.

In der Auseinandersetzung mit Max Adler hatte Heller wieder seinen „normativistischen" Gegenspieler im Staatsrechtsstreit Hans Kelsen, der Max Adler 1923 historisch-materialistisch bedingte Verwischung von kausal-soziologischer und normativer Staatsbetrachtung vorgeworfen hatte,[235] zum Verbündeten, so wenn Heller etwa gemünzt auf Adler höhnisch vom ungeklärten anarchistischen „Wunder der staatslosen sozialistischen Menschheitsorganisation" sprach und mit ständigem (impliziten) Bezug auf Lassalle den marxistisch-(leninistischen) Staatsbegriff Adlers – so wie Kelsen – von einer bürgerlich pro-parlamentarisch „formaldemokratischen" Seite aus angriff.[236]

Im Unterschied zu den „staatsverantwortlichen" Sozialdemokraten (Renner, Hilferding, Bauer) vermöge Adler in seinem Buch „Staatsauffassung des Marxismus" (1922) die Kategorien „Staat" und „Klassenstaat" nicht zu trennen.

Trotz verbaler Zugeständnisse an die Theorie vom Staat als bürgerlichem Klassenapparat hielt Heller nämlich daran fest, „daß der heutige formaldemokratische Staat, obzwar sein Inhalt kapitalistisch ist, in seiner ganzen Organisation kein Hindernis bedeutet für die Entwicklung zu einer rein sozialistischen Ordnung. Rein juristisch gesehen brauchte auch nicht ein Strich an der Weimarer Verfassung geändert zu werden, um nicht ebensogut für eine sozialistische Or-

---

234 Vgl. zu Max Adlers, dem Denken Hellers ähnelndem Antimaterialismus und Erziehungsdenken Alfred Pfabigan: Max Adler. Eine politische Biographie, Frankfurt – New York 1982, 212, 297-324.

235 Vgl. Hans Kelsen: Sozialismus und Staat. Eine Untersuchung der politischen Theorie des Marxismus, zweite erweiterte Auflage, Leipzig 1923.

236 Hermann Heller: Sozialismus und Nation (wie Anm. 188), 492f. – Vgl. Max Adler: Die Staatsauffassung des Marxismus. Ein Beitrag zur Unterscheidung von soziologischer und juristischer Methode. (=Marx-Studien 4/2), Wien 1922, 281-292.

ganisation Platz zu bieten." Gegen die Zwischenrufe der marxistisch orientierten Delegierten einschließlich jener Max Adlers insistierte Heller 1925: „Der Klassenkampf ist eine unbedingte Notwendigkeit, er darf aber nicht gegen, sondern er muß um Staat und Nation gekämpft werden." Adler übersieht Heller zufolge, daß es keine „Klassenpolitik gegen Staatspolitik" geben kann.

Max Adler konterte 1925 in Jena, daß die Marxsche Theorie von Heller völlig preisgegeben auf das gelehrte Zitat reduziert wird: „Genosse Heller hat vorhin gemeint, die marxistische Theorie der Staatsverneinung sei noch ein Rest der irrtümlichen Verelendungstheorie. Ich dagegen habe bei der Darlegung seiner Argumente der Staatsbejahung nur den Eindruck einer restlosen Verelendung der Theorie gehabt." Adler warf Heller vor, die Marxsche Geschichtstheorie als verzerrten „Mechanismus oder Ökonomismus" wahrzunehmen. Die von Marx konzipierte Geschichtsauffassung mit ihrer Betonung der „tätigen Seite des Menschen" – so in den Thesen über Feuerbach – ignoriere Heller.

Hellers These von der notwendig „ewigen" staatlichen Organisiertheit erhebt den Staat nach Adler in den Rang einer metaphysischen Entität. Hellers Ausspielen von Lassalle gegen Marx und Engels erklärte Adler zum auch in bürgerlichen Gelehrtenkreisen beliebten Spiel, Lassalle als „'nationalen' und 'patriotischen' Sozialisten gegen den 'vaterlandslosen' und 'anarchistischen'" Marx zu stellen.

Adler wirft Heller 1925 vor, Lassalle zum Gegner des „revolutionären Klassenkampfes" und zum Ideologen des deutschen Nationalstaats zu verbiegen, wobei der selbst an Lassalle interessierte Max Adler Heller Lassalle-Mißbrauch unterstellte.[237]

Die am Beispiel Max Adlers vorgeführte Kritik Hellers an der Marxschen Staats- und Geschichtsphilosophie, am Marxschen Internationalismus war der zeitgleich 1925 publizierten „marxistischen Staatsbejahung" des Breslauer Philosophieprofessors Siegfried Marck (1889-1957), einem 1933 amtsenthobenen Sozialdemokraten, der dann im Pariser Exil vorübergehend links-revisionistische Kritik an der SPD üben sollte, verpflichtet, ehe Marck 1937 – unter dem Hohn von Max Horkheimer über die „Philosophie der absoluten Konzentration",[238] auf

237 Vgl. Hermann Heller: Staat, Nation und Sozialdemokratie (1925), in: ders.: Gesammelte Schriften I, Leiden 1971, 527-563 [mit Koreferat von M. Adler und mit Diskussionsbeiträgen!, hier 535-538, 543f. 546, 549. – Vgl. Karl G. Kick: Die internationalen Beziehungen im politischen Denken Hermann Hellers, in: Wandel durch Beständigkeit. Jens Hacker zum 65. Geburtstag, Berlin 1998, 439-454.

238 Vgl. Max Horkheimer: Die Philosophie der absoluten Konzentration, in: Zeitschrift für Sozialforschung 7 (1938), 376-387.

„neu-humanistische" und dann in den USA strikt antikommunistische Positionen überlaufen sollte.[239]

Siegfried Marck, der Heller auch wegen dessen unter dem Titel „Substanz- und Funktionsbegriff in der Rechtsphilosophie" (Tübingen 1925) veröffentlichter ambivalenter Auseinandersetzung mit Kelsens Reiner Rechtslehre bekannt war, hat die Anziehungskraft des idealistischen Geschichts- und Staatsbegriffs als notwendig an die Nation gebundener Kategorien in Ableitung von Hegel und Lassalle gegen Marx'„internationalistischen" Gesellschaftsbegriff hervorgehoben.

Hellers und Marcks Kritik am Historischen Materialismus war verwandt, auch Marck verwendete Lukács' „Geschichte und Klassenbewußtsein" für diesen Zweck. Wie bei Heller erschien auch bei Marck Lukács faktisch als „Idealist", als „dialektischer Humanist".

Es erinnert an Heller, wenn Marck, der sich zwar von der nationalen Romantik des Hofgeismar-Kreises abgrenzen wollte und 1927 auch eine – Rosa Luxemburg idealistisch fernab des Spartakus-Aufstandes adaptierende – Kritik des (Bernsteinschen) Revisionismus schreiben sollte,[240] Mitte der 1920er Jahre die Übergabe der nationalen und staatlichen Idee aus den Händen des Bürgertums an die Arbeiterklasse fordert: „Die starke nationale Strömung in bestimmten jungsozialistischen Kreisen braucht so noch keineswegs der Ausfluß einer Anpassung an bürgerliche Gesinnung im Jungproletariate zu sein. Sondern im Gegenteil mischt sich oft in die echte proletarische Befähigung einer wahrhaft zweckfreien Liebe zum eigenen Volkstum der Groll über die Verzerrung dieser großen Idee durch das bourgeoise Klasseninteresse und gibt so dieser Liebe noch eine besondere Note."

Marck, der immerhin bedauerte, daß die u.a. um Heller gescharten „Hofgeismarer" Sozialdemokraten sich „Lassalles 'sittlicher Idee des Arbeiterstandes' näher fühlt[en] als dem Marxschen Klassengedanken" und glaubte, daß „Hof-

239 Vgl. Malte Wiedemeyer: Philosophie der Übergegensätzlichkeit. Eine Kritik der Dialektikauffassung des sozialdemokratischen Theoretikers Siegfried Marck (1889-1957), phil. Habilitationsschrift, Berlin 1983. Helmut Hirsch: Siegfried Marck. Biographisches zur Wiederentdeckung des Philosophen, Soziologen und Sozialisten, in: Ordnung und Theorie. Beiträge zur Geschichte der Soziologie in Deutschland, hrg. v. Sven Papcke, Darmstadt 1986, 368-385 und Franz Walter: Siegfried Marck (1889-1957). Linkssozialist, Realpolitiker und Neuhumanist, in: Vor dem Vergessen bewahren. Lebenswege Weimarer Sozialdemokraten, hrg. v. Peter Lösche, u.a., Berlin 1988, 251-279. Vgl. ferner George L. Leaman: Heidegger im Kontext, Hamburg 1993, 64f.

240 Vgl. Siegfried Marck: Reformismus und Radikalismus in der deutschen Sozialdemokratie. Geschichtliches und Grundsätzliches (=Jungsozialistische Schriftenreihe), Berlin 1927.

geismar" zu sehr „aus der deutschen Kriegsideologie" schöpft, lehnte gleich Heller einen Materialismus, den er als „antireligiösen, antimetaphysischen, antiethischen Naturalismus" empfand, ab. Als Feindbild für einen unhaltbaren Historischen Materialismus mußte Marck Nikolai Bucharins Histomat-Lehrbuch herhalten.

Aus dem Historischen Materialismus versuchte Marck „das philosophische Bekenntnis zur Staatsidee und zwar zum nationalen Kulturstaate" abzuleiten. Zum Unterschied von Heller glaubte Marck an eine harmonische Synthese von Marx und Lassalle, die „Staatsbejahung" führe nicht – wie Heller oft anzudeuten schien – in die ausschließende Alternative „Lassalle oder Marx": „Man hat Staatsbejahung innerhalb des proletarischen Sozialismus als ein 'Zurück zu Lassalle' gegenüber Marx bezeichnet. (...) In jedem Staatsidealismus ist ganz zweifellos ein kräftiger Tropfen Lassalleanismus enthalten. Daß dieser auch systematisch mit der marxistischen Theorie und Praxis vereinbar erscheint, sollten unsere Darlegungen zeigen."[241]

Hellers insgesamt gebrochenes Verhältnis zum Historischen Materialismus erklärt sich auch aus einer gewissen Prägung durch kathedersozialistische Linien.

Werner Sombart (1863-1941), der den Weg vom (marxistischen) Kathedersozialisten der 1890er Jahre[242] – zum „Kulturpessimisten", zum Denker des „nationalen Aufbruchs" von 1914 und weiter zu einem führerverehrenden „deutschen Sozialismus" genommen hatte,[243] soll 1925 nach einem Leipziger Vortrag wider den Marxschen Sozialismus von Heller ironisch mit seinem frühen Denken konfrontiert worden sein, worauf Sombart empört die Diskussion abgebrochen habe.[244]

Nichtsdestotrotz kannte Heller die sozialistische Theorie maßgeblich aus Sombarts massenaufgelegtem Buch „Sozialismus und soziale Bewegung" (Erstauflage 1896, 8. von Heller benützte Auflage 1919). In den „politischen Ideen-

---

241 Siegfried Marck: Marxistische Staatsbejahung, Breslau 1925, 16-18, 39.

242 Vgl. zur frühen Einschätzung der pseudosozialistischen Haltung Sombarts Rosa Luxemburg: Die 'deutsche Wissenschaft' hinter den Arbeitern, in: dies.: Gesammelte Werke I/1, Berlin 1990, 767-790: „Ein neuer Prophet ist der deutschen Arbeiterklasse entstanden. Der außerordentliche Professor Werner Sombart in Breslau verkündet dem deutschen Proletariat das Evangelium der Hoffnung und des Glaubens."

243 Vgl. Rolf Peter Sieferle: Der resignierte Antikapitalismus. Werner Sombart, in: ders.: Die Konservative Revolution. Fünf biographische Skizzen, Frankfurt 1995, 74-105, hier: 88, 98f.

244 Vgl. Klaus Meyer: Hermann Heller. Eine biographische Skizze, in: Der soziale Rechtsstaat. Gedächtnisschrift für Hermann Heller 1891-1933, hrg. von Christoph Müller u. Ilse Staff, Baden-Baden 1984, 65-87.

kreisen“ zitierte Heller 1926 Sombart, dessen Kritik an der Marx-Engelsschen „Akkumulations-, Verelendungs- und Zusammenbruchstheorie“, dessen Kritik des Historischen Materialismus als fatalistischem „Evolutionismus“, kurz dessen „Überwindung des 'wissenschaftlichen' Sozialismus“ nicht ohne Eindruck auf Heller geblieben war,[245] als Marx-Antipoden, der Marx alles verdankt und wider Willen die Marxsche Theorie „in gelehrte und gebildete Kreise getragen“ hat: „In seinem Buch 'Sozialismus und soziale Bewegung', das in vielen zehntausenden Exemplaren Verbreitung fand, schrieb er noch nach der Revolution. 'Bringt man sich ... zum Bewußtsein, daß die Kernpunkte der Marxschen Lehre wirklich nur das aussprechen, was ist, daß sie sagten, was nicht anders sein konnte, daß sie gleichsam das Selbstverständliche, das Nächstliegende nur entdeckten und offenbarten, so wird man es begreiflich finden, daß sie der Fels wurden, auf dem die Kirche der sozialen Bewegung errichtet werden konnte'.“[246]

Naheliegend kannte Heller aus Studententagen die kathedersozialistischen Lehrer an der Wiener Rechts- und Staatswissenschaftlichen Fakultät,[247] so Anton Menger (1841-1906), den „Juristensozialisten“ (Engels/Kautsky), der nicht nur für Hellers spätere Kritik der staatsrechts-positivistischen Metaphysik und der „Begriffsjurisprudenz“ wichtig war. Heller kannte auch Mengers „Das Recht auf den vollen Arbeitsertrag“ (1886), dessen „Bürgerliches Recht und die besitzlosen Klassen“ (1890) und dessen idealistisch sozialistische „Neue Staatslehre“ (1903) mit ihrer Kritik der Marx-Engelsschen materialistischen Geschichtsauffassung, so Menger u.a.: „Nichts wäre irriger, als wenn [die besitzlosen Klassen] sich im Sinne der materialistischen Geschichtauffassung einem gewissen ökonomischen Fatalismus ergeben wollten, der die neue Gesellschaftsordnung von selbst zeitigen wird, sobald die richtige Stunde geschlagen hat.“[248]

---

245 Vgl. Werner Sombart: Sozialismus und soziale Bewegung, achte Auflage, Jena 1919, 93-108. Zur dogmengeschichtlichen Einordnung dieses Sombart-Buchs vgl. Bernhard vom Brocke: Werner Sombart 1863-1941. Eine Einführung in Leben, Werk und Wirkung, in: Sombarts 'Moderner Kapitalismus'. Materialien zur Kritik und Rezeption, München 1987, 11-65, hier 20-29.

246 Hermann Heller: Die politischen Ideenkreise der Gegenwart (wie Anm. 112), 392.

247 Heller hatte auch die 1899 als „Studien zur socialen Frage“ in den Druck gegebenen Vorlesungen über die „philosophischen und sociologischen Grundlagen des Marxismus“ des Prager Philosophieprofessors und vormaligen Brentano-Schülers Thomas G. Masaryk (1850-1937) gekannt! Zu Masaryks' bürgerlich „idealistisch-humanistischer“ Marxismus-Würdigung vgl. zustimmend Jan Milic Lochman: Masaryks Auseinandersetzung mit dem Marxismus, in: On Masaryk, hrg. v. Josef Novák. (=Studien zur österreichischen Philosophie 13), Amsterdam 1988, 229-245.

248 Anton Menger: Neue Staatslehre, Jena 1903, 295. – Zu Mengers Kritik des Histomat Eckhart Müller: Anton Mengers Rechts- und Gesellschaftssystem. Ein Beitrag

Hellers späteren Ansichten entsprach es, wenn Menger Marxens „Ökonomismus“ und dessen Geringschätzung staatlicher Organisationsfragen zugunsten einer Revolutions-Technik, Marxens Desinteresse an der juristisch-ethischen Dimension des Sozialismus bzw. Marxens angeblichen Glauben an die kommunistische Möglichkeit einer staatsfreien, sich selbst regulierenden Gesellschaft beklagte.

1926 würdigte Heller Anton Menger so: „Vor allem ist hier der sozialistischen Kritik zu gedenken, welche der hervorragende Wiener Professor der Staatswissenschaften Anton Menger an unserer Privatrechtsordnung geübt hat. Von seinen zahlreichen Schriften waren es vornehmlich sein 'Das bürgerliche Recht und die besitzlosen Volksklassen' (1890) und seine 'Neue Staatslehre' (190[3]), die den Positivismus und die Staatsmetaphysik deutscher Juristenkreise nachdenklich machen.“

Neben Menger hat der Staatsrechtler Edmund Bernatzik (1854-1919), als dessen Schüler sich Heller 1926 bekannte,[249] gegen die Mutation des Staates zum bloßen, die Arbeiterklasse als „inneren Feind“ und „vaterlandslose Gesellschaft“ ausgrenzenden Hüter von Unternehmerinteressen protestiert.[250]

In seiner Wiener Antritts-Vorlesung über den „Anarchismus“ hatte Bernatzik 1894 bedauert, daß Lassalles Staatskonzept innerhalb der Sozialdemokratie fast jeden Einfluß verloren hatte.[251] 1912 hat Bernatzik in einem Vortrag „Rechtsstaat und Kulturstaat“ – dem späteren Heller entgegenkommend – Lassalles Auffassung vom Staat als einer erhaltenswerten Kulturidee explizit würdigend der Staatstheorie von Marx und Engels, „die von dem einfältigen Gedanken, daß der Staat als kulturwidrig verschwinden müsse, nie losgekommen“ sind, gegenübergestellt. In kathedersozialistischer Linie bedauerte Bernatzik 1912, daß der „Liberalismus“ der Arbeiterschaft Koalitions- und Wahlrecht geraubt hat.

Auch wenn Bernatzik schlußendlich am unüberschreitbaren Charakter der bürgerlich-kapitalistischen „Gewinnwirtschaft“ festhielt, stellte er 1912 die dann auch von Heller ausgearbeitete Option einer gemeinwirtschaftlichen Produktionsweise – in bürgerlicher Diktion – so in den Raum: „Was hält uns ab, unserer Phantasie die Zügel schießen zu lassen und uns eine nicht zu ferne Zukunft auszumalen, in der alle Produktion in die Hände der Gemeinwesen übergegangen

---

zur Geschichte des sozialen Gedankens im Recht, Berlin 1975, 105 und Dörte Willrodt v. Westernhagen: Recht und soziale Frage. Die Sozial- und Rechtsphilosophie Anton Mengers, Hamburg 1975, 122-124.

249 Hermann Heller: Die Krisis der Staatslehre (wie Anm. 45), 24.

250 Hermann Heller: Die politischen Ideenkreise der Gegenwart (wie Anm. 112), 392.

251 Edmund Bernatzik: Der Anarchismus. Eine akademische Antrittsrede, in: [Schmollers] Jahrbuch für Gesetzgebung, Verwaltung und Volkswirtschaft 19 (1895), 1-20, hier 8, 18f.

sein wird, eine Zeit also, in welcher der Traum der Sozialisten sich erfüllt, daß es keine Privatproduktion mehr gibt?"[252]

Hellers veröffentlichte Texte lassen sowohl eine Distanz zur neukantischen Rechtsphilosophie, insbesondere zur Marburger Schule um Hermann Cohen mit dessen von Heller als fachfremd abgelehnter Idee von der Rechtswissenschaft als „Mathematik der Geisteswissenschaften" erkennen als auch Distanz zur neukantischen Marx-Interpretation, mißtraute Heller doch aller neukantischen Trennung von (normativer, ethischer) Geltung und (faktischer) Empirie. Jedenfalls hat Heller – ohne nähere Kommentierung – etwa die Marx- und Sozialismus-Studien von Karl Vorländer (1860-1928), der Marburger-Schule zurechenbar, gekannt, so Vorländers „Kant und Marx. Ein Beitrag zur Philosophie des Sozialismus" (1911) und Vorländers „Geschichte der sozialistischen Ideen" (1924). Heller äußerte sich nicht inhaltlich zu Vorländer. Dort wo Vorländer den Historischen Materialismus als ökonomisch-fatalistische Geschichtstheorie vom Standpunkt eines ethischen Sozialismus ablehnte und eine rationale Begründung von geschichtlichem Fortschritt nur unter Rekurs auf ein teleologisches Sollen für möglich hielt, hat Vorländer aber Heller wohl zur Zustimmung angeregt. Überraschend mag für Heller gewesen sein, daß der von ihm abgelehnte „sozialdarwinistische" Kautskyanische Histomat bei Vorländer durchaus als mit ethischen Überlegungen im Sinn des Neukritizismus vereinbar galt.[253]

In der sozialistischen Ideengeschichte hat Vorländer 1924 seine Absicht entsprechend so zusammengefaßt: „In ähnlichem Sinne wie [Franz] Staudinger hat auch der Verfasser dieser Zeilen von seiner Schrift 'Kant und der Sozialismus' (1900) bis heute in zahlreichen Schriften und Abhandlungen die Notwendigkeit einer Verbindung von 'Marx' und 'Kant', d.h. historisch-wirtschaftlicher und erkenntniskritisch-ethischer Begründung des Sozialismus, vertreten."[254]

Gleiches gilt für den Leipziger Privatdozenten Paul Barth (1858-1922), dessen Kritik der „Philosophie der Geschichte" mit Transformation in positivistische „Sociologie" Heller wohl studiert hat, – samt Barths „zerschmetternden Streichen" – so Franz Mehring 1893 spöttisch – gegen den historischen Materialismus, „insoweit [der Histomat] die Politik von der Ökonomie abhängig sein läßt" und die ideellen Triebkräfte der Geschichte ignoriert.[255] Mehring bezog

252 Edmund Bernatzik: Die Ausgestaltung des Nationalgefühls im 19. Jahrhundert – Rechtsstaat und Kulturstaat. Zwei Vorträge, Hannover 1912, 58f., 91f.

253 Vgl. zu Vorländers Kautsky-Interpretation Karl Vorländer: Kant und Marx. Ein Beitrag zur Philosophie des Sozialismus, Tübingen 1911, 240-248.

254 Karl Vorländer: Geschichte der sozialistischen Ideen, Breslau 1924, 120.

255 Franz Mehring: Über den Historischen Materialismus (1893), in: ders.: Philosophische Aufsätze. (=Mehring-Gesammelte Schriften 13), Berlin 1961, 299-357, hier 332-334.

sich auf die 1919 bei Heller zitierte Barth-Arbeit über „die Geschichtsphilosophie Hegel's und der Hegelianer bis auf Marx und Hartmann" (Leipzig 1890). Ob Heller Paul Barths auf die „Selbständigkeit der Ideen" abstellende „psychologische und erkenntnistheoretische Kritik der ökonomischen Geschichtsauffassung" gelesen hat, ist offen.[256] Manche Histomat-Kritik Barths entsprach jedenfalls Hellers Denken.

Gekannt hat Heller eine weitere bürgerliche Marx-Studie, die im Vor- und Umfeld der „Konservativen Revolution" stand, Johann Plenges „Marx und Hegel" (1911). Plenges Kritik der personalistischen, am „Einzelbewußtsein" ausgerichtet geltenden Sozialphilosophie Kants kam Heller entgegen wie Plenges Aufwertung der Hegelschen Machtstaatstheorie. Plenges imperialistisches Konzept einer Identität von „Weltgeist und Volksgeist" im Zeichen der „Ideen von 1914", Plenges Synthese von Preußentum und Sozialismus und dessen Ideen vom Weltkrieg als dem Liquidator aller bürgerlichen Klassenantagonismen im Zeichen eines „deutschen Sozialismus", als „Kreuzzug im Dienst des Weltgeists" lehnte Heller 1919 in seiner Hegel-Habilitationsschrift ab.[257]

Zu Plenges psychologisierender Marx-Deutung – Marx als der „leidenschaftliche Jude", dessen Elend darin bestand, daß Marx als „Luzifer" den „Titanensturz des deutschen Idealismus" vollzogen hat, sich ohne Not von Hegel unter „agitatorischer Anlehnung" an Ludwig Feuerbach habe lösen wollen, dessen Historischer Materialismus alles auf die Formel „Kritik als Praxis – Praxis als Kritik" gebracht habe, äußerte sich Heller nie.[258] Psychologisierende und lebensphilosophische Kommentierungen des Marxismus lagen Heller aber nicht vollständig fern.

Entscheidender für Hellers Histomat-Sicht war Hans Freyer (1887-1969), eine Schlüsselfigur der „Konservativen Revolution" in den Jahren der Weimarer Republik. Hans Freyer, den Beförderer einer rechtsvölkischen Soziologie, den lebensphilosophischen Denker der „Konservativen Revolution", benützte Heller, der Freyer aus Leipziger Tagen kannte, um eine rational demokratische Rettung der Weimarer Verfassung im Wege einer etwa gegen Smends „logoswissenschaftliche" Sublimierung gerichteten, statt dessen Max Weber fortsetzenden sozialwissenschaftlichen Analyse zu erreichen: „Neuerdings (1930 – Anm.) versucht Hans Freyer im Anschluß an den historischen Materialismus die 'Soziolo-

256 Paul Barth: Die Philosophie der Geschichte als Sociologie, Leipzig 1897, 347-364.

257 Hermann Heller: Hegel und der nationale Machtstaatsgedanke (wie Anm. 90), 238f. – Über Plenge Hermann Lübbe: Politische Philosophie in Deutschland, Basel-Stuttgart 1963, 208f.

258 Vgl. Johann Plenge: Marx und Hegel, Tübingen 1911, 18, 54, 57, 72.

gie als Wirklichkeitswissenschaft' gegen die Logoswissenschaften abzugrenzen."[259]

Heller, der Verteidiger demokratischer Vernunft und Rationalität, obwohl skeptisch über alle formalistischen Geltungstheorien wie jene der Neukantianer denkend – grenzte sich bei aller Distanzierung von den aktivistischen Mythen der „Konservativen Revolution" doch nicht immer deutlich von irrationalistischen Ansätzen, so auch der von Georg Lukács in der „Zerstörung der Vernunft" 1949 scharfzüngig als „dithyrambisch-mystisch" bezeichneten Theorie Freyers ab. Nach Lukács war Freyers Soziologie eine lebensphilosophische Karikatur der „Phänomenologie des Geistes" unter Plünderung aller „'Errungenschaften' der deutschen Soziologie von Toennies bis Max Weber" mit dem realen Ergebnis einer Geschichtsphilosophie des „gegenrevolutionären Aktivismus" in rhetorisch radikal antikapitalistischer, kulturkritischer Gestik unter bloß „scheinbarer Anerkennung des historischen Materialismus". Freyer hat nach Lukács im Rahmen seiner „das ganze Gebiet der Ökonomie" entwertenden und ignorierenden „präfaschistischen Soziologie" den Histomat für den Zweck eines „radikal subjektivistischen Existentialismus", einer „irrationalistischen Scheindialektik" verbogen.

Heller hingegen übersah Freyers frühe – 1925 – in der Diktion eines revolutionär gestikulierenden Rechtskonservativismus vorgetragene, vom „totalen Staat" jenseits des überwundenen Klassenkampfs, von Rasse und Führer schwärmende rechte Moderne-Kritik und Freyers Denunziation der materialistischen Philosophie als einer „tollen Sorte Chiliasmus", der in sozialdemokratischem Reformismus, in Sozialpolitik als einer „schwächlichen Vermittlungsidee" verendet sei.[260]

Hellers späte Deutung des Historischen Materialismus war nichtsdestotrotz aus Freyers 1930 veröffentlichter „Soziologie als Wirklichkeitswissenschaft" mitbeeinflußt.

Freyer würdigte nämlich die Bewegung von Hegel zu Lorenz Stein und Karl Marx, wobei Marx der radikalere Bruch mit Hegels Rechtsphilosophie, der konsequentere „Rückgang vom Gestaltenreich des Geistes auf die gesellschaftlichen Wirklichkeiten", der „Verwandlung der Idealdialektik in Realdialektik" bzw. der „Kritik der Rechtsphilosophie durch Soziologie" gelungen sei, – so Freyer: „Erst der Materialismus Marxscher Fassung ist auch in diesem Punkte revolutionäre Hegel-Kritik. Durch seine Umformung der Dialektik ins Realistische zerstört er

259 Hermann Heller: Staatslehre (wie Anm. 50), 137. Vgl. zu Hellers Freyer-Aufnahme Wolfram Bauer: Wertrelativismus und Wertbestimmtheit im Kampf um die Weimarer Republik. (=Beiträge zur politischen Wissenschaft 3), Berlin 1968, 364-366.

260 Vgl. zu Freyer Georg Lukács: Die Zerstörung der Vernunft. (=Georg Lukács-Werke 9), Neuwied 1962, 558-567.

zugleich die Lineatur des Hegelschen Geschichtsbildes und gibt ihr einen grundsätzlich anderen Rhythmus." Marx galt Freyer als der Schöpfer des „Umsprungs von Geschichtsphilosophie in Soziologie und dann in Praxis". Freyer, der Dilthey- und Simmel-Kritiker, der die Soziologie als legitime Erbin der Geschichtsphilosophie interpretierte, sah das Essentielle von Marx und Engels im Schritt von der „Logoslehre" zur „Wirklichkeitswissenschaft": „In dieser Gestalt: als historischer Materialismus wird also in Deutschland der Gedanke der wirklichkeitswissenschaftlichen Soziologie zuerst gewonnen." Ein Heller nahm dieses Argument auch für seine Kritik an Rudolf Smends „Integrationstheorie" auf.[261]

261 Hans Freyer: Soziologie als Wirklichkeitswissenschaft. Logische Grundlegung eines Systems der Soziologie, Leipzig-Berlin 1930, 91-113. – Vgl. zu Freyers Marx-Adaption Thomas Gil: Kritik der Geschichtsphilosopie. L.von Rankes, J.Burckhardts und H. Freyers Problematisierung der klassischen Geschichtsphilosophie, Stuttgart 1993, 205-243 und 258-261.

Anhang

Dem Gedenken an Eduard Rabofsky (1911-1994),
den Angehörigen der Wiener antifaschistischen
Gruppe „Soldatenrat" (1941),
den Juristen der Arbeiterklasse!

Deutsche und Österreichische Rechtswissenschaft aus dem Blick des Exils. Zur Einschätzung faschistischer Juristen durch das Umfeld der Frankfurter Schule ('Zeitschrift für Sozialforschung' – ZfS) (1932-1941)

I. Von Grünbergs „Archiv" zur „Zeitschrift für Sozialforschung" (ZfS) 1925-1930

1932 erschien der erste von Max Horkheimer einbegleitete Band der „Zeitschrift für Sozialforschung" und löste damit eine ungenannt bleibende Vorgängerin ab, das Grünbergsche „Archiv für die Geschichte des Sozialismus und der Arbeiterbewegung" (1910-1930, 15 Bände). Bei aller Differenz – so vor allem im Marxismus-Verständnis (Dialektik vs. Evolution!) – war die „Zeitschrift" die Erbin des „Archivs". Das von Carl Grünberg seit 1910 in seiner Eigenschaft als Wiener Professor der Politischen Ökonomie im austromarxistischen Umfeld herausgegebene „Archiv" wurde nach seiner Berufung an die Universität Frankfurt und seiner Ernennung zum Gründungsdirektor des „Instituts für Sozialforschung" mit dem elften Band des Jahres 1925 zur ersten Frankfurter Institutszeitschrift.[1]

Carl Grünberg (1861-1940), der intellektuell von seinen Wiener kathedersozialistischen Lehrern, den Rechtsprofessoren Lorenz Stein und Anton Menger geprägt war und sich mit einer großen Arbeit zur Bauernbefreiung in Böhmen und Mähren 1894 an der Wiener Juristenfakultät habilitiert hatte, ebendort 1899 zum Extraordinarius aufgestiegen war, lehrte und forschte ab etwa 1900 auch vermehrt über die Geschichte des Sozialismus und der Arbeiterbewegung. Nach seiner Habilitation näherte sich Grünberg – nicht zuletzt unter dem Einfluß von Karl Kautsky – zunehmend Positionen des Historischen Materialismus, eine Entwicklung, die von Günther Nenning 1973 zutreffend unter das Motto „Vom Kathedersozialismus zum Kathedermarxismus" gestellt wurde. Grünbergs Marx-Verständnis war ein historisch-evolutionistisches, ein Marx ohne Hegel und Dialektik oder – wie es vom Standpunkt des positivistischen Vorurteils formuliert werden könnte – ein „Marxismus ohne Metaphysik". Dies sollte Grünberg von den meisten Schülern und Nachfolgern am Frankfurter Institut unterscheiden. Dies hinderte Grünberg aber nicht Karl Korsch oder Georg Lukács, die beiden maßgeblichen Protagonisten einer „Rehegelianisierung" der Marxschen Theorie, als Mitarbeiter des „Archivs" heranzuziehen.[2]

Bei aller Differenz der sozialwissenschaftlich-philosophischen Konzeption Carl Grünbergs zu der seines 1931 installierten Nachfolgers Horkheimer gibt es Verbindungsfäden zwischen dem 1930 mit dem 15. Band eingestellten „Archiv" und dem ersten Band der „Zeitschrift" 1932. Die hier interessierende juristisch-rechtsphilosophische Themenstellung war dabei im „Archiv" noch deutlicher vertreten als später in der „Zeitschrift", was angesichts von Grünbergs Ausbildung als Jurist wenig überrascht. Gelegentliche Kontinuität gibt es im Mitarbeiterstab, so rezensierte ein Karl Korsch sowohl für das „Archiv" als auch für die „Zeitschrift". Kontinuität findet sich aber auch in der Themenstellung, die „Reine Rechtslehre" war etwa im „Archiv" mit ihrem Begründer Hans Kelsen selbst wiederholt als Autor vertreten, in der „Zeitschrift" fand Kelsens Theorie wiederholt Anerkennung.

1 Vgl. generell Rolf Wiggershaus: Die Frankfurter Schule. Geschichte, theoretische Entwicklung, politische Bedeutung, München-Wien 1986 und Alfred Schmidt: Die „Zeitschrift für Sozialforschung". Geschichte und gegenwärtige Bedeutung, im Vorspann zum Nachdruck der „Zeitschrift für Sozialforschung" [im Folgenden kurz: ZfS], München 1972, 1-63.

2 Vgl. Günther Nenning: Carl Grünberg. Biographie (=Indexband zu: Archiv für die Geschichte des Sozialismus und der Arbeiterbewegung [im Folgenden kurz: Archiv]), Graz-Zürich 1973.

So hatte Kelsen 1921 im damals noch in Wien erscheinenden „Archiv" die Kontroverse mit Max Adler über den marxistischen Staatsbegriff eröffnet.[3] Im ersten von Grünberg in seiner Eigenschaft als Direktor des Frankfurter Instituts herausgegebenen „Archiv"-Band erschien 1925 Kelsens Streitschrift „Marx oder Lassalle? Wandlung in der politischen Theorie des Marxismus" mit ihrer Verehrung für den rechten reformistischen Flügel der Sozialdemokratie um Karl Renner oder Heinrich Cunow und ihrer gegen Marx gerichteten Lassalle-Verehrung, die Kelsen in ein: „Zurück zu Lassalle!" münden ließ.[4] In der Tat verbreitete Kelsen im „Archiv" ein revisionistisches Sozialismusverständnis, das nicht nur fernab zu anderen „Archiv"-Autoren wie Lukács und Korsch, sondern auch zu den späteren Exponenten der „Zeitschrift" wie Horkheimer, Adorno oder Marcuse liegen sollte.

Grünbergs „Archiv" bot in seiner Frankfurter Periode Publikationsmöglichkeit für rechtsphilosophische Artikel aus den unterschiedlichen Lagern des sozialistischen Spektrums. Franz Oppenheimer, Soziologieprofessor an der Universität Frankfurt, berichtete über die sozialistischen Naturrechtsideen des Johann Jakob Fries folgenden Universalgelehrten Leonard Nelson, dem Initiator der ethisch-sozialistischen Gruppe „Neu Beginnen". Oppenheimer würdigte Nelson 1926 im „Archiv" als „unverbesserlichen Utopisten und Revolutionär".[5] Julius Kraft, sowohl Schüler Nelsons als auch Kelsens, griff im selben Band das Grünbergsche Erbe auf, indem er eine Würdigung von Anton Menger, über den Grünberg selbst wiederholt geschrieben hatte,[6] vorlegte: Kraft schätzte den 1906 verstorbenen, von Friedrich Engels und Karl Kautsky als „Juristen-Sozialist" belächelten Menger, im Kernfach Zivilprozessualist, als Vertreter einer Rechtsphilosophie ein, die von einem „soziologischen Empirismus mit naturrechtlichen Abweichungen" getragen ist, bzw. als „induktive Fortbildung der Naturrechtstheorie": „Und so hinterläßt uns Menger das Postulat, die Rechtstheorie als induktive, normative Wissenschaft im Geist rechtsliebender Menschen immer vollkommener auszubilden."[7]

Zu den ständigen Mitarbeitern Grünbergs zählte der im Wiener Exil lebende Georg Lukács, der die universalistische Sozialphilosophie von Othmar Spanns

---

3 Hans Kelsen: Sozialismus und Staat, in: Archiv 9 (1921), 1-129.

4 Hans Kelsen: Marx oder Lassalle? Wandlung in der politischen Theorie des Marxismus, in: Archiv 11 (1925), 261-298.

5 Franz Oppenheimer: Ein neues sozialistisches System der Rechtslehre und Politik, in: Archiv 12 (1926), 251-268.

6 Carl Grünberg: Anton Menger (1841-1906), in: Biographisches Jahrbuch 11 (1906), 3-22.

7 Julius Kraft: Anton Menger als Methodiker der Rechtstheorie, in: Archiv 12 (1926), 182-198.

Schule als „Produkt einer eklektischen Apologetik" abtat, während der später in der „Zerstörung der Vernunft" als Sozialphilosoph des faschistischen Irrationalismus qualifizierte Carl Schmitt noch einige Anerkennung bei Lukács fand. Schmitts „Politischer Romantik" billigte Lukács 1928 im „Archiv" das Verdienst zu, mit der Verklärung romantischer Ideen aufgeräumt zu haben, so habe Schmitt Adam Müller, der oft als „Grundleger der wissenschaftlichen Methode aufgeschwatzt" würde, als beliebigen Opportunisten in theoretischen und politischen Dingen demontiert. Schmitt, der nach Auffassung Lukács' die geistesgeschichtliche Tradition von Wilhelm Dilthey und Ernst Troeltsch fortschrieb, operiere aber mit unscharfen ahistorischen Begriffen. Die Exponenten der deutschen Romantik würden von Schmitt unter die inflationäre Kategorie „bürgerlich" subsumiert, so wie der völlig anders zu deutende Hegel.[8]

Der bereits zu Weimarer Zeiten von seiner Universitätsprofessur verdrängte Karl Korsch – später auch gelegentlicher Mitarbeiter der ZfS – besprach für Grünbergs „Archiv" 1930 Eugen Paschukanis und Karl Renner. Korsch sah in der Zweitauflage von Renners „Rechtsinstitute"-Buch einen Rückfall selbst hinter die Erstauflage aus dem Jahr 1904. Korsch hielt Renner trotz aller seiner, sich auf Georg Lukács' „Geschichte und Klassenbewußtsein" stützenden Seitenhiebe gegen die „orthodoxe" sowjetische Rechtstheorie den Moskauer Rechtsphilosophen Paschukanis entgegen. Renners Denken ist – so Korsch – von „fetischistischer Staatsgläubigkeit" geprägt: „Das heißt, er (Renner – Anm.) stellt sich grundsätzlich auch heute noch unkritisch auf den gleichen 'positiven' Boden mit der heute in der juristischen Welt allgemein herrschenden Auffassung der bürgerlichen Juristen, dieser 'Ideologen des Privateigentums'." Mit Recht habe Paschukanis Renner als „Apologeten des entwickelten Kapitalismus" bezeichnet.[9]

Der innerhalb des bürgerlich universitären Juristenbogens am linken Rand stehende, politisch dem rechten Flügel der Sozialdemokratie zuzuordnende Hermann Heller, 1933 im spanischen Exil verstorben, wurde im Schlußband des „Archivs" im Zusammenhang mit seinen Interpretationen zur Geschichte der Staatstheorie der Kritik unterzogen. So habe der Antifaschist Heller in seinem

---

8 Georg Lukács: [Rez.v.] Carl Schmitt, Politische Romantik (2. Auflage, Tübingen 1925), in: Archiv 13 (1928), 307f.

9 Karl Korsch (Berlin): [Rez.v.] E. Paschukanis, Allgemeine Rechtslehre und Marxismus (Berlin 1929) [u. Rez.v.] Karl Renner, Die Rechtsinstitute des Privatrechts und ihre soziale Funktion (Tübingen 1929), in: Archiv 15 (1930), 301-310. – Daß Renner später zu einem literarischen Verklärer nazistischer Okkupationspolitik werden sollte, konnte Korsch noch nicht ahnen. Vgl. Einführung von Eduard Rabofsky zu: Karl Renner: ... der Anschluß und die Sudetendeutschen (Druckfahnen Wien 1938), erstveröffentlicht Wien 1990, I-XXVII.

Buch „Europa und der Fascismus“ (Berlin 1929) die bekannte „Legende vom Fascisten Sorel“ unter Ignorierung des revolutionären Syndikalisten Sorel weitergesponnen. Heller, der „im Geist des demokratischen deutschen Sozialismus schreibe, der mehr Hegel und Lassalle in sich birgt als Marx“, hat – so der Vorwurf – die eindimensionale Gleichsetzung „Mussolini = Sorel = Spengler“ fabriziert.[10]

II. Deutsche Rechtsliteratur in der ZfS-Kritik 1932-1941

A. Allgemeine Staatslehre, Staatsrecht

Die Auseinandersetzung mit dem nazistischen System war naheliegend ein Zentralthema der Frankfurter Schule in den Exiljahren. Der Streit zwischen jenem Flügel des Instituts, der im Nazisystem ein staatskapitalistisches System sah (Pollock, Horkheimer, Adorno, Marcuse) und jenen Interpreten (Neumann, Kirchheimer), die den Nazismus in der Kontinuität monopolkapitalistischer Entwicklungen sahen, wurde im Zuge einer Vortragsreihe im New Yorker Institutsexil im Spätherbst 1941 ausgetragen.[11]

In diesem Rahmen wurden auch rechtsphilosophische Wendungen aus dem Exil beobachtet. Dies geschah laufend vor allem im Rezensionsteil der ZfS. Es finden sich aber auch klassische Analysen der faschistischen Rechtspolitik in Aufsatzform, so griff Herbert Marcuse 1934 in der ZfS unter dem Titel „Kampf gegen den Liberalismus in der totalitären Staatsauffassung“ Carl Schmitt und Ernst Forsthoff frontal an.[12]

Schmitts marxistisch gesinnter Schüler Otto Kirchheimer (1905-1965)[13] – der Weg zu Schmitt verlief sich rasch – veröffentlichte Ende der dreißiger Jahre aus dem New Yorker Exil drei Schlüssel-Studien zum NS-Rechtssystem, alle in englischer Sprache, so 1939 im achten Band der ZfS über „Criminal Law in National-Socialist Germany“ und 1941 im letzten ZfS-Band die beiden Aufsätze

---

10 Ernst H. Posse: Sorels Fascismus und sein Sozialismus, in: Archiv 15 (1930), 161-193.

11 Zur generellen Auseinandersetzung mit dem Nazifaschismus vgl. Horkheimer, Pollock, Neumann, Kirchheimer, Gurland, Marcuse. Wirtschaft und Staat im Nationalsozialismus. Analysen des Instituts für Sozialforschung 1939-1942, hrg. v. Helmut Dubiel u. Alfons Söllner, Frankfurt 1981.

12 Herbert Marcuse: Kampf gegen den Liberalismus in der totalitären Staatsauffassung, in: ZfS 3 (1934), 161-195.

13 Zur Biographie Kirchheimers Joachim Perels: Otto Kirchheimer (1905-1965). Demokratischer Marxist und Verfassungstheoretiker, in: Streitbare Juristen, Baden-Baden 1988, 401-414.

„Changes in the Structure of Political Compromise" und „The Legal Order of National Socialism".

Die Rechtswissenschaft des deutschen Faschismus – so Kirchheimer in präziser Diagnose – hat die Aufhebung der starren Abgrenzung von Moral und Recht proklamiert, in Wirklichkeit aber brutale Willkür bewirkt. Hinter der diesbezüglichen, bloß ideologischen Kampagne stecke real das pure Gegenteil, der radikale „Abbau jener minimalen Harmonie von Moral, Recht und Gerechtigkeit". Kirchheimer schloß seinen Essay „Legal Order" 1941 eindringlich: „Das System der technischen Rationalität als Basis von Recht und Rechtspraxis hat jedwedes System zur Erhaltung individueller Rechte verdrängt und Recht und Rechtspraxis zum Instrument erbarmungsloser Herrschaft und Unterdrückung im Interesse derer werden lassen, die an den wichtigsten Hebeln wirtschaftlicher und politischer Macht sitzen. Nirgendwo ist der Entfremdungsprozeß zwischen Recht und Moral so fortgeschritten wie gerade in der Gesellschaft, die angeblich die Integration dieser Bereiche bewirkt hat." Das liberale Recht sei bereits in der monopolistischen Phase des Kapitalismus seiner Rolle als Befriedungsinstanz sozialer Konflikte verlustig gegangen, da die Macht monopolistischer Gruppen angesichts der Möglichkeit von „Kreditsperre" und von paramilitärischen „Söldnerhorden"[14] keiner gerichtlichen Durchsetzung mehr bedurft hatte. Vollends – so Kirchheimer – ist das Recht im Faschismus zu einer unterwürfigen Dienstmagd „technischer Rationalität" zugunsten der terroristischen Eliten in Partei, Industrie, Militär und Bürokratie verkommen. Mit der formalen Rationalität des liberalen Rechtsdenkens sei auch dessen „ethisches Minimum" (G. Jellinek) untergegangen, sichtbar geworden sei dieser Prozeß in der Zerstörung der Idee bürgerlicher Gleichheit, die von NS-Juristen, wie dem Völkerrechtler Gustav A. Walz unter dem Titel „Artgleichheit gegen Gleichartigkeit" verhöhnt wurde, der Zerstörung der liberalen Grundrechte, der Allgemeinheit des Gesetzes, der unabhängigen Justiz, aller existenten Verfahrensgarantien, sowie der Liquidierung jener Ansätze, die unter Weimarer Verfassungsbedingungen zu einer sozialstaatlichen Rationalität geführt hätten. Alle allgemein verbindlichen normativen Strukturen sind im Nebel neuhegelianischer, dezisionistischer, „konkret-ordnungsdenkender" oder völkisch-rassischer Schlagworte untergegangen, so Kirchheimers pessimistisches Urteil aus dem New Yorker Exil des Jahres 1941: „Das Rechtssystem, das daraus resultiert, ist nur noch für die Mächtigen ratio-

14 So Kirchheimer bereits 1935 in seiner unter dem Pseudonym „Dr. Hermann Seitz" aus dem Pariser Exil nach Deutschland geschmuggelten, den Widerstand unterstützenden Schrift „Staatsgefüge und Recht des Dritten Reichs", deren Herausgeberschaft zwecks Erhöhung des politischen Effekts Carl Schmitt unterschoben wurde, jetzt in: Otto Kirchheimer: Von der Weimarer Republik zum Faschismus: Die Auflösung der demokratischen Rechtsordnung, Frankfurt 1976, 152-185.

nal." Von der deutschen Rechtswissenschaft in ihrem dominierenden Strom sind diese Prinzipien seit 1933 durch Leerformeln von der „Volksgemeinschaft", der „völkischen Justiz" oder dem „Schutz des Bluts und der arischen Rasse" ersetzt worden.[15]

Der 1933 gleich Kirchheimer ins Exil vertriebene Gewerkschaftsjurist Franz L. Neumann (1900-1954), der 1936 an der London School of Economics mit der seit 1980 auch in deutscher Sprache vorliegenden Arbeit „Die Herrschaft des Gesetzes" („Rule of Law") im Zweitstudium promoviert worden war, veröffentlichte aus dem thematischen Umfeld seiner Dissertation zwei brillante rechtstheoretische Aufsätze in der ZfS: 1939/40 den Aufsatz „Types of Natural Law" und zuvor 1937 im sechsten Band der ZfS über den „Funktionswandel des Gesetzes in der bürgerlichen Gesellschaft", einer historisch-materialistisch konzipierten Geschichte des Gesetzesbegriffs von Bodin, Hobbes, Spinoza, über Rousseau und Kant, zur deutschen Sonderentwicklung bei Paul Laband bis hin zu Carl Schmitt eingebunden in den jeweiligen Entwicklungsstand der bürgerlichen Gesellschaft:

Das Konzept „rule of law" oder „Herrschaft des (generellen) Gesetzes" ist in seiner Wirksamkeit an das gesellschaftliche System der freien kapitalistischen Konkurrenz gebunden, an eine Gesellschaftsform, die noch nicht mit den Forderungen der aufsteigenden Arbeiterklasse konfrontiert war, und an ein politisches System, in dem die Bourgeoisie hegemonial bestimmt hatte. Unter monopolkapitalistischen Bedingungen ist das System von der „Herrschaft des Gesetzes" zerfallen. Das rechtspositivistische Denken ist mit seiner ganzen formalistisch-normativen Dogmatik – so Neumann ähnlich Kirchheimer – überfällig und deshalb als „liberalistisch" und „individualistisch" überlebt denunziert worden. An Stelle der „Herrschaft des Gesetzes" sei ein konkretes oder institutionalistisches Ordnungsdenken getreten, wie es sich nach der Machtergreifung der NSDAP 1933 vor allem in Deutschland in vielen Variationen entwickelt hat. Im Blick einer materialistischen Geschichtsanalyse läßt sich die faschistisch-institutionalistische Rechtstheorie – nach Neumann – so deuten: „Im Monopolkapitalismus

---

15 Otto Kirchheimer: Die Rechtsordnung des Nationalsozialismus (ursprünglich englisch „The Legal Order of National Socialism" 1941 in ZfS), in: ders.: Funktionen des Staats und der Verfassung, Frankfurt 1972, 115-142, hier 116, 130, 142. – Vgl. Helmut Dubiel u. Alfons Söllner: Die Nationalsozialismusforschung des Instituts für Sozialforschung – ihre wissenschaftsgeschichtliche Stellung und ihre gegenwärtige Bedeutung, in: Wirtschaft und Staat im Nationalsozialismus (wie Anm. 11), 7-31, hier über Kirchheimer 20f. – Vgl. auch Richard Saage: Otto Kirchheimers Analyse des nationalsozialistischen Herrschaftssystems 1935-1941, in: Verfassungsstaat, Souveränität, Pluralismus. Otto Kirchheimer zum Gedächtnis, hrg. von Wolfgang Luthardt u. Alfons Söllner, Opladen 1989, 77-91.

bleibt zwar das Privateigentum an Produktionsmitteln als die einigende Rechtsfigur der gesamten bürgerlichen Epoche unangetastet, aber das allgemeine Gesetz und der Vertrag verschwinden und werden durch individuelle Maßnahmen des Souveräns ersetzt.“

Neumann diagnostizierte 1937 im juristisch-ideologischen Überbau seit der Revolution von 1848 widersprüchliche Entwicklungen: So wie im Zeichen eines seine emanzipatorische Klassenlage verlierenden Bürgertums, das spätestens mit der deutschen Reichseinigung 1871 fortschrittliche Ziele zugunsten einer reaktionären, gegen die Arbeiterklasse gerichteten Machtsicherung aufgegeben hat, naturrechtlich fundierte demokratisch-fortschrittliche Postulate und Dogmen verdrängt worden sind und sich diese neue Klassenfunktion und politische Schwäche des Bürgertums in der von Paul Laband für Bismarck formulierten Theorie von Gesetz im formellen und von Gesetz in materiellem Sinn, sowie in einem antiphilosophischen Rechtspositivismus geäußert hat, der von einem Bernhard Windscheid 1884 als Ende des Naturrechtstraums und von Karl Bergbohm 1892 als Jagd auf die naturrechtliche „Korruption“ besonders effizient geführt worden ist, so werde scheinbar umgekehrt unter den Auspizien der faschistischen Rechtstheorie sowohl in ihrer rein völkisch-rassistischen Ausprägung (Koellreutter, Höhn), als auch in ihrer autoritär-totalen Richtung (Schmitt, Huber, Forsthoff), als auch in ihrer rechten neuhegelianischen Variante (um Larenz und die „Kieler Schule“) der konventionelle bürgerliche Rechtspositivismus zugunsten zweifelhafter „konkreter Ordnungsideologien“ im Geiste eines rückschrittlichen Naturrechts ausmanövriert. Der Rechtspositivismus ist in jenem Moment nach 1918 fallen gelassen worden, als eine diffuse Naturrechtsbewegung den Klasseninteressen des Bürgertums entsprochen habe, gerade zu jenem Zeitpunkt, als der Rechtspositivismus eine fortschrittliche Funktion gewinnen hätte können: „Die Wiederbelebung des Gleichheits- und Allgemeinheitsgedankens ist eine verschleierte Wiederbelebung des Naturrechts, das nunmehr gegenrevolutionäre Funktionen erfüllte. Der alte Positivismus hätte in der Periode nach 1918 die Positionen der Monopole gefährdet, weil die positive Rechtsordnung nicht mehr durchgehends den Interessen der Monopole entsprach.“

Neumann entwickelte seine 1937 in der ZfS entfaltete Kritik dialektisch, indem er offenlegte, daß nicht eine bestimmte Rechtstheorie als solche an sich antifaschistisch-demokratisch ist: So wie der Rechtspositivismus, die Theorie von der Herrschaft des allgemeinen Gesetzes oder das Naturrecht fortschrittliche Züge trügen, so können sie auch für die Zwecke der autoritär-faschistischen Stabilisierung der bürgerlichen Gesellschaft verwendet werden. Neumann zeigte dies auch am Beispiel der Freirechtsbewegung, die ursprünglich bei Hermann U. Kantorowicz, Eugen Ehrlich oder Ernst Fuchs als sozialreformerische, demokratische Rechtsidee angetreten ist. Die Freirechtsbewegung habe aber entgegen aller Intention einem Schlüsselinstrument der faschistischen Rechtstheorie, der Generalklausel, vorgearbeitet: „Soweit die Freirechtsschule eine Rechtsanwendungstheorie ist, verlangt sie die Ersetzung des formal-rationalen Rechts durch Generalklauseln." Neumann erinnerte deshalb an Max Weber, der 1911 mit Recht gewarnt habe, daß gerade eine „unformale Rechtspflege" den Interessen der Arbeiterschaft schadet. Mit der richterlichen Generalklausel sind bereits im Vorfeld des Nazifaschismus „die Rationalität des Rechts" und damit auch große Teile positiv festgeschriebener Sozialreformen zerstört worden.[16]

Im achten Band der nunmehr in New York unter dem Titel „Studies in Philosophy and Social Science" erscheinenden „Zeitschrift für Sozialforschung" bemühte sich Franz Neumann 1941 unter dem Titel „Types of Natural Law" um eine Rekonstruktion einer rational-demokratischen Naturrechtstheorie, die er aus den Fängen der faschistischen Blut- und Bodenideologie befreien wollte. Der Faschismus versuche seine reaktionäre, regressiv, irrationalistische Politik mit dem Mantel einer zweitausend Jahre alten Theorie zu überdecken. Das um 1900 von vielen führenden Juristen im Geist des Rechtspositivismus für liquidiert erklärte und lächerlich gemachte Naturrecht hat deshalb eine unerwartete Hochkonjunktur erfahren, da es seit den zwanziger Jahren zu einem hervorragenden Instrument für rechtsautoritäre Sozialideologien in katholisch-neuthomistischem oder in völkisch-rassistischem Gewande geworden war.

Neumann plädierte unter dem Eindruck des 1939 am Höhepunkt seiner militärischen Macht stehenden europäischen Faschismus, dessen Ende und Niedergang angesichts der „Blitzkriegsiege" in weite Ferne gerückt schien, für eine an Hegels Naturrechtskritik anschließende Erneuerung einer rationalen Theorie der Gerechtigkeit: „Doch in jeder Naturrechtslehre gibt es ein Element, das Hegel, in dem er es in seine Rechtsphilosophie aufnimmt, als progressiv, als Ausdruck wahrhaft universeller Vernunft anerkennt." Aus dem jahrhundertealten Irrgarten pessimistischer und agnostischer Naturrechtslehren wollte Neumann die optimistisch-demokratische Traditionslinie forcieren: „Es gibt nur einen Typus von Naturrechtstheorien, der beide Fallen – Anarchismus und Willkürherrschaft – meidet. Zu ihm zählen die demokratische Lehre des Marsilius von Padua und die von Rousseau." Es war nicht nur theoretische Analyse, wenn Neumann 1939 nachwies, daß die Naturrechtslehre nur dann konsistent zu deuten ist, wenn sie sich am Prinzip möglicher universeller Vernunft und demokratisch vermittelter Gleichheit orientiert. Es war ein Stück antifaschistischer Widerstand, wenn Neumann feststellte: „Damit stehen Naturrechtslehren in fundamentaler Opposition zu Traditionalismus und Historismus. Jede menschliche Institution kann

16 Franz Neumann: Der Funktionswandel des Gesetzes im Recht der bürgerlichen Gesellschaft, in: ZfS 6 (1937), 542-596, hier 569, 578-583, 595.

kritisiert werden, keine ist unantastbar. Schließlich sind Naturrechtslehren unvereinbar mit antirationalen Doktrinen wie Vitalismus, Universalismus (wäre wohl exakter mit „Ganzheitslehren" im Sinne Othmar Spanns zu übersetzen – Anm.) oder der Vorstellung charismatischer Führerschaft." Antirationale Instrumentalisierungen des Naturrechts sind widersprüchliche Zwittergestalten geblieben: Ja, so Neumann, die gegenrevolutionären Denker des 19. Jahrhunderts – wie de Maistre, Bonald, Cortés und Stahl – haben deshalb das Naturrecht aus ihrer Perspektive als Prinzip des (revolutionären) Fortschritts verworfen.

Liberalen Naturrechtstheorien, die sich auf eine ausgeklügelte Sicherung des Rechtssystems ohne demokratischen Mitbestimmungsprozeß stützten – so der „deutsche Rechtsstaatsgedanke" oder die US-amerikanische Lehre von der richterlichen Oberhoheit, von der richterlichen Nachprüfung der Gesetzgebung – stand Neumann skeptisch gegenüber. Diese liberale Naturrechtstheorie dürfe gegenüber der demokratischen allenfalls subsidiär in Erscheinung treten, denn: „Das Insistieren auf dem Vorrang eines liberalen Naturrechts gegenüber einem demokratischen Naturrecht ist oft der erste Schritt zu einer Konterrevolution."

Viel bleibe nicht übrig aus dem Erbe des Naturrechts, aber was aus dem Naturrechtserbe lebendig ist, das sei immerhin wichtiger „Widerspruch zur autoritären Theorie und Praxis". Neumann benannte hiefür folgende Punkte: „Generalität des Gesetzes, die Gleichheit des Menschen, das Verbot individueller Gesetzgebungsakte, die Ausschließung rückwirkender Gesetzesanwendung, besonders im Strafrecht, und die Unabhängigkeit der Rechtsprechung".[17]

Der erste Jahrgangsband der ZfS hatte 1932 noch in Deutschland erscheinen können, ehe schon mit dem zweiten ZfS-Band 1933 die über Paris, Genf und New York laufende Exilperiode begann. Einsetzend mit dem Rezensionsteil des ersten ZfS-Bandes wurden die Entwicklungen einer rechtsautoritären Jurisprudenz beobachtet, ein Schwerpunkt galt Carl Schmitt, der als der fast einzige intellektuell raffinierte Apologet des NS-Systems wahrgenommen wurde.

So akzeptierte Hans Speier (geb. 1905), Heidelberger Schüler Karl Mannheims, Berliner Dozent, bekannt durch eine Studie über die Angestellten im Sog des Faschismus und später im Exil Soziologieprofessor an verschiedenen US-Universitäten, als ZfS-Rezensent 1932 implizit Schmitts Angriff auf das Denken des Liberalismus, also auch Schmitts Reduktion des Politischen auf die „Feind/Freund-Dichotomie", bloß sei einzuwenden, daß Schmitt diese Grundkategorie fernab von Klassenantagonismen in das ontologisch „Seinsmäßige" ver-

17 Franz Neumann: Types of Natural Law, in: Studies in Philosophy and Social Science, formerly: ZfS 8 (1939/40), 338-361, hier referiert nach der deutschen Übersetzung „Typen des Naturrechts", in Franz L. Neumann: Wirtschaft, Staat, Demokratie. Aufsätze 1930-1954, hrg. von Alfons Söllner, Frankfurt 1978, 223-254. Eine biographische Darstellung – verfaßt von A. Söllner – findet sich einleitend.

schiebt und jede soziologische Analyse missen läßt: „Saint-Simon, Comte, Marx u.a. haben freilich angegeben, welche konkreten Kräfte die Freund-Feind-Gruppierung nun eigentlich bewirken. S[chmitt] unterläßt es. Er hält die formale Scheidung in Freund und Feind für eine seinsmäßige, also nicht weiter ableitbare.“[18]

Auch der an der Universität Jena als Professor für Zivil- und Arbeitsrecht bereits Mitte der 1920er Jahre politisch entlassene Marxismus-Theoretiker Karl Korsch (1886-1961) – schon Mitarbeiter des Grünbergschen „Archivs“, im späteren Exil wissenschaftlicher Berater Bert Brechts – billigte Schmitt 1932 „kritische Analyse der bisher vorherrschenden bürgerlich liberalen Staatsauffassung“ zu. Korsch charakterisierte Schmitts Position im Zeichen der schleichenden faschistischen Machtergreifung aber bereits als eine reaktionäre: Schmitt beschreibt zwar exakt den Zerfall des liberal-bürgerlichen Konstitutionalismus aus dem Erbe des frühen 19. Jahrhunderts. Mit seinem Ruf nach dem Reichspräsidenten als einer plebiszitär überhöhten „pouvoir neutre“ zur Rettung der staatlichen Verfassungseinheit zieht er aber eine in der Linie des Faschismus gelegene Konsequenz. Schmitt übersehe, daß „der illusionäre und widerspruchsvolle Charakter der bisherigen parlamentarisch-liberalen Staatsform“ und ihr Zerfall in antagonistische Machtkomplexe fernab vom scheinbar rationalen Verfassungsdiskurs eines vormals fortschrittlichen Bürgertums nur den Widerspruch von Produktionsverhältnissen und „den aus diesem Widerspruch entspringenden Gegensatz und Kampf der gesellschaftlichen Klassen“ widerspiegelt. Schmitts „Hüter der Verfassung“ dient nur der heraufziehenden faschistischen Ausschaltung der Arbeiterbewegung, der Repression einer „Rebellion der unterdrückten Heloten“ – wie es Schmitt unter Rückgriff in die griechische Antike ausdrückte. Der Widerspruch des liberal-parlamentarischen Systems wird nach Korsch durch Schmitts „Hüter“ nicht überwunden, „sondern nur noch einmal und sogar in verschärfter Form aktualisiert in jenem faschistischen ′Totalstaat′, von dessen endlicher Herankunft Schmitt heute (1932! – Anm.) ganz ebenso unkritisch wie einst die liberale Bourgeoisie von ihrem ′Rechtsstaat′ die positive Lösung des von ihm behandelten Staatsproblems erwartet“.[19]

---

18 Hans Speier: [Rez. v.] Carl Schmitt: Der Begriff des Politischen (München 1932), in: ZfS 1 (1932), 203f. Über Speier vgl. International Biographical Dictionary of Central European Emigrés 1933-1945. II/2. The Arts, Sciences, and Literature, hrg. von Herbert A. Strauss u. Werner Röder, München 1983, 1098.

19 Karl Korsch: [Rez. v.] Carl Schmitt: Der Hüter der Verfassung (Tübingen 1931), in: ZfS 1(1932), 204f. – Zu Korsch vgl. Michael Buckmiller: Zeittafel zu Karl Korsch. Leben und Werk, in: Über Karl Korsch. Jahrbuch Arbeiterbewegung 1, Frankfurt 1973, 103-107.

Es blieb dann zwei Jahre später Herbert Marcuse an Hand der dritten Auflage des „Begriffs des Politischen" vorbehalten zu zeigen, daß Schmitts Liberalismus-Kritik mittlerweile – wie von Korsch prophezeit – eine offen nazistische Schlagseite erhalten hatte, sowie vorzuführen, daß sich Schmitt auch individuell opportunistisch an die Erfordernisse des Naziregimes angepaßt hatte, indem er gegenüber der Zweitauflage positive Einschätzungen von Theoretikern des reformistischen Sozialismus (wie Karl Renner) als auch der kommunistischen Internationale (wie Georg Lukács) eliminiert hat. Statt dessen hat Schmitt den zum Katholizismus konvertierten Friedrich Julius Stahl antisemitisch markiert. Marcuse schloß mit folgender Einschätzung: „Von den kleineren Zusätzen, die der deutlichen Diffamierung des Gegners dienen, sei nur der eine erwähnt, der das 19. Jahrhundert als ein 'mit Illusion und Betrug angefülltes Saekulum' bezeichnet."[20]

In einem eigenen Aufsatz analysierte Marcuse dann im selben dritten Band der ZfS eingehend die faschistische Rechtstheorie unter dem Titel „Kampf gegen den Liberalismus in der totalitären Staatsauffassung": Die Liberalismus-Kritik der faschistischen Ideologen ist keine Kritik der Klassenbedingungen, unter denen liberale Denkströmungen gedeihen. Im Gegenteil sei diese Form der Liberalismus-Verdammung nur Instrument zur Zerstörung einer fortschrittlich-utopischen Geschichtsphilosophie, zur Kritik am Materialismus unter Beibehaltung des eigentlich zentralen Moments der bürgerlichen Gesellschaft, der privaten Verfügungsgewalt über Produktionsmittel. Bei Carl Schmitt und dem Philosophen Martin Heidegger – übrigens Marcuses kurz vorher noch verehrter Dissertationsförderer – wird der Liberalismus nicht als Ideologie des europäischen Industriekapitalismus attackiert, sondern zwecks Rettung des in die Krise geratenen Monopolkapitalismus, dem auf der Ebene des politischen Systems ein faschistischer Ausweg geboten wird. Marcuse stellte fest, daß das Zentralideologem des Liberalismus, das geradezu sakralisierte private Eigentum, von der rückwärtsgewandten Liberalismus-Ächtung, die sich der Mittel des Irrationalismus, der Lebensphilosophie, der „Heroisierung des Menschen", diverser geschichtsfern-mythischer Naturalismen und universalistischer Versatzstücke aus dem Repertoire des Wiener Sozialphilosophen Othmar Spann bedient, nicht angerührt wird: „Wir können jetzt schon den Grund erkennen, warum der totalautoritäre Staat seinen Kampf gegen den Liberalismus auf einen Kampf der 'Weltanschauungen' ablenkt, warum er die gesellschaftliche Grundstruktur des Liberalismus beiseiteläßt: er ist mit dieser Grundstruktur weitgehend einverstan-

20 Herbert Marcuse: [Rez.v.] Carl Schmitt: Der Begriff des Politischen (3. Auflage, Hamburg 1933), in: ZfS 3 (1934), 102f. – Vgl. Helmut Quaritsch: Positionen und Begriffe Carl Schmitts, Berlin 1989.

den. Als ihr Fundament war die privatwirtschaftliche Organisation der Gesellschaft auf der Basis der Anerkennung des Sondereigentums und der Privatinitiative des Unternehmers bezeichnet worden. Und eben diese Organisation bleibt auch für den totalitär-autoritären Staat grundlegend."

In diesem Rahmen beschrieb Marcuse die Transformation des Naturrechts als einer kontraktualistischen Vernunftkonzeption der Aufklärungsperiode in ein völkisch-faschistisches Naturrecht. Exemplarisch benannte Marcuse für diesen Prozeß aus der Schar zerstrittener nazistischer Naturrechtsdozenten den Frankfurter Juristen Hans Julius Wolff (1898-1976): „'Wir treten in eine neue naturrechtliche Epoche!' ruft Hans J. Wolff in einer Abhandlung über 'die neue Regierungsform des deutschen Reiches': in der Krise des Rechtsdenkens sind heute die Würfel 'zugunsten der Natur gefallen'. Nur daß es 'nicht mehr die Natur des Menschen' ist, aus der die 'angemessene' Normierung entwickelt wird: es ist die Natur, die Eigenart des Volkes (der Völker) als natürliche Gegeben- und historische Gewordenheit'." Nach Marcuse hat das nazistische Naturrecht mit der „Wendung vom industriellen zum monopolistischen Kapitalismus irrationalistischen Charakter" angenommen.

Der faschistische „totale Staat" liegt für Marcuse auf der Linie der liberalen Ideologie, die ihre fortschrittliche Komponente geopfert hat und damit auf Überbauebene den Wandel vom Konkurrenz- zum Monopolkapitalismus nachvollzieht. Schmitts vom Standpunkt des „totalen Staates" vorgetragene Kritik des liberalen Politikverständnisses war in Marcuses Interpretation nur Scheinopposition, ein Argument, das Max Horkheimer in seinem Aufsatz „Die Juden und Europa" mit der Wendung aufnahm, daß die Emigranten aus Deutschland nicht nur ihr Bürgerrecht, sondern auch ihren Verstand verloren haben, indem sie die Rückkehr zu jener scheinbar liberal-humanen Welt verlangten, die erst die faschistische Barbarei hervorgebracht hat.[21]

Den als „politischen Existentialismus" gekennzeichneten Schmittschen Dezisionismus, den Marcuse in Vergleich zu anderen Denkern der „nationalen Revolution" wie Martin Heidegger, Ernst Krieck, Alfred Bäumler oder Erich Rothacker stellte,[22] schätzte er mit klarem Blick als populistische Demagogie aus dem Gedankenarsenal der „konservativen Revolution" ein. Auch der mit Schmitt um die Gunst der Naziführung rivalisierende, militant völkisch-rassistische Münchner Staatsrechtsordinarius Otto Koellreutter wurde von Marcuse gerade wegen seiner in einer „Allgemeinen Staatslehre" vorgetragenen pseudorevolutionären Rhetorik ironisch als Volksgemeinschaftsideologe qualifiziert: „Die

21 Vgl. Max Horkheimer: Die Juden und Europa, in: ZfS 8 (1939), 115-135.
22 Zu einem ähnlichen Vergleich Christian Krockow: Die Entscheidung. Eine Untersuchung über Ernst Jünger, Carl Schmitt, Martin Heidegger, Stuttgart 1958.

klassenlose Gesellschaft also ist das Ziel (Koellreutters – Anm.), aber die klassenlose Gesellschaft auf der Basis und im Rahmen – der bestehenden Klassengesellschaft."

Den „politischen Existentialismus" führender, später im naziinternen Machtkampf ausrangierter Staatsrechtler – wie Schmitt – führte Marcuse als pseudoradikale Gestik vor, die im Augenblick ihrer vermeintlichen Verwirklichung lächerlich zusammenbricht. Es war Schmitts Schwenk vom Dezisionismus zum sog. „konkreten Ordnungsdenken" gemeint, wenn Marcuse ausführt: „Der Existentialismus begleitet seinen Zusammenbruch mit einer in der Geistesgeschichte einzig dastehenden Selbsterniedrigung; er führt seine eigene Geschichte als Satyrspiel zu Ende. Er begann philosophisch als eine große Auseinandersetzung mit dem abendländischen Rationalismus und Idealismus, um dessen Gedankengut wieder in die geschichtliche Konkretion der Einzelexistenz hineinzuretten. Und er endet philosophisch mit der radikalen Verleugnung seines eigenen Ursprungs; der Kampf gegen die Vernunft treibt ihn den herrschenden Gewalten blind in die Arme."[23]

Wenn Schmitt unter Beschwörung des Führerprinzips in „Staat, Bewegung, Volk" (Hamburg 1933)[24] Hegel mit dem 30. Jänner 1933 für tot erklärt hat, so entspricht dies – so Marcuse sarkastisch – der Wahrheit: Philosophen wie Heidegger und Staatsrechtler wie Schmitt, Koellreutter und der aufstrebende Ernst Forsthoff („Der totale Staat") hätten das Erbe der klassischen deutschen Philosophie Kants und Hegels in der Tat im Zeichen der faschistischen Barbarei verraten. Das Denken der um Positionen im Universitäts- und Justizapparat des „Dritten Reichs" streitenden Schmitt, Koellreutter, Forsthoff oder Huber hat den Weg vom kritischen Idealismus zum „existentiellen Opportunismus mit unerbittlicher Konsequenz zu Ende" geführt. Das Erbe der klassischen deutschen Philosophie liegt nun ganz bei der Arbeiterbewegung, auch wenn deren Schicksal – 1934! – ungewiß sei, auch wenn ein langfristiger Sieg des Faschismus im europäischen Rahmen nicht auszuschließen sei: „Nicht mit Hegels Tode, sondern jetzt erst geschieht der Titanensturz der klassischen deutschen Philosophie. Damals wurden ihre entscheidenden Errungenschaften in die wissenschaftliche Theorie der Gesellschaft, in die Kritik der politischen Ökonomie hinübergerettet.

23 Vgl. ähnlich über Schmitt Georg Lukács: Die Zerstörung der Vernunft [1952/60]. (Lukács-Werke 9), Neuwied 1962, 567-576.

24 In ZfS 3 (1934), 272 rezensiert von Hugo Marx: Marx meint, die Essenz der Agitationsschrift Schmitts bestehe in der Forderung nach „unbedingter Artgleichheit zwischen Führern und Gefolgschaft".

Heute liegt das Schicksal der Arbeiterbewegung, bei der das Erbe dieser Philosophie aufgehoben war, im Ungewissen."[25]

Franz Neumann beschrieb 1937 im „Funktionswandel" die gesellschaftlichen Bedingungen, unter denen ein Carl Schmitt in den zwanziger Jahren die Gesetzesdogmatik der konstitutionellen Staatsrechtler des wilhelminischen Deutschland mit ihrer gedanklichen Bindung an die Labandsche Differenz von Gesetz im formellen und materiellen Sinn über Bord geworfen und das „Allgemeinheitsprinzip" restituiert hatte.

Schmitts scheinbar demokratische Apologetik des Kriteriums von der Allgemeinheit des Gesetzes ist nach Neumanns Einschätzung unter den Bedingungen enormer gesellschaftlicher Ungleichheit in – scheinbar paradoxer – Verbindung mit dem Gleichheitsgrundsatz zum rückschrittlichen Instrument der Verteidigung von Klassenprivilegien mutiert. Neumann demonstrierte, daß Carl Schmitt das Generalitätskriterium Mitte der 1920er zur Verteidigung feudal-kapitalistischer Interessen, konkret zur Polemik gegen die sog. „Fürstenenteignung" auf gesetzlicher Grundlage entdeckt hatte: „Plötzlich jedoch erfuhr das Postulat der Generalität des Gesetzes eine Auferstehung, vor allem in den Schriften Carl Schmitts und seiner Schule."

Schmitts Idee von der Bindung des Gesetzgebers an den Gleichheitsgrundsatz in Verbindung mit dem Generalitätskriterium hat objektiv der Beschränkung der Parlamentssouveränität im Vorfeld autoritärer Präsidialdiktaturen gedient. Neumann hielt Schmitt somit 1937 in der ZfS entgegen: „In einem System, das (zum Unterschied von Rousseaus Zeiten – Anm.) monopolistisch organisiert ist, kann das generelle Gesetz nicht herrschen." Da das Prinzip der Gleichheit in der materiellen gesellschaftlichen Reproduktionssphäre durch die Monopole auf den Kopf gestellt ist, kann Schmitts gegen Laband durchgeführte Restauration des klassisch-bürgerlichen Gesetzesbegriffs nur mehr zu einer reaktionären Konjunktur des Gleichheitsgrundsatzes im Interesse der kapitalistischen Sozialordnung führen – Neumann abschließend gegen Schmitt: „Die Renaissance des Generalitätsbegriffs unter der Weimarer Demokratie und seine unterschiedslose Anwendung auf persönliche, politische und ökonomische Freiheitsrechte war deshalb ein Werkzeug, um die Macht des Parlamentes, das jetzt nicht mehr ausschließlich Interessen des Großgrundbesitzes, des Kapitals, der Armee und der Bürokratie repräsentierte, zu beschränken. Das generelle Gesetz in der ökonomischen Sphäre war jetzt dazu bestimmt, die bestehende Eigentumsordnung zu erhalten und soziale Eingriffe in sie abzuwehren."[26]

25 Herbert Marcuse: Der Kampf gegen den Liberalismus (wie Anm. 12), hier 166f., 170, 176, 194.
26 Franz Neumann: Der Funktionswandel des Gesetzes (wie Anm. 16), 575-577.

Otto Kirchheimer brachte 1938 die juristisch-philosophische Rhetorik Schmitts aus Anlaß einer ZfS-Rezension auf den Punkt. Schmitt würde „mit dem bei ihm üblichen begriffsrealistischen Phrasenapparat“ den „nationalsozialistischen politischen Interessen“ dienen, indem er nazistischen Versatzstücken „die Dignität einer wissenschaftlichen Theorie“ verleiht.[27]

Marcuse kam in seiner 1941 im amerikanischen Exil verfaßten Hegel-Studie „Vernunft und Revolution“ noch einmal auf Schmitt und Koellreutter als Theoretiker des NS-Rechts zu sprechen: Schmitt hat gleich Alfred Rosenberg, dem offiziellen Verwalter der NS-Philosophie, Hegels Konzept vom Vetorecht der Vernunft in der Rechts- und Staatsphilosophie, d.h. das Gedankensystem vom „absoluten Recht der Vernunft“ denunziert. Schmitt, „der führende politische Philosoph des Dritten Reichs“ – so Marcuse, hat Hegels Idee vom „Staat als Vernunft“ verächtlich gemacht und Hegels Delogierung aus der deutschen Geistesgeschichte betrieben. Gleich Schmitt, der Ende 1936 noch im Zuge seiner partiellen Entmachtung innerhalb der NS-Jurisprudenz in der berüchtigten, dem „Nürnberger Parteitag“ folgenden, zur professoralen Anlegung einer Bibliographie jüdischer Rechtsschriftsteller und zur „Säuberung der Bibliotheken“ aufrufenden Schrift über „die deutsche Rechtswissenschaft im Kampf gegen den jüdischen Geist“ den Zusammenhang zwischen Hegel und Marx beklagt hatte,[28] hat auch dessen Konkurrent Koellreutter – in offener Gesellschaft mit faschistischen Philosophen wie Rosenberg und Ernst Krieck – Hegels Vernunftphilosophie in einen völkisch-rassischen Volksbegriff überhöht von einer Opfermythologie verwandelt.[29]

Den weit in die Weimarer Zeit zurückreichenden Vormarsch einer militant nazistischen Richtung in der deutschen Staatsrechtslehre hat der Adorno-Schüler Peter von Haselberg in einer ZfS-Besprechung einer Festschrift für Richard Schmidt beschrieben, in deren Rahmen Mitherausgeber Otto Koellreutter offen vor 1933 die nazistischen Putschaktionen in verschiedenen Ländern rechtspolitisch begründet und sein Vorgehen – gegen Kelsen gerichtet – mit einer Rehabilitation „der politischen Methode in der Staatslehre“ untermauert hatte.[30]

---

27 Otto Kirchheimer: [Rez.v.] Carl Schmitt, Die Wendung zum diskriminierenden Kriegsbegriff (München 1938), in: ZfS 7 (1938), 457f.

28 Carl Schmitt: Die deutsche Rechtswissenschaft im Kampf gegen den jüdischen Geist, in: Deutsche Juristen-Zeitung 41 (1936), 1194-1199.

29 Herbert Marcuse: Vernunft und Revolution. Hegel und die Entstehung der Gesellschaftstheorie [engl. Original 1941: Reason and Revolution. Hegel and the Rise of Social Theory] (=Marcuse-Schriften 4), Frankfurt 1989, 362-368.

30 Peter v. Haselberg: [Rez.v.] Gegenwartsfragen aus der allgemeinen Staatslehre und der Verfassungstheorie. FS Richard Schmidt (Leipzig 1931), in: ZfS 1 (1932), 207f.

Daß Koellreutter dann tatsächlich zum Exponenten einer rassistischen Nazijurisprudenz aufgestiegen war, konnte in der ZfS im Folgeband für das Jahr 1933 nur mehr aus dem Pariser Exil wahrgenommen werden, wo der zweite Jahrgangsband 1934 bei der „Librairie Félix Alcan" erschienen ist. Koellreutter hatte 1933 in einer Kampfschrift „Vom Sinn und Wesen der nationalen Revolution" einen „nationalen deutschen Rechtsstaat" auf „völkischer Lebensordnung" karikiert, was Hugo Marx zur Schlußfolgerung brachte, daß Koellreutters Prämissen den Ausschluß aller „fremdrassigen Elemente" nur konsequent nach sich ziehen. Die sich anbahnenden Flügelkämpfe innerhalb der nazistischen Juristenelite, der Streit um das wahre „völkische" Naturrecht, der Streit, inwiefern an der „Form des Rechts" festgehalten werden sollte, die Widersprüche, die sich aus dem scheinbaren Gegensatz faschistischer Volksgemeinschafts-Ideologie und bürgerlicher Eigentumsverfassung ergaben, nahm der 1933 in das Züricher Exil vertriebene Hugo Marx (1892-1979) in einer Sammelrezension in den Blick.[31]

1934 konnte Hugo Marx feststellen, daß Koellreutter unter dem Titel „Der deutsche Führerstaat" die vollständige Unterwerfung der Staatsrechtslehre unter das „Führerprinzip" gefordert hatte. Marx konstatierte aber 1934 noch gewisse Divergenzen innerhalb der deutschen bürgerlichen Universitätsjurisprudenz. Im Geiste eines humanistisch-bürgerlichen Wissenschaftsverständnisses gebe es Protest gegen eine rein rassistischen Kategorien folgende Rechtswissenschaft, wie sie außer von Koellreutter auch von Helmut Nicolai, dem Verfassungsjuristen des Innenministeriums, oder von Ernst v. Heydebrand vertreten wurde, die beide Recht im Irrationalismus faschistischer Rassengeistmythen und sonstiger nordischer Blut- und Boden-Ideologien aufgehen lassen wollten. Immerhin werde dem Dogma des Greifswalder Juristen Heinrich Herrfahrdt, wonach die Rechtwissenschaft nur mehr die „Wertentscheidungen" des „nationalen Staats" entgegen zu nehmen hat, von Juristen wie Heinrich Stoll (Tübingen) oder Ernst Hippel (Königsberg) im Sinne „humanistisch-protestantischer Ideale" zaghaft widersprochen: „Die Wissenschaft müsse sich, betont er (Hippel – Anm.) allein an der Wahrheit orientieren."[32]

---

31 Hugo Marx: Sammelrezension deutscher staatsrechtlicher Literatur, in: ZfS 2 (1933), 443-447. – In Erinnerungen hat Hugo Marx die Kollaboration der Justiz mit gegenrevolutionären Kräften nach 1918 und seine Zwangsexilierung aus Deutschland 1933, die ihn nach Zürich, Paris und in die USA führte, geschildert. – Hugo Marx: Werdegang eines jüdischen Staatsanwalts und Richters in Baden (1892-1933), Villingen 1965, 215-232.

32 Hugo Marx: Sammelrezension, in: ZfS 3 (1934), 137-142. Zur Einteilung von Staatsrechtsströmungen im Deutschland nach 1933 vgl. Robert Alexy: Fortwirkung nationalsozialistischer Denkweisen in Rechtslehre und Rechtsprechung nach 1945, in:

Die völkisch-rassistische Variante von Rechtswissenschaft in ihrer militanten Ausprägung konnte vor allem an den Schriften Helmut Nicolais beobachtet werden, der auf den Rassenbegriff H.F.K. Günthers abstellte, so referierte Paul Ludwig Landsberg (Paris) Nicolais Kampfbroschüre als eine Blut- und Bodenrassistische Schrift: „Nicolais Vortrag beschäftigt sich mit den 'Beziehungen zwischen Recht und Rasse in Rechtsgeschichte, Rechtsphilosophie und Rechtsgestaltung'. – Der Begriff der Rasse wird in der Fassung Günthers übernommen, [Erich] Voegelin[33] als unbrauchbar abgelehnt." Alle Rechtsgüter sind in der Konzeption Nicolais an einen „Rassenwert" gekoppelt, mit der Tradition der bürgerlich-liberalen Rechtsentwicklung, so dem „nulla poena sine lege"-Satz, der Theorie individueller Grundrechte, mit der Theorie getrennter Sphären von Moralität und Legalität usw. ist – so Nicolai im NS-Jargon – radikal aufzuräumen.[34]

Auf Vermittlung des in Genf lehrenden Hans Kelsen war Mitte der 1930er Jahre Hans Mayer (1907-2001) an das provisorisch ebendort angesiedelte „Institut für Sozialforschung" zu Horkheimer gekommen. Mayer, der später in der DDR und BRD als marxistischer Literaturwissenschaftler reüssierte, war Schüler Kelsens an der Universität Köln gewesen. Mayer war an der Kölner Rechtsfakultät 1930/31 mit einer im Banne von Kelsens Streitschrift „Der Staat als Integration" stehenden Kritik Rudolf Smends promoviert worden. Mayer wurde ab Mitte der dreißiger Jahre einer der Hauptbeobachter der faschistischen Staatsrechtsliteratur im Umfeld der ZfS. Der in Köln von Kelsen angeregte Plan, Mayer möge sich mit einer Arbeit über irrationalistische Tendenzen in der deutschen Staatsrechtslehre, namentlich einer Schmitt-Kritik habilitieren, ist – so Mayers Erinnerung – an der alsbaldigen Nazi-Machtergreifung 1933 gescheitert.

1936 kommentierte Mayer für die ZfS den Konflikt zwischen den beiden um die Position eines „Kronjuristen des Dritten Reichs" ritternden Otto Koellreutter und Carl Schmitt.[35] Ersterer hatte 1935 in einer Schrift „Volk und Staat in der

---

Recht und Rechtslehre im Nationalsozialismus, hrg. von Franz Josef Säcker, Baden-Baden 1992, 219-226 und Wolfgang Kohl – Michael Stolleis: Im Bauch des Leviathan. Zur Staats- und Verwaltungslehre im Nationalsozialismus, in: NJW 1988, 2849-2856.

33 Paul Ludwig Landsberg: [Rez.v.] Erich Voegelin, Die Rassenidee in der Geistesgeschichte von Rey bis Carus (Berlin 1933), in: ZfS 5 (1936), 153.

34 Paul Ludwig Landsberg (Paris): [Rez.v.] Helmut Nicolai, Rasse und Recht (Berlin 1933), in: ZfS 4 (1935), 147.

35 Zum Konflikt zwischen dem „braunen Kämpfer" Koellreutter und den „konservativen Revolutionären" Schmitt und Forsthoff, die sich gegenseitig der Abhängigkeit vom „Liberalismus" beschuldigten und um den Primat von „Völkischem" respektive „total Staatlichem" stritten, um die erste Position eines NS-Juristen vgl. Andreas Koenen: Der Fall Carl Schmitt. Sein Aufstieg zum „Kronjuristen des Dritten Reiches", Darm-

Weltanschauung des Nationalsozialismus“ gegen Schmitts „Freund-Feindtheorie“ und Schmitts These von der „Dreigliederung der politischen Einheit“ polemisiert[36]: „Daher sei nicht die Machtstaatspolitik, sondern 'die völkische Gemeinschaft der Kern des Politischen'.“ Mayer im knappen Kommentar zu Koellreutters völkischen Phantasien: „Das ist natürlich keine Beantwortung der Frage nach dem Wesen der Politik und des Politischen. Auch der Rückgriff auf die Rassentheorie, den Koellreutter vornimmt, zeigt nur von neuem die Inhaltslosigkeit und den ideologischen Charakter dieser Parole.“ Schmitts „Politische Theologie“ hingegen galt Mayer als dem Gestus der Romanfigur „Naphta“ in Thomas Manns Roman „Zauberberg“ verwandt: „Naphta mokierte sich bekanntlich, nach dem Willen Thomas Manns, über westlichen Parlamentarismus, öffentliche Meinung und Moral, Parteien, Presse und Politische Salons. Demokratie bedeutete Gespräch und Kompromiß: der lungenkranke Doktor Naphta, ungarischer Jude und Konvertit, Mitglied der Gesellschaft Jesu, war gegen Gespräche und Mittelwege. Es gab das Absolute: halb jesuitischer Gottesstaat, halb bolschewistische Diktatur. Die durch höhere Absicht geheiligte Lüge und eine Ethik des expressiven Leidens.“ Mayer, der als Kölner Student führendes Mitglied marxistischer Gruppen war und sich theoretisch vor allem an Georg Lukács' „Geschichte und Klassenbewußtsein“ (1924) orientierte, liefert eine Erklärung für jene linke – etwa auch bei Otto Kirchheimer vorhandene – Schmitt-Begeisterung, ehe der verehrte Lehrer Schmitt, der 1930 noch den jüdischen Staatsrechtler und Weimarer Verfassungsschöpfer Hugo Preuß gewürdigt hatte, als „Staatsrat Hermann Görings öffentlich dazu auffordern sollte, die deutschen Namen jüdischer Verfasser durch angeblich 'echtere' hebräische zu ersetzen“: „Ich hatte (um 1930 – Anm.) alles von Schmitt gelesen, als ich das Schreiben einer Dissertation erwog. Diese scheinbar so gegenbürgerlichen Gedankengänge bewegten mich. Übrigens konvergierten sie mit gewissen Thesen von Lukács, so sonderbar das klingen mochte.“[37]

Eine differente, wenn auch mit der faschistischen Ideologie völlig kompatible Variante zu Koellreutter sah Mayer in Ernst Rudolf Hubers zwischen alter feu-

---

stadt 1995, 527-555. Exemplarisch zur Fehde Koellreutter gegen Schmitt und dessen Anhänger Forsthoff vgl. Helfritz: Rechtsstaat und nationalsozialistischer Staat, in: Deutsche Juristen-Zeitung 39 (1934), 426-433. Den Vorwurf, der nazistische Jurist Koellreutter habe das liberale Denken nicht genügend überwunden (!), erhob etwa Ernst Forsthoff in einer Rezension von Otto Koellreutters Buch „Der Deutsche Führerstaat“ (Tübingen 1934), in: Juristische Wochenschrift 1934, 538.

36 Vgl. zur ideologiekritischen Auflösung von Schmitts faschistischer Mythologie von „Staat – Bewegung – Volk“ Franz Neumann: Behemoth. Struktur und Praxis des Nationalsozialismus 1933-1944 (engl. Original 1942), Köln-Frankfurt 1977, 93-95.

37 Hans Mayer: Ein Deutscher auf Widerruf. Erinnerungen I, Frankfurt 1988, 140-151, 177, 379.

daler „Reichs-“ und imperialistischer „Großraumideologie“ schwebendem Verfassungskonzept. Der Schmitt-Anhänger Ernst R. Huber (1903-1990), der 1935 über „Wesen und Inhalt der politischen Verfassung“ publiziert hatte, versuchte gegen den juristischen und soziologischen Staatsbegriff des 19. Jahrhunderts „den 'politischen Verfassungsbegriff' des völkischen Staates“ herauszupräparieren. Mayer urteilt über Huber, den angehenden Stern der bürgerlichen Rechtswissenschaft weit über 1945 hinaus, abschätzig: „Auch hier also die gleiche Auffassung des Rechts als einer unmittelbar in der 'arteigenen' völkischen Gemeinschaft gegebenen Substanz.“[38]

Hubers vielzitierte „Verfassung“ (Hamburg 1937) stufte Otto Kirchheimer 1938 in der ZfS als Bankrotterklärung des Staatsrechtsgedankens ein. Hubers jenseits normativer und soziologischer Analyse angesiedelte Kategorie der „wirklichen Verfassungslage“ führte zur Liquidation jedweder juristischen Verfassungslehre. Hubers Orientierung an einer „von jeglichem sozialen Substrat entleerten Volksgemeinschaft“ und absolutem Führerideal ordnet Kirchheimer dem Prozeß der Auflösung elementarer juristischer Dogmatik zu. Die Rechtsterminologie, so etwa jene „von Vertretung und Organ“ wurde von Huber zugunsten „so vager Ausdrücke wie 'Träger des Volksgemeinschaftswillens'“ aufgelöst: „Bei dem Bemühen, jegliche juristische Verantwortung der politischen Gewalten zu eliminieren, ist der Verf. bei seiner Darstellung der verschiedenen staatlichen Aktivitätsformen, die alle formell im Führer ihren Zurechnungspunkt finden, jeder Erörterung des Verhältnisses der verschiedenen Staatsfunktionen (...) ausgewichen.“[39]

1941 schätzte Kirchheimer Huber in einem Aufsatz über den politischen Kompromiß unter NS-Bedingungen als neben Schmitt führenden Ideologen des „Großraumdenkens“ ein. Der im „Dritten Reich“ brüchige Kompromiß zwischen den rivalisierenden Gruppen der Industrie, der Landwirtschaft, des Militärs und der Bürokratie, der nicht mehr durch formales Recht, durch rechtlich gesicherten Vertrag, durch das liberal-bourgeoise Medium „Geld“ und auch nicht mehr durch den bis 1933 gültigen „Zentralbank-Mechanismus“, sondern von den Eli-

---

38 Hans Mayer: [Rez.v.] Otto Koellreutter, Volk und Staat in der Weltanschauung des Nationalsozialismus (Berlin 1935) – [v.] Raimund Eberhard, Modernes Naturrecht. Ein rechtsphilosophischer Vergleich (Rostock 1934) [u.v.] Ernst Rudolf Huber, Wesen und Inhalt der politischen Verfassung (Hamburg 1935), in: ZfS 5 (1936), 298f., 460f. – Mayer kommentierte auch den mit den Waffen faschistischen Irrationalismus geführten Streit um ein „völkisches Naturrecht“, um Fragen von der Art, ob das Naturrecht bloß eine rassische „Blut- und Boden“-Wurzel, oder auch eine metaphysisch-religiöse Verankerung habe, ob dem völkischen Naturrecht „positiver Rechtscharakter“ zukomme, wie Hans Frank und Helmut Nicolai glaubten, oder nicht.

39 Otto Kirchheimer: [Rez.v.] Ernst Rudolf Huber, Verfassung (Hamburg 1937), in: ZfS 7 (1938), 284.

ten der NS-Partei mit den Mitteln einer terroristischen Herrschaft vermittelt wurde, sei angesichts knapper Ressourcen brüchig und benötige der imperialistischen Ausweitung. Das „Expansionsprogramm" des nationalsozialistischen Deutschland diente der Sicherung der politischen Führung, so Kirchheimer 1941 im Schlußband der ZfS: „Die oberste Entscheidung der Führergruppe wird umso leichter akzeptiert, je mehr sie die Form und Funktion einer dauerhaften Garantie der imperialistischen Ordnung annimmt." Kirchheimer zählte Huber zu jenen Juristen, die für die Weltkriegsziele des „Dritten Reichs" das völkerrechtswissenschaftliche Instrumentarium bereitstellten: Huber hat 1941 in einer Schmitt-Huldigung „Positionen und Begriffe" – eine Anspielung auf Schmitts gleichnamigen, 1940 veröffentlichten Sammelband „im Kampf mit Weimar – Genf – Versailles" – seinem Meister folgend die vorgeblich auf bloßer Macht beruhende imperialistische Völkerbundordnung dadurch überwunden erklärt, indem er eine „Rechtsqualität" aufweisende „Großraumordnung" fingierte. Huber schrieb angesichts einer Europa unterdrückenden deutschen Militärmaschinerie euphorisch, daß der „alte Imperialismus", der nur ein „faktisches Machtsystem" von angelsächsischen Gnaden gewesen wäre, tot ist und durch die „heutige Großraumordnung", die ein „echtes Rechtssystem bedeutet", abgelöst wird. Die von Huber gedachte „Großraumordnung" sollte sich „im Gegensatz zum früheren Imperialismus [als] ein System direkter und offener Herrschaft" konstituieren. Das von Huber variierte Schmittsche „Großraumkonzept" – Huber lobte Schmitt zum Künder eines neuen Völkerrechts hoch – wurde von Kirchheimer als das entlarvt, was es war, eine juristische Verhimmelung der militärischen Eroberungszüge Nazideutschlands.[40]

Daß Hubers Konzept der direkten, wenn auch in irgendwelchen Treuepflichten vernebelten Großraumherrschaft ein rechtsideologisches Gedankengebäude zur brutalen Ausbeutung eroberter Gebiete war, verdeutlichte Kirchheimer mit Hinweis auf eine Rezension von Heinrich Triepels „Hegemonie"-Buch aus dem Jahr 1938 durch Huber in der „Zeitschrift für die gesamte Staatswissenschaft"

40 Referiert nach der deutschen Übersetzung Otto Kirchheimer: Strukturwandel des politischen Kompromisses (ursprünglich englisch in ZfS 9, 1941), in ders.: Von der Weimarer Republik zum Faschismus. Die Auflösung der demokratischen Rechtsordnung, hrg. von Wolfgang Luthardt, Frankfurt 1976, 213-245, hier 244f. – Ernst Rudolf Huber: Positionen und Begriffe, in: Zeitschrift für die gesamte Staatswissenschaft 101 (1941), 1-44, hier 40. – Vgl. zu Hubers Großraumideologie Ralf Walkenhaus: Konservatives Staatsdenken. Eine wissenssoziologische Studie zu Ernst Rudolf Huber, Berlin 1997, 247-250 und Dieter Grimm: Der Akteur als Historiker. Zum Abschluß von Hubers Deutscher Verfassungsgeschichte, in: Rechtshistorisches Journal 5 (1986), 83-90.

(1941). Schmitt und Hubers „Großraumrechtsordnung“ war in Wirklichkeit – so Kirchheimer – ein nackter „Großraum-Imperialismus“.

Triepels konservativ-bürgerlicher Begriff[41] von „Führung“, „Souveränität“ und „Hegemonie“, der übrigens von Schmitt weitgehend gelobt worden war, konnte nach Huber den politischen Anforderungen des Jahres 1933 und schon gar nicht mehr jenen des Jahres 1939 genügen: Der seinerzeit im rechten Weimarer Spektrum gestandene Souveränitätsbegriff Triepels entspringe dem von Huber als überholt abqualifizierten „Weg des abstrakt-allgemeinen Denkens“, also Triepels Befangenheit „in seiner abstrakt soziologischen Methode“, während es einer „konkret-allgemeinen Begrifflichkeit“ – so der Larenz imitierende Huber – bedarf, um die Verfassungslage des „Dritten Reichs“ authentisch zu beschreiben. Mit der gruppensoziologischen Attitude Triepels könne man auch die von Huber verherrlichte Führermystik nicht begreifen – Huber emphatisch gegen Triepel: „Echte Führung ist nur in der Gemeinschaft möglich, nicht in gesellschaftlichen Gruppen anderer Art.“[42]

Unter einem verwies Kirchheimer in diesem Zusammenhang auf Ulrich Scheuner, einen weiteren später prominenten Verfassungsjuristen der BRD, der die willkürliche Regierungsform des „Dritten Reichs“ mit seiner juristischen Destruktion des kollegialen Regierungssystems zugunsten einer verwaltungsrechtlicher Kontrolle entzogenen, charismatischen „Führerregierung“ rechtswissenschaftlich sublimiert hat.[43]

Reinhard Höhn (geb. 1904), ein Schmitt und Huber an faschistischer Militanz überholen wollender, neben Koellreutter dem offen völkisch-rassistischen Flügel um den Philosophen Ernst Krieck zugehörender, dem SS-Anführer Heinrich Himmler nahestehender Jurist, der sich gleich Schmitt und Huber zum „Reichsjustiziar“ hochspielte und als Direktor eines faktisch von der SS beherrschten „Berliner Instituts für Reichsforschung“ an der innerfaschistischen Teildegradierung Carl Schmitts beteiligt war, diente Franz Neumann 1937 in der ZfS dazu, die fortschreitende Barbarisierung faschistischen Rechtsdenkens zu zeigen.

---

41 Vgl. Franz Neumann: Behemoth (wie Anm. 36), 175, 198-203, wo Triepel als „reaktionärer, aber keineswegs nationalsozialistischer Verfassungsrechtler“ qualifiziert wird, und wo in der Folge von Neumann unter dem Titel „die deutsche Monroe-Doktrin“ Triepels „Hegemonie“-Denken dem „Großraumimperialismus“ von Schmitt, Huber und Scheuner gegenübergestellt wird.

42 Ernst Rudolf Huber: [Rez.v.] Heinrich Triepel, Die Hegemonie (Stuttgart-Berlin 1938), in: Zeitschrift für die gesamte Staatswissenschaft 101 (1941), 172-182.

43 Kirchheimer bezog sich auf Ulrich Scheuner: Die Deutsche Staatsführung im Kriege, in: Deutsche Rechtswissenschaft 5 (1940), 1-43.

Neumann demonstrierte dies am Beispiel von Höhns Gierke-Schrift, die rücksichtslos eine der bedeutendsten Juristen-Persönlichkeiten denunzierte: „Diese respektlose Arbeit kommt zum Ergebnis, daß Gierkes Grundbegriffe, vor allem der der Genossenschaft, nicht geeignet sind, den nationalsozialistischen Staat und das nationalsozialistische Recht zu verstehen." Höhn mokierte sich darüber, „daß die Fundamentalbegriffe des nationalsozialistischen Verfassungsrechtes, wie 'Volk', 'Rasse', 'Blut', 'Boden', 'Führer' usw. im Gierkeschen System keinen Platz finden."[44]

B. Rechtsphilosophie

Im thematischen Verbund mit der Beobachtung der Literatur zur Staats(rechts)-lehre nahm das Umfeld der Frankfurter Schule die rechtsphilosophische Literatur in Nazideutschland zur Kenntnis, vor allem die Flügel des rechten Neuhegelianismus.[45]

Indirekt geriet dabei die im Geiste eines liberalen Neukantianismus verfaßte „Rechtsphilosophie" des sozialdemokratischen Strafrechtlers Gustav Radbruch, die 1932 in dritter Auflage erschienen war, in die Kritik. Die Illusionen der liberalen Ideologie könne Radbruch nicht beheben: Die dritte Auflage ist das geblieben, was das Werk von Anfang an war, eine „Rechtsphilosophie des Relativismus" – so Hugo Marx im ZfS-Urteil 1933. Der Sozialist Radbruch hat nach Marx auf eine materialistische Fundierung, d.h. auf eine eingehende Prüfung der gesellschaftlichen Bedingungen des Rechts verzichtet und so entgegen seiner Gesinnung bloß eine „Rechtsphilosophie des Liberalismus (geliefert – Anm.), die mit seinem Ende ihre Geltung einbüßt".[46]

Die Auseinandersetzung der Frankfurter Schule mit dem Neuhegelianismus setzte mit Marcuses Kritik von Günther Holsteins und Karl Larenz' „Staatsphilosophie" ein. Larenz' fehlendes philosophisches Hegelverständnis führe zu einer vollständigen Verkennung des „Hegel/Marx-Problems", das Larenz nur in ressentimentgeladenen Phrasen abhandle.[47]

---

44 Franz Neumann: [Rez.v.] Reinhard Höhn, Otto von Gierkes Staatslehre und unsere Zeit (Hamburg 1936), in: ZfS 6 (1937), 230. Vgl. zu den von Karl August Eckhardt und Reinhard Höhn gegen Carl Schmitt gesponnenen Intrigen Andreas Koenen: Der Fall Carl Schmitt (wie Anm. 35), 661-764.

45 Vgl. Sylvie Hurstel: Rechtsphilosophie oder Rechtsgeschichte? Der Neuhegelianismus in der Weimarer Republik, in: Rechtshistorisches Journal 14 (1995), 368-398.

46 Hugo Marx: [Rez. v.] Gustav Radbruch, Rechtsphilosophie (3. Auflage, Leipzig 1932), in: ZfS 2 (1933), 429.

47 Herbert Marcuse: [Rez.v.] Günther Holstein u. Karl Larenz, Staatsphilosophie (München-Berlin 1933), in: ZfS 2 (1933), 426.

1935 konnte Hugo Marx dann in der ZfS bereits Larenz' offenen Übergang auf nazistische Positionen konstatieren: Karl Larenz (1903-1993) hat in seiner Schrift von der „Deutschen Rechtserneuerung und Rechtsphilosophie" (Tübingen 1934) das Rechtsdenken mit einer „Interpretation des Führerwillens" gleichgesetzt. Marx ließ Larenz mit Eigenzitat sprechen: „Niemand als der Führer kann die letzte Entscheidung fällen, ob eine bestimmte Regelung gelten soll oder nicht. Ihm gegenüber bedarf es keiner Garantie für die Wahrung der Gerechtigkeit, da er kraft seines Führertums 'Hüter der Verfassung' und d.h. hier: der ungeschriebenen konkreten Rechtsidee seines Volkes ist. Ein auf seinen Willen zurückgehendes Gesetz unterliegt daher keiner richterlichen Nachprüfung." Marx urteilte als unmittelbarer Zeitzeuge solcher Auslassungen nüchtern über Larenz, einen rechtsphilosophischen Proponenten des Nazi-Regimes und dessen mythische Verklärung des „Führers": „Eine Rechtsphilosophie, von der man jedenfalls sagen kann, daß sie auf Erkenntnis verzichtet."[48]

Franz Neumann attackierte Larenz wiederholt – sowohl 1937 im ZfS-Aufsatz über den „Funktionswandel des Gesetzes" als auch später im „Behemoth" (1942), der im engsten Umfeld der Frankfurter Schule entstanden und dort nicht unumstritten war. Larenz, der Rechtsphilosoph der Kieler „NS-Stoßtruppjuristen",[49] verkündete mit seiner „demagogischen Berufung auf Hegel" ein alle abstrakt-begriffliche Rechtsdogmatik zerstörendes Lehrgebäude von der „konkreten Persönlichkeit", das eine angesichts faschistischer Verhältnisse wieder fortschrittlich einzuschätzende liberal-bürgerliche Grundrechtstheorie ersetzen sollte. Gleich Schmitt, Höhn, Huber, Maunz oder Wieacker liefert Larenz in Neumanns Bewertung nur Varianten des einen im Kern identen faschistischen „konkreten Ordnungs- und Gestaltungsdenkens". In unterschiedlichen, teils neohegelianischen, teils realistischen Varianten werde der normativistische Positivismus, die Vorstellung, daß Recht ein Normensystem ist, unter dem polemischen Titel „abstraktes Trennungsdenken" auf den Schutthaufen der Geschichte geworfen, würden Grundbegriffe von der Rechtsperson, von der juristischen Person, vom subjektiven (privaten/öffentlichen) Recht, vom Vertrag, von der Willenserklärung zerstört, um sie dem „Sachgestaltungsdenken" einer faschistischen Volksgemeinschaftsideologie respektive dem offen rassistisch-völkischen Denken gleichzumachen.

1938 nahm Neumann Larenz neuerlich als faschistischen Rechtsideologen in den Blick. Neumann faßte Larenz' „Über Gegenstand und Methode des völki-

48 Hugo Marx: Sammelrezension deutschsprachiger staatsrechtlicher Literatur, in: ZfS 4 (1935), 134f.

49 Vgl. Jörn Eckert. Was war die Kieler Schule?, in: Recht und Rechtslehre im Nationalsozialismus, hrg. von Franz Josef Säcker, Baden-Baden 1992, 37-70, hier 59-62.

schen Rechtsdenkens“ (Berlin 1938) als antikantisch und antinormativistisch geprägte Anbiederung an den Führerkult auf: „Da aber das Volk durch den Führer unwiderruflich repräsentiert wird, so verwandelt sich das sogenannte konkrete 'Ordnungs- und Gemeinschaftsdenken (bei Larenz – Anm.) unversehens in den Dezisionismus des absoluten Staates.“[50]

Larenz, dessen faschistischer Neohegelianismus nach 1945 von ihm und einer folgsamen Schülerschar gelehrt verdeckt wurde, hatte das ideologische Repertoire für seine Tätigkeit als Exponent der „Kieler Schule“ der nazistischen „Rechtserneuerung“ bei dem Göttinger Begründer des rechtsphilosophischen Neuhegelianismus, beim rechtsautoritär gesinnten Julius Binder (1870-1939) erlernt, der in den letzten Lebensjahren in begrenztem Rahmen auf Distanz zur NS-Rechtswissenschaft ging bzw. von dieser verdrängt wurde.

Der seit Kölner Studientagen im Umfeld von Kelsens „Reiner Rechtslehre“ stehende, über Genf in die USA emigrierende und dort später als Politologe lehrende Hans Herz (geb. 1908)[51] betonte für eine ZfS-Rezension, daß Binder seine neuhegelianische Göttinger Schule im postrevolutionären Deutschland nach 1918 als Kampfblock gegen eine fortschrittliche Hegelinterpretation, gegen den Weimarer Verfassungsliberalismus und vor allem gegen den marxistischen Sozialismus instauriert und damit zu einem ideologischen Instrument der bürgerlichen Rechten geschmiedet hatte. Binder hat damit jenen Geist der faschistischen Rechtszerstörung befördert, den er 1935 als Einzelperson zumindest beklagte. So schrieb Binder im Vorwort seiner kleinen Rechtsphilosophie 1935 gegen das „Gerede von Weltanschauung“ und gegen den „neuen Ungeist des Intuitionismus und Aphorismus“ an. Binder machte sich auch, so weit dies im Wissenschaftsverständnis eines bürgerlichen deutschen gelehrten Mandarins möglich war, für die Beibehaltung einer voraussetzungslos „objektiven“ Wissenschaft stark. Herz qualifizierte Binders individuelle Haltung als eine hilflose: „Binder wird vergeblich versuchen, mit seinen Mitteln dem Geist wieder zum Leben zu

50 Franz Neumann: [Rez.v.] Karl Larenz, Über Gegenstand und Methode des völkischen Rechtsdenkens (Berlin 1938), in: ZfS 7 (1938), 454f. – Vgl. ähnlich in der Kritik an Larenz bzw. zum Streit, ob Hegel in die Ahnengalerie des Nazismus gehört, wie Larenz glaubte, oder nicht, wie u.a. Koellreutter behauptete, Ernst Fraenkel: Der Doppelstaat (Orig. Engl. 1940), Frankfurt-Köln 1974, 154-158. – Zu Larenz' Umgang mit der faschistischen Vergangenheit vgl. Josef Kokert: Briefe, die Geschichte schreiben – Karl Larenz und die nationalsozialistische Zeit, in: Zeitschrift für Neuere Rechtsgeschichte 18 (1996), 23-43.

51 Vgl. über Herz International Biographical Dictionary of Central European Emigrés (wie Anm. 18), 498. Unter dem Pseudonym E. Bristler hat Herz 1938 das nazistische Völkerrecht beschrieben, das in Zürich erschienene Buch wurde von Kirchheimer in der ZfS besprochen. – Otto Kirchheimer: [Rez.v.] Eduard Bristler (d.i. H. Herz), Die Völkerrechtslehre des Nationalsozialismus (Zürich 1938), in: ZfS 7 (1938), 456f.

verhelfen, an dessen Untergang er und seine Schule mitschuldig sind. Die 'Ungeister', die er (Binder – Anm.) rief, wird Hegels 'Geistmetaphysik' nicht vertreiben können."[52]

Auch der dritte markante Verfechter einer neuhegelianischen Rechtsphilosophie, der sich aus den diversen Ideologieangeboten des Nazismus eklektizistisch bedienende Greifswalder Rechtsordinarius Walter Schönfeld (1888-1958) wurde in der ZfS 1938 als Protagonist rechtsautoritären Staatsdenkens wahrgenommen. Josef Maier (geb. 1911) – Mitarbeiter Horkheimers in New York, bekannt unter anderem durch eine 1939 veröffentlichte Studie über Hegels Kant Kritik – charakterisierte Schönfelds rechtsphilosophische Angebote als beliebigen Irrflug von Kant zu Hegel und schlußendlich zu Schelling: Schönfelds Buch über den „deutschen Idealismus und die Geschichte" (1936) bietet einen für die Zwecke der faschistischen Propaganda aufbereiteten Schelling. Maier sah Schönfelds Schrift als Mißbrauch der deutschen idealistischen Philosophie für die gelehrte Ideologie des „Dritten Reichs": „Er mißbraucht Schellings positive Philosophie für die autoritäre Weltanschauung, indem er in dieser Philosophie die Möglichkeit zur Gewinnung eines 'neuen Positivismus' und zwar eines 'Positivismus deutscher Art' erblickt."[53]

C. Strafrecht

Daß es gelegentliche Widersprüche in der deutschen Rechtswissenschaft nach 1933 gab, die über die üblichen akademischen Rivalitäten und Scheindifferenzen hinauszugehen schienen, verdeutlichte der materialistisch denkende Franz Neumann aus dem New Yorker Exil, indem er sich im Zusammenhang mit einer ZfS-Rezension von Erich Schwinges und Leopold Zimmerls „Wesensschau und konkretes Ordnungsdenken im Strafrecht" (1937) überrascht von deren Ablehnung der sog. „phänomenologischen Methode" in der Strafrechtstheorie, die von den Kieler „Stoßtruppjuristen" Georg Dahm und Friedrich Schaffstein vertreten

---

52 H. Herz (Genf): [Rez.v.] Julius Binder: Grundlegung zur Rechtsphilosophie (Tübingen 1935), in: ZfS 6 (1937), 704f. – Daß auch Binders Leitfaden aus 1935 noch genügend rechtsphilosophisch sublimierte „führerkultische" Äußerungen enthielt, dazu vgl. Ralf Dreier: Julius Binder (1870-1939). Ein Rechtsphilosoph zwischen Kaiserreich und Nationalsozialismus, in: Rechtswissenschaft in Göttingen. Göttinger Juristen aus 250 Jahren, hrg. von Fritz Loos, Göttingen 1987, 435-455, hier 452f.

53 Josef Maier (New York): [Rez.v.] Walther Schönfeld, Der deutsche Idealismus und die Geschichte (Tübingen 1936), in: ZfS 7 (1938), 222f. Georg Lukács hat dann die Rolle des späten Schelling als Wegbereiter des Irrationalismus 1947 in der „Zerstörung der Vernunft" offengelegt.

wurde, zeigte:[54] „Die beiden Verfasser (Schwinge/Zimmerl – Anm.) kritisieren die Anwendung der phänomenologischen Methode sowie des von Carl Schmitt postulierten konkreten Ordnungs- und Gemeinschaftsdenkens auf das Strafrecht als unhaltbar und gefährlich." Schwinge und Zimmerl würden wenigstens noch an der neuzeitlich-bürgerlichen Strafrechtstheorie mit ihrem „nulla poena sine lege"-Satz oder am Analogieverbot festhalten: „Die Verf. versuchen, die Grundbegriffe der klassischen Strafrechtstheorie: Tatbestand, Rechtswidrigkeit, Schuld, Täterschaft, Anstiftung, Beihilfe und Versuch, gegenüber den Vertretern der 'Wesensschaulehre' aufrecht zu erhalten und damit ein gewisses Maß von Rechtssicherheit auch im autoritären Staat zu sichern." Dahm und Schaffstein attackierten unablässig in besonders aggressiver Weise allen Fortschritt bürgerlich-humanen Strafrechtsdenkens, indem sie – rechtsphilosophisch unterstützt von Schmitt oder Larenz – zum „Angriff auf die abstrakten Begriffe" bliesen, abschätzig vom „rationalistischen und letztlich materialistischen Rechtsgutdenken" des 19. Jahrhunderts sprachen, die „Lehre vom Tatbestand [als] nicht nur unfruchtbar, sondern schädlich" erklärten, gegen die „scharfe Trennung von Rechtswidrigkeit und Schuld" plädierten, die sog. „abstrakte Rechtswidrigkeit" durch die „konkrete" ersetzen wollten, kurz indem sie den ganzen Fortschritt bürgerlicher Strafrechtsdogmatik bei Juristen des 19. und frühen 20. Jahrhunderts wie Adolf Merkel, Karl Binding oder Ernst Beling für obsolet erklärten.[55]

Da mag es Neumann als bemerkenswerte Differenz erschienen sein, wenn die Marburger Professoren Schwinge und Zimmerl „das Maßlose dieses [Kieler – Anm.] Kampfes gegen die Allgemeinbegriffe" aufzeigten, Dahms und Schaffsteins Angriff auf das „normativistische Trennungsdenken" zurückwiesen, indem sie meinten: Dahms „blinder Kampf gegen die 'abstrakten Begriffe des Allgemeinen Teils' führt ihn an der gleichen Stelle dazu, nicht nur den Sinn der Trennung zwischen Schuld und Rechtswidrigkeit zu bestreiten, sondern auch jedwede Betrachtung zu verwerfen, die den abstrakten Tatbestand zum Ausgang nimmt. Schaffstein sieht darüber hinaus auch in dem Rechtsgutsbegriff einen dieser zu bekämpfenden abstrakten Allgemeinbegriffe, (...)."

54 Vgl. aus der Flut faschistischer deutscher Strafrechtsliteratur exemplarisch Georg Dahm: Gemeinschaft und Strafrecht. Rede gehalten aus Anlaß der Kieler Rektoratsübernahme am 10. April 1935, Hamburg 1936. Vgl. Heinz Wagner: Das Strafrecht im Nationalsozialismus, in: Recht und Rechtslehre im Nationalsozialismus, hrg. von Franz Josef Säcker, Baden-Baden 1992, 141-184.

55 Vgl. wiederum exemplarisch Georg Dahm: Verbrechen und Tatbestand, Berlin 1935. – Mit ausführlichen bibliographischen Angaben Gerhard Werle: Justiz-Strafrecht und polizeiliche Verbrechensbekämpfung im Dritten Reich, Berlin-New York 1989, 1-48, 740, 758.

Neumann glaubte auf diese Differenz aufmerksam machen zu müssen, obwohl Schwinge und Zimmerl eigentlich nur den Anspruch der Kieler zurückwiesen, alleinige Vertreter nazistischen Strafrechts zu sein, indem die beiden Marburger ihrerseits den Kielern „blutleere und lebensfremde" Neigung zur „Rechtswesensschau" vorwarfen. Wenn Schwinge und Zimmerl einen Binding oder Liszt gegen den Vorwurf, sie seien „Liberalisten" und „Individualisten" verteidigten, so geschah dies in der Absicht, diese klassischen Kriminalisten gegen die „Kieler Schule" für eine aufzubauende nazistische Strafrechtstradition zu reklamieren.[56]

Die Zukunft – so Neumann pessimistisch – werde aber der von den Kielern propagierten Barbarisierung des Strafrechts gehören. Daß an dieser Entwicklung auch der von Neumann in begrenzter Weise positiv rezipierte Schwinge maßgebenden Anteil haben sollte, stellte sich alsbald heraus.[57]

Schwinges auf den ersten Blick beachtlicher Widerspruch gegen die „Kieler Schule" um Dahm und Schaffstein hinderte ihn nämlich nicht zu einem Vertreter eines barbarischen Militärstrafrechts zu werden, wie seine unzähligen wehrrechtlichen Beiträge zur „Mannszucht" zeigen. Im Geiste eines Juristen, der im Umfeld der rechtsextrem gegenrevolutionären Freikorps der Jahre nach 1918 erzogen war, denunzierte Schwinge Vorkämpfer der deutschen demokratischen Republik des Jahres 1918 wie Ernst Toller oder Erich Mühsam in nazistischer Diktion als „Psychopathen".[58]

Als Otto Kirchheimer 1939/40 unter dem Titel „Criminal Law in National Socialist Germany" für die ZfS die Entwicklung der Strafrechtswissenschaft kommentierte, war ihm klar, daß die Kriminalistik im „Dritten Reich" unabhängig von gelehrten philosophischen Differenzen zu einer Maschinerie sondergesetzlicher Aufrechterhaltung brutaler Disziplin unter deutschen Arbeitern, Zwangsarbeitern, Militärdienstpflichtigen geworden und zur Hilfsdisziplin politischer Unterdrückung mutiert war, unabhängig davon, ob es sich um das alle bürgerlich-liberale Strafrechtsdogmatik über Bord werfende „Willensstrafrecht" des Roland Freisler, die „phänomenologische" Strafrechtskonzeption der sogenannten Kieler Schule oder um die Marburger Schule Erich Schwinges handelte. Der in konträren Alternativen wie „Irrationalismus gegen exakte Wissenschaft, Logik gegen Gefühl, Begriffsanalyse gegen Wesensschau" ausgetragene krimi-

56 Erich Schwinge u. Leopold Zimmerl: Wesensschau und konkretes Ordnungsdenken im Strafrecht, Bonn 1937, 29f., 111.

57 Franz Neumann: [Rez.v.] Erich Schwinge u. Leopold Zimmerl, Wesensschau und konkretes Ordnungsdenken im Strafrecht (Bonn 1937) u. anderer deutscher Rechtsliteratur, in: ZfS 6 (1937), 706f.

58 Vgl. dazu die exakte Einschätzung bei Eduard Rabofsky – Gerhard Oberkofler: Verborgene Wurzeln der NS-Justiz, Wien 1985, 90-92.

nalistische Methodenstreit zwischen Schwinge und Dahm schien Kirchheimer als irrelevant in strafrechtspraktischer Konsequenz und als völlig indifferent im Hinblick auf Loyalitätsansprüche gegenüber der NSDAP. Unabhängig von der spezifisch gelehrt-philosophischen Haltung eifernder Professoren zeigte sich für Kirchheimer der reale Effekt der deutschen Strafrechtswissenschaft nach 1933 darin, daß das materielle, in unzählige Sondergerichtskompetenzen aufgespaltene Strafrecht zum Zweck der Verhängung willkürlicher, selbst das Rückwirkungsverbot ignorierender Strafsanktionen völlig weitmaschig und unbestimmt geworden war, daß die Dogmatik vom Strafzweck fernab aller Besserungs- und Präventionstheorien zu einer Dienerin faschistischer Repression wurde, daß der Verteidiger und Richter zugunsten eines fast allmächtigen Anklägers abgewertet waren, und daß das Strafprozeßrecht, das der formalisierteste Teil der Rechtsordnung war, zum formlosesten und arbiträren Verfahrenssystem geworden ist.

Kirchheimer zitierte in seinem Referat über die deutsche Strafrechtswissenschaft einen Aufsatz des Freiburger Professors für Strafrecht und Rechtsphilosophie Erik Wolf (1902-1977), der für eine „dialektische Synthese" und Aufhebung des strafrechtlichen Schulenstreits zwischen Kiel und Marburg plädierte, da dieser Streit die praktische Ausbildung eines Strafrechts im Nazi-Sinn behindere, und da sich keine Schule als die wahre NS-Strafrechtslinie ausweisen könne. Es schadet – so Wolf – dem Erscheinungsbild, wenn die „Kieler Schule" ihre innerdeutschen Gegner als nicht-nationalsozialistisch darstellt, es sei aber auch unzweckmäßig, wenn der Marburger Schwinge seine Kieler Konkurrenten als „von jüdischen Philosophen und Juristen – Simmel, Husserl, Isay, Bendix" angekränkelt hinstellt. Wolf erklärte 1939 den akademischen Schulenkonflikt für zweitrangig, da es um den „Geist der nationalsozialistischen Strafrechtserneuerung" im Sinne „bestimmter Werte und Schutzgedanken wie: Rasse, Volk, Vaterland, Ehre, Treue, Wehrkraft" gehe.[59] Wolfs Aufsatz belegte für Kirchheimer, daß die Differenzen unter deutschen Strafrechtsgelehrten akademische Scheinkämpfe waren, die von der realen Rolle nazistischer Strafrechtswissenschaft und -praxis ablenkten.[60]

59 Erik Wolf: Der Methodenstreit in der Strafrechtslehre und seine Überwindung. Bemerkungen zu der Schrift von Erich Schwinge 'Irrationalismus und Ganzheitsbetrachtung in der deutschen Rechtswissenschaft', in: Deutsche Rechtswissenschaft 4 (1939), 168-181.

60 Otto Kirchheimer: Criminal Law in National-Socialist Germany, in: Studies in Philosophy and Social Science/ZfS 8 (1939), 444-463. Vgl. dazu im Überblick Diemut Majer: Grundlagen des nationalsozialistischen Rechtssystems, Berlin 1987, 185-187.

Verallgemeinernd registrierte Otto Kirchheimer 1941 in der ZfS zum gesellschaftlichen Hintergrund der Zivilrechtslehre im „Dritten Reich", daß ein „allgemein anwendbares Zivilrecht" nach 1933 anachronistisch geworden war. Speziell das Arbeitsrecht war unter den Bedingungen der Theorie von der „deutschen Arbeitsfront" zu einem bloß in den Kategorien von „Ehre" und „Treue" schwelgenden Dienstmannsrecht degeneriert. Ähnliches galt für die „Erbhofgesetzgebung", die im landwirtschaftlichen Bereich unter der Vorgabe des Schutzes von „Blut und Boden" die Interessen einer Agrararistokratie schützte. Auch die an das liberal-pandektistische Rechtsdenken gebundenen Institute von Privatautonomie und Vertragsfreiheit waren unter den politischen Bedingungen faschistischer Gewinnsicherung überholt, sodaß seitens der deutschen Rechtswissenschaft „zur Erneuerung des bürgerlichen Rechts" oder zum „Abschied vom BGB" – so 1937 in einem Buch des späteren NS-Justizministers Franz Schlegelberger – gerufen wurde: „Mit der Vertragsfreiheit ist das unter der Schirmherrschaft des Staates stehende Monopol unvereinbar. Wie diese Dinge nun einmal (seit 1933 in Deutschland – Anm.) lagen, wurde der Bereich freier Vertragsschlüsse auf ein Minimum eingeschränkt." Die deutsche Zivilistik war nach Kirchheimer bereits einsetzend mit dem Untergang des liberalen Konkurrenzkapitalismus im letzten Drittel des 19. Jahrhundert kontinuierlich, aber radikal verschärft seit 1933 mit folgender Lage konfrontiert: „Der Vertrag wurde durch eine spezifische Mischung von privatem Diktat und Staatsintervention ersetzt." Die deutsche NS-Zivilistik stand Mitten im Weltkrieg einem Prozeß gegenüber, in dem das private Kleineigentum und der Kleinaktionär marginalisiert wurden, und in dem wirtschaftliche Verfügungsgewalt in den Händen „von wenigen mächtigen Individuen und Konzernen monopolisiert" wird. Zusätzlich wurde im Wege administrativer „Notmaßnahmen" – die von den Zerstörern des liberal-konstitutionellen Verwaltungsrechts wie dem bis in die Bundesrepublik hinein (neo)faschistisch agitierenden Theodor Maunz unter dem rechtstheoretischen Titel vom „Ende des subjektiv-öffentlichen Rechts" akademisch-juristisch abgesichert wurden[61] – oder im Wege terroristischer „Arisierungen" und militärischer Ausplünderung immer mehr Eigentumsrechte „in den Händen der Leute von Partei, Armee und Bürokratie" konzentriert. Auf diese Verschiebung der Eigentumsstruktur und der Kontrolle über Produktionsmittel reagierte – so Kirchheimers Diagnose – die Zivilrechtswissenschaft Deutschlands unter dem ideologischen Schleier der „Volksgemeinschaft". Daß die deutsche Jurisprudenz Klage

61 Vgl. Michael Stolleis: Theodor Maunz (1901-1993). Ein Staatsrechtslehrerleben, in: Kritische Justiz 26 (1993), 393-396.

führt, daß im alten BGB vermögensrechtliche und ehrwürdig scheinende familienrechtliche Beziehungen unter einem im „Allgemeinen Teil“ abgehandelt wurden, während die NS-Gesetzgebung endlich stolz „Blut“ und „Geld“ getrennt habe, ist bloß ein Element populistischer Verschleierung radikalisierter Ausbeutung der arbeitenden Klasse seit 1933. Desgleichen ist es nur propagandistische Hülle, wenn ein so hervorragender bürgerlicher Jurist wie C.H. Nipperdey 1938 das harmonische Bild einer von Vertragsfreiheit, Privateigentum, Wettbewerb geprägten, im Einklang mit der „völkischen Gemeinschaft“ stehenden bürgerlichen Rechtsidylle gezeichnet hat.

In Wirklichkeit war Kirchheimers Analyse zufolge der Hauptstrom deutscher Universitätsjurisprudenz mit der gelehrten Vernebelung einer gesellschaftlichen Lage, die als staatlich-terroristische und seit 1939 imperialistisch militärische Sicherung privater Profitgewinne charakterisiert werden mußte, beschäftigt: „Das neue (faschistische – Anm.) System verwalteter Eigentumsbeziehungen hat, nach Beseitigung der allgemein verbindlichen Rechtsnormen und einheitlichen Verfahren, die Entscheidung über die Rechtsbeständigkeit von Eigentumstiteln der vom Monopol beherrschten Gruppe zugeschoben.“[62]

Die Umstellung der Zivilrechtsdogmatik auf die Erfordernisse des Faschismus hatte auch Franz Neumann 1937 eingehend an Hand einer ZfS-Sammelrezension dargestellt. Hätten sich einige deutsche Zivilrechtler nach 1933 noch gegen die Erosion aller Rechtsrationalität durch ein System politisch gefügiger „Generalklauseln“ ausgesprochen, so sind sie unter dem Eindruck der „Machtergreifung“ von 1933 aber von dieser Position abgegangen, wie etwa der in Jena lehrende Justus Wilhelm Hedemann.[63]

Ein Heinrich Lange (1900-1977), Professor der im Antisemitismus Schmitt rabiat vorangehenden „Rechtserneuerung“[64] zu Breslau und dann zu München,

62 Otto Kirchheimer: Die Rechtsordnung des Nationalsozialismus (wie Anm. 15), 141. Zu einem alternativen Erklärungsmodell der Dualität von „Maßnahmenstaat“ und „Normenstaat“ vgl. Ernst Fraenkel: Der Doppelstaat (wie Anm. 50), 21-24.

63 Zur Wende des von der „Machtergreifung“ euphorisierten Hedemann vgl. u.a. dessen Freisler huldigenden Diskussionsbeitrag im Jahrbuch der Akademie für Deutsches Recht 1 (1933/34), 126-134. – Zu den Streitereien innerhalb der faschistischen Zivilrechtswissenschaft, u.a. zu Hedemann, zum Streit ob Hecks „Interessensjurisprudenz“ der nazistischen Rechtserneuerung dienen könne oder von dieser ignoriert werden müsse, vgl. Dieter Grimm: Die „Neue Rechtswissenschaft“. Über Funktion und Formation nationalsozialistischer Jurisprudenz, in: Wissenschaft im Dritten Reich, hrg. von Peter Lundgreen, Frankfurt 1985, 31-54.

64 Vgl. die antisemitischen Hetzartikel des Universitätsprofessors Heinrich Lange: „Der Verfall des Persönlichkeitsschutzgedankens an der deutschen Hochschule“ (in: DJZ 40 (1935), 406-411) und “Das Judentum und die deutsche Rechtswissenschaft“ (in: DJZ 41 (1936), 1129-1133).

versuchte in seinem 1937 veröffentlichten Grundriß über „Boden, Ware und Geld“ unter „außerordentlicher Armut an neuen Gedanken“ den vielgeschmähten liberalen Rechtsnormativismus in einem diffusen „konkreten Ordnungsdenken“ aufgehen zu lassen. Aus der Flut von Literatur „zur Erneuerung des bürgerlichen Rechts“ griff Neumann exemplarisch den Dozenten der Universität Münster Heinz Rhode (geb. 1901) heraus, der „den liberalen Begriff der Willenserklärung“ unter „Beschwörung der nationalsozialistischen Weltanschauung“ revidieren wollte.

Aus der Schar der „rechtserneuernden“ Zivilisten des nazistischen Deutschland fiel Neumann vor allem der junge Franz Wieacker (1908-1994), eine der Schlüsselfiguren der bundesdeutschen Rechtsgeschichte nach 1945, auf. Wieakker – Verfasser unzähliger rechtspolitischer Schriften in den Jahren der NS-Herrschaft – ersetzte gewandt das sachenrechtliche System der pandektistischen Periode durch nazistische Fragmente. Wieacker rühmte sich – so Neumann -, „daß seine Systematik die üblichen bürgerlich-rechtlichen Kategorien sprengt und das Eigentumsrecht – im Beispielfall das Bodenrecht – ′nach seinem stofflichen Zusammenhang′ darstellt.[65]

Wieacker, der 1936/37 beklagte, daß die Privatrechtsreform im „völkischen Geist“ noch nicht angelaufen sei, sich allenfalls auf Gebiete des Familienrechts – des „Ehegesundheits- und Blutschutzes“ begrenze – berief sich auf Larenz′ Kritik der „abstrakten“ Rechtsperson, der liberal-bürgerlichen Doktrin von der Rechtssubjektivität, also auf Larenz′ Lehre von den „konkret-allgemeinen Grundbegriffen des völkischen Rechts“, wobei das Privatrecht nicht im Interesse „völkischer Einheit“ in egoistische Sonderordnungen zersplittert werden dürfe. Wieacker vertrat unablässig Thesen, wie: „Das künftige allgemeine Privatrecht ist ein Recht der Volksgenossen.“, das Familienrecht sei nach Lösung aus dem Vertrags-Konzept gemäß „allgemeinvölkischer Grundordnung“ zu verstehen, und selbst das Obligationenrecht sei aus den Fesseln einer an „Interessenbefriedigung durch Parteiautonomie“ orientierten Vertragslehre zu lösen und künftig als Teil einer „Pflichtenordnung“ neu zu deuten.[66]

---

65 Franz Neumann: [Rez.v.] Höhn-Maunz-Swoboda, Grundfragen der Rechtsauffassung (München 1938), [v.] Justus W.Hedemann u.a., Zur Erneuerung des Bürgerlichen Rechts (München-Berlin 1938), [v.] Franz Wieacker, Bodenrecht (Hamburg 1938), [v.] Heinrich Lange, Boden, Ware und Geld (Tübingen 1937) [u.v.] Heinz Rhode, Die Willenserklärung und der Pflichtgedanke im Rechtsverkehr (Berlin 1938), [u.a.m.], in: ZfS 7 (1938), 454-456.

66 Franz Wieacker: Der Stand der Rechtserneuerung auf dem Gebiete des bürgerlichen Rechts, in: Deutsche Rechtswissenschaft 2 (1937), 3-27.

Dieser Rechtseinsatz war es, der Wieacker aus dem Blick des Frankfurter-Institutsexils neben Karl August Eckhardt[67], J. Hedemann, H. Lange oder F. Schlegelberger zu einem repräsentativen Juristen des faschistischen Deutschland werden ließ.

Neumann demonstrierte auch im „Funktionswandel“ 1937 am Beispiel Wieackers, wie an die Stelle einer abstrakten Begrifflichkeit bzw. einer formalen Theorie subjektiver Rechte ein unter dem methodologischen Banner des „konkret-allgemeinen Begriffs“ firmierender reaktionärer „Institutionalismus“ ideologisch-irrational an „Sachstrukturen“ wie „Volk, Nation, Familie“ angeknüpft trat. Neumann beobachtete wie die vielgelästerte romanistisch-pandektistische „Begriffsjurisprudenz“ als einem überholten bürgerlichen Zeitalter angehörend zugunsten eines Rechtsirrationalismus ausrangiert wurde.

Daß der „Institutionalismus“ auch im Umfeld von Gewerkschaften, von revolutionär syndikalistischen Bewegungen in einer demokratischen Ausprägung geläufig war, ließ ihn für Neumann, der die rechtsautoritär-thomistische Linie und vor allem den nazistischen Institutionalismus im Blick hatte, nicht fortschrittlicher erscheinen. Für Neumann war der „Institutionalismus“ ein Instrument zur Zerstörung des Rechtsgedankens, gegen den sogar die positivistische Pandektistik – einst Ausdruck des „Warenkapitalismus“ – hochzuschätzen sei.

Neumann warf Wieackers Ansichten über die „Wandlungen der Eigentumsverfassung“ vor, sie zählten zur unübersehbaren Reihe faschistischer Parolen, die populistisch auf eine formal-abstrakte Rechtsdogmatik mit den Agitationsbegriffen von der sogenannten „Konkretheit“ und scheinbaren „Wirklichkeitsnähe“ einschlügen. Neumann bot hiefür die Erklärung: „Institutionen sind selbstverständlich anschaulicher als Normen.“ Neumann erkannte, daß diese faschistische „Wirklichkeitsnähe“ eine erschlichene war, blendete sie doch den Klassenantagonismus der bürgerlichen Gesellschaft aus: „Aber diese Wirklichkeitsnähe ist in Wahrheit nur scheinbar, denn die Institution wird von den gesellschaftlichen Machtverhältnissen getrennt, in deren Zusammenhang sie allein verständlich ist. Der Institutionalismus reißt die Institution aus diesen sozialen Abhängigkeiten heraus.“ So ließ ein Wieacker in seinen 1935 veröffentlichten „Wandlungen der Eigentumsverfassung“ die realen Interessensgegensätze gelehrt „im Volkskörper“, in einer „natürlichen Volksordnung“ aufgehen, indem er den ausgebeuteten Arbeiter oder den abhängigen Mieter juristisch-ideologisch zum Verschwinden bringt.[68]

---

67 Vgl. Hermann Nehlsen: Nachruf auf Karl August Eckhardt (1901-1979), in: ZRG/GA 104 (1987), 497-536.

68 Franz Neumann: Funktionswandel (wie Anm. 16), 592f. – Über Wieacker vgl. Dieter Simon: Franz Wieacker 1908-1994, in: Rechtshistorisches Journal 13 (1994), 1-31.

Die österreichische Rechtswissenschaft geriet mit ihrer Sonderentwicklung unter katholisch-faschistischen „Ständestaatsbedingungen“, die mit viel neuthomistischem Naturrecht und päpstlicher Sozialideologie („Quadragesimo Anno“) drapiert waren, nur in den gelegentlichen Blick von ZfS-Rezensenten. Auf deutliches Interesse stieß dabei das Fortleben der Wiener Rechtstheoretischen Schule des 1930 nach Köln abgewanderten Hans Kelsen und die Anpassung der „Reinen Rechtslehre“ an die jeweiligen politischen Machtverhältnisse durch Kelsen-Schüler wie Adolf Merkl und Alfred Verdross.

Rudolf A. Métall (1903-1975), 1930-1933 Assistent von Kelsen in Köln, lebenslang Adlatus von Kelsen und später nach der Rückkehr aus dem brasilianischen Exil als ranghoher UNO-Jurist zu Genf dessen autorisierter Biograph,[69] zeigte 1934 in der ZfS Kelsens „Staatsform und Weltanschauung“ (Tübingen 1933) begeistert an, indem er in Kelsen den an die Freudsche Psychoanalyse angelehnten Ideologiekritiker lobt, der die Staatsform der Demokratie mit der Akzeptanz des Primats des rationalen Erkennens und jene der Diktatur mit der Neigung zum Primat des Wollens parallel gesetzt hat. Métall stellte dem einige polemische Bemerkungen über eine „an teils Litt-Smendschen Gedanken“ orientierte „materiale Staatslehre“ gegenüber, die bloß, „wie sie meist selbst eingesteht, dazu (da sei – Anm.), politischem Wollen die scheinhafte Legitimierung objektiven Erkennens zu verleihen.“[70]

In höchsten Tönen wurde dann Kelsens „Reine Rechtslehre“ von Hans Mayer (1907-2001), der über Kelsens Empfehlung ins Umfeld von Horkheimers ZfS gelangt war, besprochen. Mayer, der gleichsam mit dem Marxisten Lukács und dem Nicht-Marxisten Kelsen gegen den Faschismus zu Felde ziehen wollte,[71] besprach die „Reine Rechtslehre“ als Kritik der juristischen Metaphysik und konventionellen Interpretationslehre, die nach Mayers eigenwilliger Ansicht von Kelsen geradlinig und zielgerichtet seit den „Hauptproblemen der Staatsrechtslehre“ (1911) entwickelt worden war. Mayer war der Auffassung, daß Kelsen die „neukantianische Terminologie“ mit Recht zurückgelassen und die „ideologie-

69 Über Métall vgl. Biographisches Handbuch der deutschsprachigen Emigration nach 1933. I. Politik, Wirtschaft, Öffentliches Leben, hrg. von Herbert A. Strauss u. Werner Röder, München 1980, 493f.

70 Rudolf A. Métall: [Rez.v.] Hans Kelsen, Staatsform und Weltanschauung (Tübingen 1933), in: ZfS 3 (1934), 134. – Letztere Bemerkungen bezogen sich auf das von Métall unter einem besprochene Buch von Max Rumpf „Politische und soziologische Staatslehre“, Tübingen 1933.

71 Vgl. Hans Mayer: Ein Deutscher auf Widerruf (wie Anm. 37), 140-151 (Kapitel: „Carl Schmitt und Hans Kelsen“).

kritische Tendenz der Reinen Rechtslehre" herausgearbeitet habe. Mayer war der Meinung, mit Kelsens „Reiner Rechtslehre" ein theoretisches Instrument im Kampf gegen den Faschismus in der Hand zu halten, da Kelsen „jene Ideologiekritik" bereitgestellt habe, „die allen moralischen und politischen Werturteilen der traditionellen Rechts- und Staatstheorie den Kampf ansagt und heute klarer denn je erkennt und erkennen muß, daß dieser Kampf weit mehr enthält als bloße Fachkritik: daß er Gesellschaftskritik und gesellschaftliche Entscheidung ist."[72]

Mayer zählte ungleich mehr auf Kelsens reinen Normativismus als auf die 1934 posthum im holländischen Leiden von Gerhart Niemeyer herausgegebene „Staatslehre" eines Hermann Heller. Hellers Rekurs auf „wirklichkeits-wissenschaftliche" Soziologien, auf gestaltpsychologische und wissenssoziologische Ideen schienen einem Hans Mayer nur partiell überzeugend, vor allem beklagte Mayer Hellers Verständnis des dialektischen Materialismus: „Manche Polemik, vor allem die beständige Auseinandersetzung mit dem Marxismus und der Staatstheorie Kelsens, ist zudem durch starke Mißverständnisse oder willkürliche Interpretation des Gegners getrübt."[73]

Carl J. Burckhardt (1891-1974), Genfer Kulturhistoriker, Völkerbundkommissar für Danzig im Jahr 1939, schilderte den jungen Hans Mayer der Genfer Periode um 1935 als an Hegels Antithesen geschulten Intellektuellen – zugleich Marxist und Kelsenianer: „Seit seiner Ankunft in der traditionellen Freistadt (Genf – Anm.) hatte er (Mayer – Anm.) sich in der kühlen Höhenluft der 'Reinen Rechtslehre' Hans Kelsens bewegt und er hatte, ausgehend von einer hypothetischen Urnorm, den von allen psychologischen und politischen Erscheinungen abstrahierten Staat überdacht, der mit der Rechtsnorm gleichgesetzt wurde."[74]

1937 verteidigte Mayer Kelsen gegen Angriffe aus der eigenen Schule, seitens des ehemaligen Kelsen-Assistenten Eric(h) Voegelin in dessen Buch „Der autoritäre Staat. Ein Versuch über das österreichische Staatsproblem" (Berlin-

---

72 Hans Mayer: [Rez.v.] Hans Kelsen, Reine Rechtslehre (Leipzig-Wien 1934), in: ZfS 4 (1935), 137.

73 Hans Mayer: [Rez.v.] Hermann Heller: Staatslehre (Leiden 1934), in: ZfS 4 (1935), 277f. – Ähnlich skeptisch gegenüber Hellers Staatslehre war Franz Neumann, der 1935 in der im tschechischen Karlsbad herausgegebenen „Zeitschrift für Sozialismus" Harold J. Laskis Werk „Der Staat in Theorie und Praxis" den Vorzug gab. Vgl. Franz L. Neumann: Zur marxistischen Staatstheorie (1935), jetzt in ders.: Wirtschaft, Staat, Demokratie. Aufsätze 1930-1954, hrg. von Alfons Söllner, Frankfurt 1978, 134-143.

74 C.J. Burckhardt: Der junge Hans Mayer, in: FS Hans Mayer, Reinbek 1967, 12-18, hier 13. – Zu Mayers Verhältnis zu Kelsen über 1945 hinaus vgl. Hans Heinz Holz: Hans Mayers Beitrag zur Ideologietheorie, in: Über Hans Mayer, hrg. von Inge Jens, Frankfurt 1977, 39-56.

Wien 1936). Nur dem einleitenden ideengeschichtlichen Teil über „die Vorgänger des modernen Totalitarismus und Autoritarismus wie Renan oder Hauriou", der aber auch nur Carl Schmittsche Gedanken erweitere, wollte Mayer einigen Wert zubilligen. Die Kelsen-Kritik Voegelins wies Mayer mit wenigen Worten zurück. Kelsen als Vertreter „österreichischer Staatsfremdheit" zu charakterisieren galt Mayer als beliebig, diesen Vorwurf könne man auch unzähligen reichsdeutschen Publizisten wie Gerber, Laband oder Hänel machen. Voegelins Kelsen-Kritik reduziere sich auf das Schlagwort, die Reine Rechtslehre sei bloß „positivistische Metaphysik", ein Schlagwort, „das sich, gemessen an seinem heutigen Standpunkt, im Munde des ehemaligen begeisterten Kelsenschülers Voegelin einigermaßen sonderbar ausnimmt." Mayer bezeichnete Voegelin als Kelsen-Apostaten.[75]

Polemisch urteilte Mayer auch über die ideengeschichtlichen Studien des Wiener Staatsrechtlers Adolf Menzel (1857-1938). Menzels Geschichte der faschistischen Staatstheorie erinnerte Mayer an eine versuchte „Sinngebung des Sinnlosen". Der Faschismus sei bekannterweise stolz auf seine „Programmlosigkeit", Menzels Spurensuche nach faschistischer Staats- und Geschichtsphilosophie in der Epoche zwischen Platon und Bergson daher skurill: „Von der faschistischen Staatslehre hat Laski sehr gut gesagt, daß 'its miscellaneous borrowings from Hegel to Sorel, Bergson and Machiavelli, have given it no doctrinal standing'."[76]

Die österreichische Jurisprudenz im Zeichen der austrofaschistischen Ideologie wurde in der ZfS von Ludwig Angermann (Zürich) beschrieben, wobei ihm vor allem die katholische Sozial- und Rechtsphilosophie Johannes Messners („Die berufsständische Ordnung", 1936) als bloß propagandistische „Sozialphilosophie eines zünftlerisch durchsetzten Staatskapitalismus" erschien.

Den politisch umtriebigen, bedarfsorientiert sich aus liberalem, katholischem oder deutschnationalen Gedankengut bedienenden Kelsen-Schüler Adolf Merkl

---

75 Hans Mayer: [Rez.v.] Erich Voegelin, Der autoritäre Staat (Berlin-Wien 1936), in: ZfS 6 (1937), 226f. Zu weiterer Voegelin-Kritik vgl. Hans Mayer: Das Ideologieproblem und die Reine Rechtslehre (1937), in: 33 Beiträge zur Reinen Rechtslehre, hrg. v. Rudolf Aladár Métall, Wien 1974, 213-230, hier 225f. – Vgl. im Kontrast zu Mayers Einschätzung Günther Winkler: Erich Voegelin. Der autoritäre Staat, in: Günther Winkler: Die Rechtswissenschaft als empirische Sozialwissenschaft. Biographische und methodologische Anmerkungen zur Staatsrechtslehre. (=Forschungen aus Staat und Recht 130), Wien 1999, 143-177.

76 Hans Mayer: [Rez.v.] Hans Menzel, Der Staatsgedanke des Faschismus. Eine geistesgeschichtliche Untersuchung (Leipzig-Wien 1935), in: ZfS 6 (1937), 464f. – Ähnlich ablehnend ein Jahr später Hans Mayer: [Rez.v.] Adolf Menzel, Grundriß der Soziologie (Brünn-Leipzig-Wien 1938), in: ZfS 7 (1938), 421. Menzel biete bloß einen historisierenden Abriß ohne nachvollziehbare Wertungskriterien!

stellte Angermann an Hand von dessen Kommentar zur „ständisch-autoritären Verfassung Österreichs“ (1935) vor. Problematisch war nach Angermann Merkls These, daß „die parlamentarische Demokratie eine 'Vorstufe' des ständisch autoritären Staates gewesen sei“.[77]

Mit dem zweiten Kelsen-Schüler der ersten Stunde, dem Wiener Völkerrechtsordinarius Alfred Verdross, der sich aber seit 1930 in naturrechtlicher Richtung von Kelsen abgesetzt hatte, ging 1938 Otto Kirchheimer hart ins Gericht: Verdross neues „Völkerrechtslehrbuch“ ist ein schwerer Rückfall hinter dessen 1923 erschienenes Buch „Die Einheit des rechtlichen Weltbildes auf Grundlage der Völkerrechtsverfassung“. Verdross hat vormals als konsequenter Verfechter der monistischen Völkerrechtskonstruktion für eine Theorie des „entschiedenen gesellschaftlichen Fortschritts“ eingestanden, während Verdross nunmehr – 1936 – in ein Naturrechtsdenken verfallen ist, das „bald völkische, bald christliche Züge trägt“: „Das in Wien 1936 verfaßte Buch hinterläßt den Eindruck, als ob [Verdross] nicht wußte, ob er sich auf die Seite des Nationalsozialismus oder des christlichen Ständestaates schlagen soll.“[78]

---

77 Ludwig Angermann (Zürich): Sammelrezension österreichisch-„ständestaatlicher“ Rechtsliteratur, in: ZfS 6 (1937), 227-230. – Merkl war 1938 Opfer des Nazifaschismus. Dies darf aber nicht über Merkls politische Flexibilität hinwegtäuschen. Vgl. dazu Günther Winkler: Vorwort, zu: ders.: Die Rechtswissenschaft als empirische Sozialwissenschaft (wie Anm. 75), Wien 1999, XXIf.

78 Otto Kirchheimer: [Rez.v.] Alfred Verdross, Völkerrecht (Berlin 1937), in: ZfS 7 (1938), 457. – Verdross hatte 1933 nach der NS-Machtergreifung eine Berufung nach München abgelehnt, da ihm in München die geforderte Garantie auf Lehrfreiheit nicht geleistet wurde. Daß Kirchheimers Einschätzung des politisch lavierenden Verdross aber doch zutreffend war, dazu vgl. Oliver Rathkolb: Die Rechts- und Staatswissenschaftliche Fakultät der Universität Wien zwischen Antisemitismus, Deutschnationalismus und Nationalsozialismus 1938, davor und danach, in: Willfährige Wissenschaft. Die Universität Wien 1938-1945, Wien 1989, 197-232, hier 217f.

Peter Lang · Europäischer Verlag der Wissenschaften

Gérard Raulet (Hrsg.)

Historismus, Sonderweg und Dritte Wege

Frankfurt/M., Berlin, Bern, Bruxelles, New York, Oxford, Wien, 2001. 354 S.
Schriften zur politischen Kultur der Weimarer Republik.
Herausgegeben von Wolfgang Bialas und Gérard Raulet. Bd. 5
ISBN 3-631-37305-8 · br. € 50.10*

Die erste deutsche Republik sah sich vor eine historische Aufgabe gestellt, auf die sie nicht vorbereitet war: Um den Eintritt Deutschlands in die europäische politische Modernität zu leisten, mußte sie mit dem Historismus und mit dem Mythos des deutschen Sonderwegs abrechnen, der in allen Schichten und ideologischen Strömungen tief verankert war und Deutschlands Geschichtsbewußtsein und nationale Identität beherrschte. Der Band setzt sich zum Ziel, (1) die Ursprünge des Sonderweg-Gedankens und insbesondere seinen Zusammenhang mit dem Historismus zu erforschen; (2) seine Funktion in den politischen und philosophischen Diskursen der Mobilmachung (den „Ideen von 1914") zu untersuchen; (3) sein Fortleben in den politisch-philosophischen Konzepten der Republik zu hinterfragen; (4) seine grundlegende Bedeutung für die Auffassungen der „europäischen Schicksalsgemeinschaft" dazulegen; (5) eine Reflexion über das Fortwirken des Sonderweg-Gedankens in der deutschen Historiographie sowie in der politischen Kultur der Nachkriegszeit insgesamt – vor allem dort, wo es um Deutschlands Stellung in Europa geht – anzubahnen.

Aus dem Inhalt: Die preußische Ausrichtung der deutschen Historiographie im 19. Jahrhundert · Der Mythos der „verspäteten Nation" (Helmuth Plessner) · Die „Ideen von 1914": Max Scheler, Ernst Troeltsch, Thomas Mann · Sonderweg-Konstruktionen im pädagogischen, politischen und theologischen Diskurs der zwanziger Jahre · Vom Sonderweg zum „dritten Weg": Europäische dritte Wege in der nonkonformistischen Generation der zwanziger und dreißiger Jahre in Deutschland und Frankreich

Frankfurt/M · Berlin · Bern · Bruxelles · New York · Oxford · Wien
Auslieferung: Verlag Peter Lang AG
Jupiterstr. 15, CH-3000 Bern 15
Telefax (004131) 9402131